Beispielhafte Gartenteiche

Norbert Jorek

Beispielhafte Gartenteiche

Das Handbuch für Planung, Gestaltung und Pflege von Teichen, Bachläufen und Wasserspielen.

Verlag Natur und Garten, 4401 Saerbeck

Auch im zeitigen Frühjahr braucht der Teich nicht kahl zu sein ...

ISBN 3-924564-04-3

6. aktualisierte Auflage, 1990

die ersten beiden Auflagen erschienen im proBIO-Verlag, Ketteler & Partner, Melle
Erstauflage 1985, ISBN 3-925216-00-6

Inhaltsverzeichnis

Vorwort zur sechsten Auflage

Dem Gartenteich-Boom wird seit Jahren schon ein baldiges Ende vorausgesagt. Das Ende kam nicht - und wird auch so schnell nicht kommen, denn: Die Maßstäbe ändern sich: Vor 5 - 10 Jahren noch konnte sich jeder Hüter eines algigen Wasserloches für den Besitzer eines gelungenen Gartenteiches halten.
Das ist anders geworden. Ein Plastik-Lappen, eine Tonne Kies und ein paar Kubikmeter Wasser - das ist noch kein funktionierender Teich. Wenn das so einfach wäre, dann gäbe es nicht die Naturschutzprobleme mit den Feuchtgebieten, dann hätten die Wasserversorger weniger Kummer, dann wäre dies auch nicht die sechste Druck-Auflage, sondern höchstens die zweite.

Die Maßstäbe ändern sich. Die Zahl der Teiche ist sprunghaft gestiegen. Heute hat jeder bereits etliche Teiche gesehen, hat eine Vorstellung davon, ob der Teich gelungen ist oder nicht. Der Besucher eines Gartens mag zwar freundlich lächeln - aber: Wem gefällt schon dieser Plastikstreifen über dem Wasserspiegel? Wer ist mit ein paar Zentimetern Sichttiefe zufrieden? Warum werden eigentlich so oft Wellenbrecher-Steinufer gebaut wie an der sturmgepeitschten Nordseeküste? Warum nur 5 - 10 Pflanzenarten und nicht ein paar Dutzend verschiedene, die das ganze Jahr über blühen. Der restliche Garten besteht ja auch nicht nur aus Stiefmütterchen...
Früher war ein Wasserloch im Garten besser als nichts. Inzwischen kann fast jeder zwischen mehr oder weniger gelungenen Teich-Anlagen unterscheiden.
Die 5 zurückliegenden Auflagen dieses Buches haben sicherlich für etliche Zehntausend Teiche andere Maßstäbe gesetzt, haben auch in der Fachpresse ein lebhaftes Echo gefunden.

Was ist wichtig beim Bau eines Teiches?
Mauern und Beton sind unveränderliche, tote Bauwerke. Wenn sie fertig sind, funktionieren sie jahrzehntelang ohne Probleme. Bei Teichen ist das anders: Die Grube, die Folie, die Bepflanzung, die Tiere, die Stein- und Holzdekoration - all das sind Bestandteile eines biologischen Gleichgewichtes, das sich in einem solchen Teich im Laufe der Zeit einstellen sollte.

Kompliziert zuu bauen? Nein!
Das schaffen Sie leicht! Sie haben die Spielregeln von Skat oder Schach kapiert, sie können Ihr Auto reparieren oder einen Pullover stricken. Teichbau ist nicht schwerer! Es gibt einige elementare Spielregeln, gegen die man nicht verstoßen darf. Wenn Sie die kennen, dann haben Sie schon gewonnen! Sie finden sie in diesem Buch.

Teiche werden unter anderem auch mit dem Kopf gebaut. Die Höhe der Kontostände spielt dafür nur eine untergeordnete Rolle. Mit viel Geld läßt sich zwar einiges beschleunigen - nicht aber ersetzen.

Natürlich - große Teiche sind schon aufgrund der größeren Wassermenge stabiler - und damit vor allem pflegeleichter. Andererseits: Auch kleine Teiche lassen sich sehr abwechslungsreich gestalten.

Was immer Sie bauen wolllen - hier steht, wie man das macht:
Zu Beginn sollten Sie sich anhand der Beispiele für "Ihren Traumteich" entscheiden. Soll es eher ein Zier- oder ein Naturteich sein - oder eine Mischung aus beiden?

Dann gibt es ein Kapitel über die wichtigen Rahmenbedingungen für Ihren Teich - damit wissen Sie, worauf Sie beim Bau achten müssen.

Anschließend die einzelnen Abschnitte der Bauphase - jeder Schritt ist genau erklärt.

Zum Schluß: Etliche Planungs-Beispiele für sehr unterschiedliche Teich-Anlagen, für Bäche etc.

Und dann sind Sie dran: Ideen sammeln - bauen - genießen.

Viel Spaß dabei...

Norbert Jorek, Biologe

Teiche, Bäche, Wasserspiele

So wie auf dem oberen Bild sieht es auf vielen Grundstücken aus, wenn ein Haus gebaut wird. Der Teich (unten) schafft eine Oase der Ruhe.

Sicherlich auch bei Ihnen!

In fast jedem Garten gibt es solch eine Ecke. Muß der Rasen wirklich so groß sein? Wäre da nicht Platz für einen Gartenteich? Oder die Ecke, in der schon seit Jahren nur Gerümpel herumliegt. In der Bauphase des Hauses war das ja ganz praktisch - aber jetzt? Kann man daraus nicht etwas besseres machen? Beispielsweise einen Gartenteich...
Die beiden hier gezeigten Beispiele machen deutlich, wie reizvoll ein Garten nach der Anlage eines solchen Teiches wird. Für jeden Geschmack findet sich leicht die richtige Lösung: Da gibt es die reinen Zierteiche, die in einem Meer von Blumen fast verschwinden. Darunter gibt es sehr

Platz dafür gibt's überall

strenge Formen mit betonierten, steil abfallenden Wänden. Auf der anderen Seite gibt es die mehr oder weniger natürlich gestalteten Teiche: Sie werden mit überwiegend einheimischen Pflanzen abwechslungsreich eingerichtet und bieten der wildlebenden Tierwelt ideale Lebensbedingungen.

Für welchen dieser unterschiedlichen Typen man sich auch immer entscheiden mag: Der Garten ist hinterher nicht mehr wiederzuerkennen. Der Teich wird zum vielbestaunten Mittelpunkt des Gartens. Schon die beiden Beispiele auf diesen Seiten machen deutlich, welch großen Gestaltungsspielraum man dabei hat. Der eigenen Phantasie sind keine Grenzen gesetzt...

Auf vielen Grundstücken ist Platz für einen Gartenteich. Muß der Rasen wirklich so groß sein wie auf dem oberen Bild? Ein Gartenteich macht aus dem monotonen Rasen ein farbiges Blütenmeer (unten).

Jeder Gartenteich ist anders

Treffen Sie eine individuelle Entscheidung

Die einfachste Lösung: Ein reiner Springbrunnen. Der Wasserkreislauf wird durch eine Pumpe geschlossen, die das im Kies versickernde Wasser erneut in die Luft sprudelt. Hier wird das Wasser nicht zum Lebensraum, sondern zum Spielball einfallsreicher Technik.

Da gibt es zunächst einmal die Eigenschaften, die sofort ins Auge fallen: Der eine Teich ist größer als der andere, es gibt runde und rechteckige Formen, tiefe und flache Teiche. Aber das allein ist nicht entscheidend. Viel wichtiger ist oft die Frage, ob der fertige Teich eher einem sterilen Schwimmbecken gleichen soll oder einem möglichst unberührten Naturparadies.

So unterschiedlich Gartenteiche aussehen, so unterschiedlich sind auch die Motive ihrer Erbauer. Die einen bauen den Teich nur für sich selbst. Da gibt es für die Natur keine Ruhezonen am Teich, da sind die Ufer so steil und hoch, daß Vögel, Igel und selbst Frösche darin umkommen müssen. Solche Teichbauer gehören glücklicherweise zu einer Minderheit.

Das andere Extrem sind die reinen Naturteiche. Dort wuchern dichte Bestände von Schilf und Rohrkolben,

Möchten Sie solch einen ziemlich kahlen Gartenteich? Es ist eher ein Wasserbecken ohne Pflanzen und nur mit wenigen Tieren. Mein Tip dazu: Nicht empfehlenswert! Das biologische Gleichgewicht stimmt nicht. Hier kann es Probleme mit Mücken geben.

Und wenn man einen solchen Teich etwas stärker bepflanzt? Er sieht dann gleich schon sehr viel besser aus. Dennoch bleibt der Uferbereich zu steil, zu künstlich. Solche Teiche kann man allerdings sehr einfach mit Betonringen herstellen.

der Teich selbst liegt in einem geschützten, störungsfreien Winkel des Gartens. Dieser Teich ist nicht nur für den Menschen gebaut, sondern vor allem für die Tiere und Pflanzen, die dort eine Rückzugsmöglichkeit finden sollen. Solche Naturteiche entstehen zwar heute in zunehmender Zahl - aber immer noch sind sie in der Minderheit. Die „Wahrheit“ liegt, wie so oft im Leben, auch hier in der Mitte: Ein Teich, der gemeinsam von Tieren, Pflanzen und Menschen genutzt werden kann. Genau das ist der Typ des Gartenteiches, der sich immer mehr durchsetzt. Und damit die Unterschiede etwas deutlicher werden, stellen wir zunächst einmal einen ganzen Reigen verschiedener Gartenteiche vor. Er reicht von Springbrunnen und Wasserspielen bis zum kompromißlosen Naturteich. Danach sollten Sie die erste Vorentscheidung treffen:

Welcher Teich, welcher Springbrunnen, welcher Bachlauf paßt zu Ihnen und zu Ihrem Garten?

Ein kleiner Springbrunnen-Teich auf der Terrasse. Auch hier bestimmen "strenge Formen" das Bild: Die geringe Grundfläche schränkt natürlich den Gestaltungsspielraum ein. Über solche steil abfallenden Ufer auf der Terrasse sollten Sie lieber noch einmal nachdenken - bevor Ihre Gäste im Dunkeln baden gehen ...

Oder darf der Teich auch etwas größer sein? Es gibt dann gleich viel mehr Gestaltungsmöglichkeiten. Auch an diesem Teich ist das Ufer noch mit Steinen befestigt, jedoch bereits wesentlich abwechslungsreicher.

Darf es noch etwas „natürlicher" sein? Hier werden die Ufer nur noch vereinzelt durch Steine gebildet. Hinzu kommen verschiedene, meist niedrige Pflanzen. Die Natur hat hier zwar ihren Platz, er wird aber gezielt auf einen Teil des Gewässers beschränkt.

Darf es auch ein reiner Naturteich sein? Hier finden die Tiere und Pflanzen die optimalen Lebensmöglichkeiten. Solche Gewässer werden in der freien Natur immer seltener. Im Rahmen der Naturgarten-Bewegung entstehen solche sehr natürlichen Teiche derzeit in immer größerer Zahl.

Das ist der Mittelweg. Hier dürfen die Pflanzen wachsen, wie sie wollen. Eine Vielzahl verschiedener Arten lockert die steinige Uferzone auf. In einem solchen Teich kann man mit einem stabilen, biologischen Gleichgewicht rechnen. Andererseits hat man die Entwicklung jederzeit fest im Griff.

oben: Eine Mischung aus Zier- und Naturteich. Im Frühjahr bestimmen eine Vielzahl von Tulpen, Krokussen, Hyazinthen etc. das Bild. Um diese Zeit ist heimische Natur noch weitgehend kahl. links: Ab Ende April ist es ein Naturteich mit einer Vielzahl bunter, attraktiver Wild-Pflanzen.

Ein Bach im Garten?
Auch darüber sollten Sie nachdenken: Oft gibt es nicht genug Platz für einen großen Teich - man müßte dafür beispielsweise einige lieb gewordene Bäume fällen. Die Lösung dafür: Ein Bachlauf - genauer: Eine Kette kleinerer Staustufen. Der Bach kann sich über viele Meter durch den Garten schlängeln und mündet schließlich in einem Teich.

Wie immer Sie sich entscheiden - wichtig ist, daß Sie im Auge zu behalten: Ein Teich ist eine Lebensgemeinschaft von zahllosen Tiere und Pflanzen. Im Idealfall steht diese Lebensgemeinschaft in einem stabilen Gleichgewicht. Und dafür gibt es einige Regeln, die jeder Teichbauer beachten sollte. Das wichtigste Grund-Prinzip: Vielfalt. Wenn den Algen und Mücken die Konkurrenz fehlt, dann - und nur dann - gibt es Probleme. Die Stabilität des Gleichgewichtes ist entscheidend. Dafür muß man wissen:

1) Je größer, desto stabiler
Die unerwünschten Algen wachsen erst ab einer bestimmten Nährstoff-Konzentration. Wenn ein paar Blätter in den Teich fallen oder Staub hineingeweht wird, steigt der Nährstoffgehalt. In grossen Teichen wird der Nährstoff-Schub stärker verdünnt. Folge: Große Teiche sind automatisch pflegeleichter.

2) Je vielfältiger, desto stabiler
Jede Tier- oder Pflanzenart ist auf ganz bestimmte Lebensbedingungen spezialisiert. Je abwchslungsreicher der Lebensraum ist

- desto mehr verschiedene Arten können nebeneinander leben.
- desto eher stößt eine Art auf die Grenze ihrer Lebensbedingungen
- desto geringer ist das Risiko einer unerwünschten Massenvermehrung
- desto stabiler ist das biologische Gleichgewicht.

So manch drolliges Kerlchen kann einem am Gartenteich begegnen: Die hübsche Wechselkröte, ein allerdings eher seltener Gast.

Die meisten Frösche suchen den Teich nur für wenige Wochen auf. In der Zwischenzeit brauchen sie, wie dieser recht seltene Moorfrosch, geeignete Verstecke in der Umgebung.

Eine vielfältige Ufervegetation lockert das Bild des Gartenteiches auf: Hier steht der hübsche Blutweiderich zwischen blühenden Rohrkolben.

Das sind die auffälligsten Unterwasser-Jäger im Gartenteich. Der Gelbrandkäfer, hier bei der Paarung mit seinem Weibchen, greift sogar Fische an. Oft schon nach wenigen Tagen kommen die ersten Käfer geflogen.

Der Gartenteich - ein Naturparadies

Geht das eigentlich?

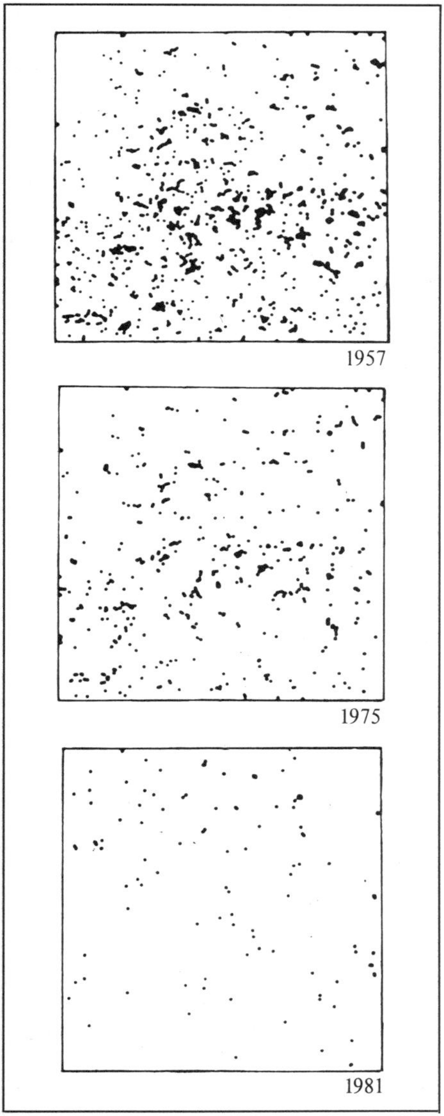

So sieht die Verteilung der Kleingewässer auf einer Landkarte aus: Wo 1957 noch Hunderte von Teichen waren, da sind bis 1981 90% verschwunden. Damit wurde auch die gesamte hochspezialisierte Tier- und Pflanzenwelt an den Rand der Ausrottung gebracht.

Die vielfältige Tier- und Pflanzenwelt der Kleingewässer wird unter Müll und Schutt erstickt.

Auf den vorangegangenen Seiten ist mehrfach das Stichwort „Naturteich“ gefallen. Ist der Gartenteich nicht etwas künstliches? Kann die Natur an einem Gartenteich überhaupt geschützt werden? Gibt es in einem Garten nicht viel zu viel Unruhe? Sind die meisten Gartenteiche nicht viel zu klein? Ist Naturschutz überhaupt erforderlich?

Diese Fragen sind vielleicht für viele Gartenteich-Freunde zunächst gar nicht wichtig, doch: Alle vier bis fünf Tage stirbt in der Bundesrepublik Deutschland eine Tier- oder Pflanzenart aus. Tausende stehen auf den berüchtigten „Roten Listen“, sind also mehr oder weniger stark vom Aussterben bedroht. Ein großer Teil dieser Tiere und Pflanzen ist auf Gewässer spezialisiert, oft auch auf kleine Gewässer von der Größe eines durchschnittlichen Gartenteiches. In der freien Natur fehlen solchen Tieren und Pflanzen die natürlichen Lebensräume, und so stellt sich zwangsläufig früher oder später für jeden die Frage: Kann man mit dem Bau des Gartenteiches auch für den Naturschutz etwas tun?
Man kann!

Gelegentlich bleiben einzelne Gewässer in einer landwirtschaftlich genutzten Umgebung erhalten. Die ständige Einschwemmung von Düngern und Schädlingsbekämpfungsmitteln führt jedoch auch hier zu einer Vernichtung der Tiere und Pflanzen.

Sehen wir uns zunächst einmal die Kleingewässer in der freien Landschaft an. Dabei wird man feststellen, daß man vielerorts lange suchen muß, um die kleinen Tümpel und Teiche zu finden. Umfassende, großflächige Bestandsaufnahmen haben ergeben, daß dort, wo früher z.B. 1.000 solcher Kleingewässer gezählt werden konnten, inzwischen über 900 verschwunden sind. Damit verschwindet natürlich auch die auf die Kleingewässer spezialisierte Tier- und Pflanzenwelt.

Vor diesem Problem stehen Frösche, Salamander und Molche, Libellen, Gelbrandkäfer und Posthornschnecken nicht zum ersten Mal. Vor einigen hundert Jahren gab es schon einmal eine vergleichbare Situation. Damals wurden in größerem Umfang Flüsse und Bäche begradigt und tiefer gelegt. Dadurch sank der Grundwasserspiegel, viele der umliegenden Kleingewässer trockneten aus, ihr vielfältiges Leben erlosch.

Obwohl damals Zehntausende dieser ursprünglichen Lebensräume verlorengingen, haben Tiere und Pflanzen doch überlebt. Sie haben einfach nur Glück gehabt: Der sinkende Grundwasserstand brachte nämlich viele Bauern dazu, auf den Wiesen kleine Weiher als Viehtränken anzulegen. Auch in direkter Nachbarschaft der immer größer werdenden Dörfer mußten zusätzliche Feuerlöschteiche gebaut werden - alle waren Ersatz-Lebensräume für die vertriebenen Tiere und Pflanzen. So hat der Mensch die Tier- und Pflanzenwelt der Kleingewässer schon einmal aufs Ärgste bedroht, gleichzeitig aber unwissentlich gerettet.

Heute ist die Situation ähnlich: Viele der früheren Feuerlöschteiche und Viehtränken sind inzwischen zugeschüttet oder entwässert worden, weil sie die immer größer gewordenen landwirtschaftlichen Maschinen behinderten. *Jetzt können die Gartenbesitzer einen entscheidenden Beitrag zur Sicherung der Bestände leisten.*

Auf das „Netz" kommt es an

Jeder kann sich vorstellen, daß ein Frosch keine riesigen Gewaltmärsche unternehmen kann. Sein Aktionsradius ist auf wenige Kilometer beschränkt. Gibt es in dieser Umgebung keine weiteren Teiche, dann ist das letzte dort verbliebene Gewässer isoliert, früher oder später kommt es zu Inzucht, und die Tierbestände brechen zusammen.

Auch die Pflanzen sind dadurch betroffen. Viele brauchen ja beispielsweise die Bienen, um bestäubt zu werden. Eine Biene fliegt aber nicht Dutzende von Kilometern von einem Kleingewässer zum anderen, nur um den Blütenstaub zu transportieren. So sind die Pflanzenbestände an isolierten Kleingewässern ebenfalls gefährdet.
Sämtliche deutschen Gärten zusammen sind flächenmäßig erheblich größer als alle binnenländischen Naturschutzgebiete. Sie haben weiterhin den Vorteil, daß die Entfernungen zwischen ihnen nur relativ gering sind. Wenn ein Teil der Gartenbesitzer sich bereit erklärt, auch nur einige wenige Quadratmeter seiner Grundstücke der Natur zurückzugeben, dann kann das schon von entscheidender Bedeutung sein. *Oft wird dadurch die lebensbedrohliche Isolation eines anderen Gewässers aufgehoben, oft wird die Lücke im Netz geschlossen.*
Es müssen nicht reine Naturteiche sein, die diese wichtige Aufgabe für den Naturschutz übernehmen können. Auch der Bau eines „ganz normalen" Gartenteiches kann ein aktiver Beitrag zum Schutz bedrohter Tiere und Pflanzen sein. Gerade die Teiche sind ein sehr schönes Beispiel dafür, daß das Engagement und die Verantwortung der Garten- und Naturfreunde nicht am Gartenzaun enden.

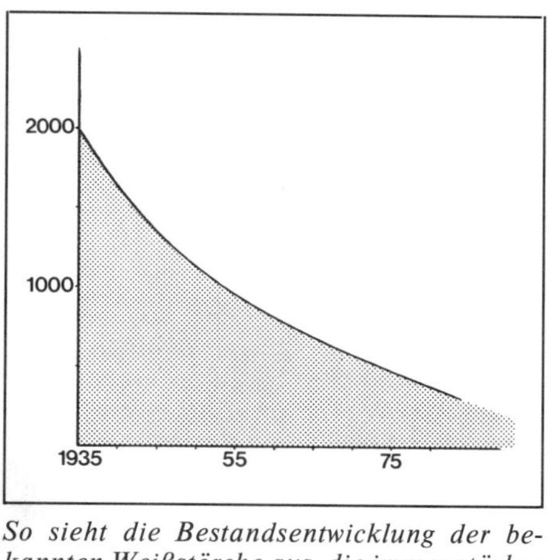

So sieht die Bestandsentwicklung der bekannten Weißstörche aus, die immer stärker von der Ausrottung bedroht sind.

Der Bestandsrückgang der Störche ist kein Zufall, denn sie leben unter anderem von Fröschen, die immer seltener werden... weil es immer weniger Teiche gibt ...

Und so werden mit dem Schwund der Kleingewässer schließlich auch die wundervollen Störche aussterben. Wenn es so weitergeht, werden sie in wenigen Jahren verschwunden sein.

So funktioniert ein Gartenteich!

Auf die Lebensgemeinschaft kommt es an!

Wenn jemand eine Mauer baut, dann bleibt diese unverändert stehen. Das Fundament bleibt an seinem Platz, die Steine bewegen sich nicht, der Mörtel hält alles fest und stark zusammen. Ein Gartenteich ist anders.

Ein Gartenteich lebt...
In einem einzigen Gramm Gartenboden können 20 Milliarden Lebewesen vorkommen. Das sind fünfmal mehr als Menschen auf dieser Erde leben. In dem Gartenteich ist das nicht anders: Jeder Wassertropfen enthält eine Vielzahl winziger Lebewesen. Jedes Blatt, jeder Stein, die Oberfläche der Schneckenhäuser, alles wird von Milliarden winziger Lebewesen besiedelt. Das ist nicht unhygienisch, sondern eine elementare Voraussetzung dafür, daß ein Gartenteich überhaupt funktionieren kann. Es ist wie auf einem Waldboden: Wenn dort im Herbst das welke Laub zu Boden fällt, stürzt sich eine Vielzahl von Bakterien, Pilzen und Käfern darauf. Sie zerlegen es in kleinste Bausteine, die die Bäume dann wieder als neue Nährstoffe aufnehmen können. Auch im Gartenteich verwelken im Herbst die Blätter der Wasserpflanzen. Sie müssen wieder in die mineralischen Nährstoffe umgewandelt werden, aus der die Pflanze im nächsten Frühjahr neue Triebe bilden kann. Ein idealer Gartenteich befindet sich in einem biologischen Gleichgewicht: Es werden nur so viele Blätter und Blüten neu gebildet wie Nährstoffe aus diesem Kreislauf zur Verfügung stehen. Es leben dann auch nur so viele Tiere im Teich wie sich von Algen und Blättern ernähren können. Es gibt dann keinen Nährstoffüberschuß, der ohnehin nur die Algen düngt.

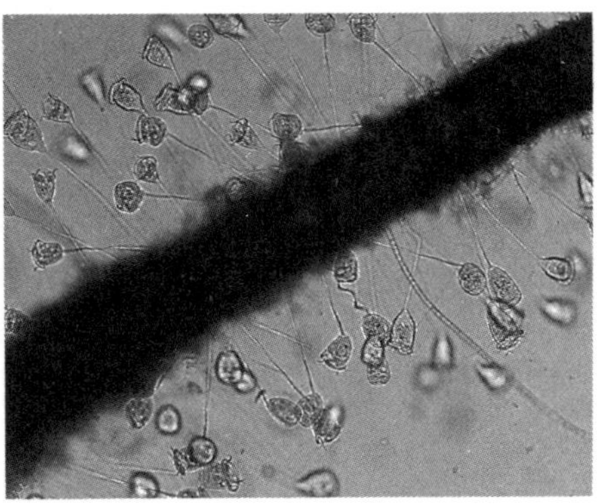

Jedes Steinchen, jeder Zweig, jeder Pflanzenhalm ist von Millionen winziger Lebewesen besiedelt. Auch im Wasser selbst treiben viele Milliarden dieser Winzlinge: In einem einzigen Fingerhut voll Wasser leben allein etwa 1 Million Bakterien. Für uns Menschen sind sie nicht nur ungefährlich – sie sind auch unentbehrlich: Sie reinigen das Wasser.

Gelangen zu viele Nährstoffe in den Teich, dann fördert das zunächst einmal das Wachstum der Algen. Dichte Algenmatten überziehen dann die Oberfläche. Am Anfang ist das für die grünen Wasserfrösche noch sehr interessant: Sie können sich darin gut verstecken.

Gibt es ein Zuviel an Nährstoffen, dann wächst die Vegetation extrem üppig. Wo aber viel wächst, da stirbt im Herbst auch viel ab. Große Mengen an totem Pflanzenmaterial sinken dann zu Boden, die so schnell gar nicht abgebaut werden können. In solchen Fällen entsteht dann Fäulnis, Sumpfgas blubbert an die Oberfläche, das Gleichgewicht ist nachhaltig gestört, der Teich wird zu einem stinkenden Wasserloch. *Keine Angst!*
Es gibt ganz einfache Tricks, solch eine unerwünschte Entwicklung zu verhindern. Dafür müssen wir aber etwas mehr wissen über das Wasser und die Tiere und Pflanzen, die im Gartenteich leben. Mit trockener Theorie hat das nichts zu tun! Die Spielregeln von Skat, Schach und Mensch-ärgere-Dich-nicht haben Sie ja auch gelernt. Komplizierter ist das mit den Gartenteichen auch nicht...

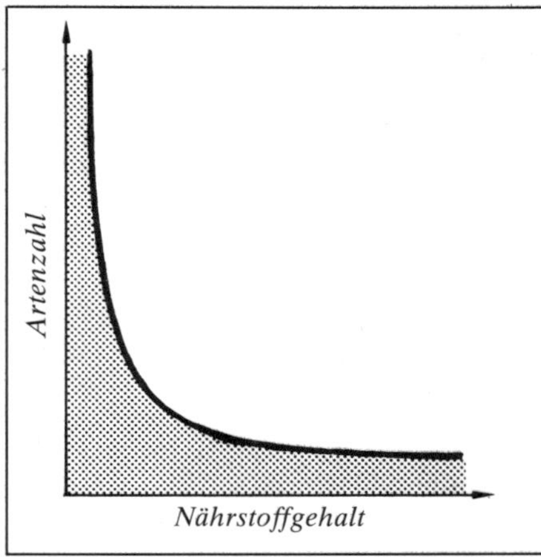

Je mehr Nährstoffe in den Teich gelangen, desto geringer wird die Zahl der dort lebenden Tier- und Pflanzenarten. Und das ist nicht nur ein Schönheitsfehler! Das biologische Gleichgewicht in dem Teich baut auf Vielfalt auf: Möglichst viele Tiere und Pflanzen sollten es sein, möglichst wenige Nährstoffe sind dafür ideal.

Am wichtigsten: das Wasser

Am merkwürdigsten: seine Eigenschaften

Es dürfte nur wenige Stoffe geben, die auf unserer Erde so reichlich vorhanden sind wie das Wasser. Es füllt Weltmeere und Binnenseen und treibt in riesigen Wolken um die Erde. Manche Pflanzen und Tiere bestehen zu 98% aus Wasser, wir Menschen bringen es immerhin auf 75%.
Ein Leben ohne Wasser - das ist gar nicht vorstellbar. Das gilt erst recht für die Tiere und Pflanzen, die noch stärker als wir an das Wasser gebunden sind: Fische, Krebse, Laichkräuter und Seerosen sind nur einige wenige Beispiele. Das Wasser spielt entsprechend auch in unserem Gartenteich die wichtigste Rolle.
Es hat allerdings sehr unterschiedliche Eigenschaften: Es kann warm oder kalt sein, schwer oder leicht, sauer oder kalkhaltig, es kann viel oder wenig Sauerstoff enthalten, viele oder wenige Nährstoffe.
Auf die Lebensgemeinschaft in einem Gewässer hat dies ganz entscheidende Auswirkungen. Wir wollen ja nicht einfach nur ein Wasserloch buddeln, sondern die für einen Teich typischen Tiere und Pflanzen in unseren Garten holen. Das setzt natürlich voraus, daß sie sich bei uns auch wohlfühlen - sonst gehen sie ein oder wandern ab.
Die unterschiedlichen Eigenschaften des Wassers müssen dafür berücksichtigt werden.
Mit anderen Worten: Wir kommen um einige allgemeine Vorbemerkungen zu diesem Thema nicht herum. Keine Angst! Wir machen das ohne komplizierte Formeln und ohne theoretische Rechnerei. Das meiste davon wird Ihnen ohnehin schon einmal aufgefallen sein. Ein typisches Beispiel:

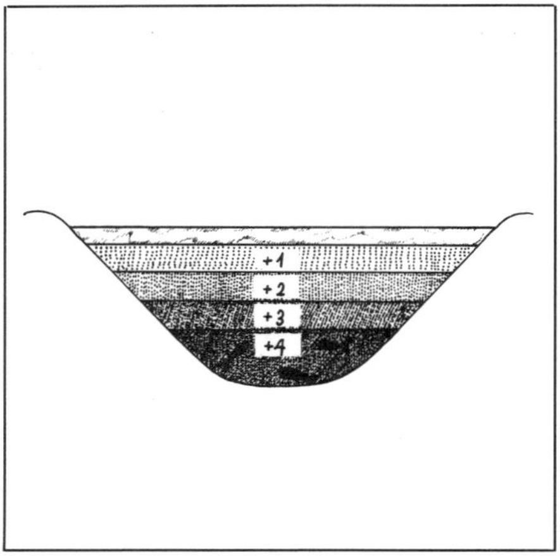

Während des Winters ist das Wasser im Teich fein säuberlich geschichtet: Am kältesten ist es an der Wasseroberfläche, am Boden herrscht eine Temperatur von 4° C. Damit die Teichtiere dort überleben können, muß diese Tiefenzone groß genug sein.

Eis schwimmt auf der Oberfläche.
Wie kommt das eigentlich? Normalerweise gilt ja: Was warm ist, steigt nach oben, was kalt ist, wird schwerer und sinkt nach unten. An der Zimmerdecke kann es also wohlig warm sein - trotzdem hat man kalte Füße, weil die Luft umso weiter nach unten sinkt, je kälter sie ist. Das kältere Eis müßte nach dieser physikalischen Regel also auf den Boden des Gewässers sinken - die dort überwinternden Fische würden eingefroren und müßten umkommen. Daß dies nicht geschieht, verdanken die Fische der Tatsache, daß sich das Wasser überhaupt nicht an diese physikalische Regel hält, sondern seine eigenen Regeln hat.
Wenn es im Herbst die ersten Nachtfröste gibt, kühlt das Oberflächenwasser des Teiches sehr rasch ab. Dadurch wird es schwerer und sinkt auf den Grund des Gewässers. Dieses Verfahren funktioniert allerdings nur bis zu einer Temperatur von 4°C. Dann ändert das Wasser seine Eigenschaft, „vergißt" die Regeln aus den Physikbüchern. Je kälter das Wasser jetzt wird, desto mehr dehnt es sich wieder aus, desto leichter wird es dabei. Solch kaltes Wasser bleibt daher immer an der Oberfläche des Teiches, in der Tiefe wird es niemals kälter als jene 4°C.
Und genau das ist die ideale Überwinterungstemperatur für Fische, Frösche und die Wasserinsekten.
Aus dieser erstaunlichen Eigenschaft des Wassers können wir schon zwei weitere wichtige Regeln für unseren Gartenteich ableiten:

3. Der Teich muß tief genug sein.
Unter dem Eis muß eine große Wassermenge bleiben. Teiche unter 50 cm Tiefe überleben meist den Winter nicht.
Weil der Boden durch absterbende Pflanzenteile nach oben wächst: Planen Sie eine Wassertiefe von einem Meter, bei größeren Teichen besser 1,2 m.

4. Im Winter nicht stören.
Die Wasserschichten sind im Winter fein säuberlich getrennt. 4°C ist es an der tiefsten Stelle, nach oben wird es immer kälter. Stören Sie diesen Schichtenaufbau nicht. In den natürlichen Teichen gibt es auch keine Springbrunnen und Belüftungseinrichtungen. Sie können damit mehr zerstören als retten!

Fische und andere Wassertiere sind auf diese Überwinterung eingerichtet: Die Schleie liegt im Winter regungslos im Schlamm.

Auch wichtig: die Luft

Es geht nicht ohne Sauerstoff!

Wir Menschen können etwa drei Wochen lang ohne Nahrung auskommen. Drei Tage lang schaffen wir es ohne Wasser, aber wenn uns der Sauerstoff nur drei Minuten ausgeht, dann sind wir nicht mehr zu retten.
Wir Menschen und die an Land lebenden Tiere haben es relativ einfach, an diesen Sauerstoff heranzukommen. Wenn wir unsere Lungen mit Luft füllen, dann ist darin immer über 20% Sauerstoff enthalten. Luft hat außerdem den Vorteil, daß sie sehr dünn ist und ohne großen Kraftaufwand ein- und ausgeatmet werden kann. Wenn Sie also, wie jetzt, ruhig im Sessel sitzen, dann fällt Ihnen das Atmen sicherlich nicht schwer.

Bei Wassertieren ist das völlig anders! Wasser enthält nicht 21% Sauerstoff wie die Luft, sondern in günstigen Fällen etwa 0,5%. Wenn wir Menschen einen Liter Sauerstoff in die Lunge bekommen wollen, dann müssen wir lediglich fünf Liter Luft aufnehmen - ein Atemzug reicht dafür aus. Will jedoch ein Fisch einen Liter Sauerstoff an seinen Kiemen vorbeistreichen lassen, dann muß er dort zweihundert Liter Wasser vorbeipumpen. Und weil Wasser viel zäher und unbeweglicher ist als Luft, wird das zur Schwerstarbeit. Allein für das kraftaufwendige Atmen braucht der Fisch ein Drittel des Sauerstoffes, den er aus dem Wasser überhaupt herausholen kann.

Ein atmender Fisch nimmt das Wasser durch den Mund auf und pumpt es an den Kiemen vorbei, die im hinteren Rachenraum liegen. Hinter den Kiemendeckeln strömt das Wasser wieder nach außen. Würde der Fisch nicht fast ununterbrochen mit den Brustflossen gegensteuern, so würde er allein durch den Rückstoß des Wassers ständig nach vorn schwimmen. Diese arbeitsaufwendige Atem-Technik verbraucht allein 1/3 des Sauerstoffes, den der Fisch durch das Atmen gewinnt. Sinkt der Sauerstoffgehalt im Teich stark ab, so muß der Fisch noch heftiger atmen. Irgendwann verbraucht er dafür mehr Sauerstoff als er durch das Atmen selbst gewinnt – er erstickt. Nährstoffarme Teiche mit einer großen Tiefwasser-Zone beugen solchen Verlusten vor.

Wer sich das erst einmal überlegt hat, für den wird auch das Verhalten der Fische im Teich verständlicher. Die jagen sich nicht ständig mit Höchstgeschwindigkeit umher. Da gibt es ein paar schnelle Schläge mit der Schwanzflosse, aber dann herrscht schon wieder Ruhe. Jede kleine Anstrengung bringt die Fische außer Atem. Fische sind keine Hochleistungssportler. Sie müssen mit ihrer Sauerstoff-Ration sehr vorsichtig umgehen, besonders wenn im Sommer das Wasser wärmer wird.

Wie es zu Sauerstoffmangel kommt
Falls Sie sich gleich einen Kaffee oder Tee kochen, können Sie einmal darauf achten: Wenn das Wasser wärmer wird, bilden sich am Gefäßrand kleine Bläschen. Diese bestehen unter anderem aus dem im Wasser enthaltenen Sauerstoff, den das Wasser bei höheren Temperaturen „nicht mehr festhalten" kann. Wasser von etwa 0°C kann doppelt soviel Sauerstoff enthalten wie solches, das sich auf 30°C erwärmt hat.
Es gibt aber auch noch einen anderen wichtigen Grund, weshalb aus vielen Gewässern der Sauerstoff verschwindet:
Alle Welt redet von der Wasserverschmutzung. Die in die Flüsse und Seen geleiteten Abwässer werden dort durch Bakterien gereinigt. Das aber hat seinen Preis – es kostet Sauerstoff.
Nicht nur die Fische und Wassertiere also verbrauchen Sauerstoff, auch die Bakterien brauchen ihn, um Abfallstoffe unschädlich zu machen. Solche Abfallstoffe gibt es auf ganz natürliche Weise auch im Gartenteich. Ein kleiner Wasserfloh z.B. lebt nur etwa zwei bis drei Wochen. Dann stirbt er, sinkt zu Boden und wird dort zunächst unter anderem von Wasserasseln, später auch von Bakterien aufgefressen und unschädlich gemacht. Das funktioniert aber nur solange, wie Sauerstoff zur Verfügung steht. Wird er knapp, dann treten andere Bakterien in Aktion, die ohne den Sauerstoff auskommen können. Für den Teich hat das schlimme Konsequenzen, denn wenn diese Fäulnisbakterien auftreten, dann entstehen z.B. giftiges Methan und giftiger, faulig stinkender Schwefelwasserstoff.

Wie kommt Sauerstoff ins Wasser?
Hier zeigt sich, wie stark die Glieder der Lebensgemeinschaft in den Gewässern voneinander abhängig sind. Die Pflanzen produzieren genau den Sauerstoff, den die Fische und die anderen Wasserlebewesen brauchen. Diesen Sauerstoff stellen die Pflanzen mit Hilfe des Sonnenlichtes her. Wenn man Unterwasserpflanzen frisch eingesetzt oder beschnitten hat, kann man folgendes häufig beobachten: An Bruchstellen perlt eine feine Kette von Luftblasen an die Wasseroberfläche. Normalerweise wird der Sauerstoff unsichtbar in stetigen, geringen Mengen über die Blätter an das Wasser abgegeben.

Diese Sauerstoffanreicherung des Wassers kann nur bei Licht funktionieren. Und nach allem, was wir jetzt über den Sauerstoff erfahren haben, können wir gleich einige weitere wichtige Eigenschaften eines idealen Gartenteiches festlegen:

5. Licht fördert die Sauerstoffproduktion.
Ein dichter Teppich von Seerosenblättern läßt alle darunterliegenden Pflanzen in tiefer Dunkelheit verschwinden. Das behindert die Sauerstoffproduktion – die Tierwelt des Gartenteiches und die Selbstreinigungskraft sind gefährdet.

Überwärmung vermeiden
Zu warmes Wasser hat zu wenig Sauerstoff. Der Teich darf daher nicht zu flach sein, sondern muß ausreichende kalte Wasserschichten in größerer Tiefe beinhalten. Sonst erwärmt er sich zu schnell.

7. Fäulnis kostet Sauerstoff.
Achten Sie darauf, daß keine großen Mengen absterbendes Pflanzenmaterial in den Teich geraten (z.B. Fallobst, Herbstlaub etc.).

Über saures und hartes Wasser

Ein paar kleine Tips zum Thema „Wasserhärte“!

Vor wenigen Jahrzehnten noch war der Regen fast überall in unserem Lande sauberes, reines Wasser. Inzwischen wird viel über den sogenannten „sauren Regen“ diskutiert. Die Wassertropfen, die den Boden erreichen, bestehen nämlich längst nicht mehr nur aus Wasser. Auf ihrer kilometerlangen Reise durch die Luft haben sie eine Vielzahl von Verunreinigungen aufgenommen, geradezu aus der Luft herausgewaschen. Dazu gehört z.B. das Schwefeldioxyd, das in ungeheuren Mengen aus den Schornsteinen qualmt. Wenn der Regentropfen mit solchem Schwefelgas in Kontakt kommt, ändert er seine Eigenschaften - er wird zur schwefligen Säure.

Derart veränderte Regentropfen richten am Boden viel Unheil an, denn weder auf dem Land noch in den meisten Gewässern sind Lebensgemeinschaften auf solch saures Wasser eingerichtet. Bestimmte Nährstoffe werden im Boden blockiert, andere, wie das für Pflanzen giftige Aluminium, werden herausgelöst und bringen selbst große Bäume zum Absterben. In Skandinavien sind viele tausend kristallklare Seen inzwischen ohne jegliches Leben. Auch in Deutschland hat schon so manche Forellen-Zucht schließen müssen, weil zu saures Wasser die Fische vergiftete. Seien Sie daher vorsichtig, wenn Sie das Wasser für Ihren Teich aus der Regenrinne beziehen wollen. Es kann sehr unangenehme Eigenschaften haben. Der Kalk übrigens kann die sauren Eigenschaften des Wassers aufheben. Die meisten Tiere und Pflanzen bei uns sind sogar auf solche relativ hohen Kalkgehalte spezialisiert. Wenn Sie Leitungswasser verwenden, sind in Deutschland keine Probleme zu erwarten. Nehmen Sie Regenwasser, dann sollten Sie gelegentlich den Säuregrad des Wassers, ausgedrückt durch den sogenannten pH-Wert, überprüfen.

Etwas Kalkgestein im Teich kann bösen Überraschungen vorbeugen. Das Wasser wird dadurch etwas „härter“, kann aber den sauren Regen besser verkraften.

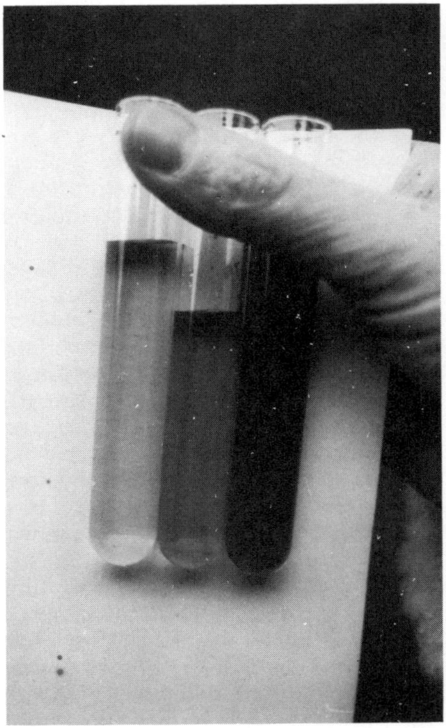

Die wichtigsten Eigenschaften des Wassers kann man übrigens mit einfachen und preisgünstigen Analyse-Verfahren messen. Ihr Gartenteich wird auch ohne solche Hilfsmittel funktionieren, dennoch ist es oft interessant zu wissen, wie es dem Teich geht. Man kann die Wasserhärte, den Säuregrad, den Sauerstoffgehalt sowie die Konzentration von Nitrat, Nitrit und Ammonium messen. Jeder, der nicht farbenblind ist, kann das tun. Man nimmt einen Fingerhut voll Teichwasser und vermischt ihn mit wenigen Tropfen der Prüf-Flüssigkeit. Das Wasser wird auffällig bunt, und die Farbe kann man dann mit einer Tabelle vergleichen. Die Test-Chemikalien kosten oft deutlich weniger als 15–20 Mark.

„Magere“ Teiche leben länger

Niemals die Pflanzen überfüttern

Wenn es Probleme mit Gartenteichen gibt, dann liegt das fast immer am zu hohen Nährstoffgehalt des Wassers. Pflanzen, die wachsen sollen, brauchen selbstverständlich solche Nährstoffe. Die wichtigsten sind Stickstoff in Form von Nitrat, Phophor in Form des Phosphat, Kalium, Kalzium, Magnesium und Eisen. Aus diesen Grundbausteinen und einigen wichtigen Spurenelementen baut jede Pflanze ihre Wurzeln, Stengel, Blätter und Blüten auf. Stehen diese Nährstoffe nicht in ausreichender Menge zur Verfügung, so gibt es Kümmerwuchs.

Mit unzureichendem Wachstum indes gibt es in den wenigsten Gartenteichen Probleme. Der eingebrachte Boden enthält meist viel zu viele Nährstoffe, so daß die Vegetation sich geradezu übermäßig entwickelt. Dies betrifft besonders die unbeliebten Algen. Das Wachstum dieser meist einzelligen, zuweilen auch fädigen Pflanzen wird so stark angeregt, daß aus den Gartenteichen gelegentlich eine grüne, manchmal auch rostrote Brühe wird.

Im Garten bleiben die Nährstoffe im Boden und stehen nur den dort wurzelnden Pflanzen zur Verfügung. Im Teich jedoch werden sie durch das Wasser herausgelöst und düngen dann in erster Linie die Algen. Die Gewässerkundler haben dafür den Namen „Wasserblüte“ geprägt. Verantwortlich für diese Massenentwicklung ist in erster Linie das Phosphat, das vor allem in Kleingärten durch unsachgemäße Düngung oft im Übermaß vorhanden ist. Wer also seinen Gartenteich mit Mutterboden anfüllt, der überdüngt ihn – langwierige Probleme sind die Folge: Die Algen-Suppe wird nämlich bald so dicht, daß in tiefere Wasserschichten überhaupt kein Licht mehr gelangt. Dorthin gespülte Algen gehen an Lichtmangel zugrunde und müssen von Bakterien abgebaut werden. Dadurch wird aber Sauerstoff verbraucht, der in den warmen Sommermonaten ohnehin knapp ist. Das kalte Tiefenwasser, in gesunden Teichen ein wichtiges Sauerstoffreservoir, gibt dann im Laufe weniger Wochen seinen gesamten Sauerstoff an die Bakterien ab. Dann setzt Fäulnis ein, giftige Gase entstehen, die Lebensgemeinschaft im Gartenteich steht vor ihrem Ende.

Das alles läßt sich auf sehr einfache Weise verhindern: Man darf keinen Mutterboden nehmen, sondern nur ein sehr nährstoffarmes Material. Am besten ist eine Mischung aus Lehm und Sand. Sollten sich dann wider Erwarten zu wenig Nährstoffe im Teich befinden, ist es sehr einfach, nachträglich zu düngen. Ein solches Problem stellt sich indes nur selten. Auch wenn Sie sehr nährstoffarmen Boden verwenden, werden Sie nach Einfüllen des Wassers fast immer eine solche „Wasserblüte“ erleben, denn in unserem Leitungswasser befindet sich ebenfalls oft recht viel Phosphat. Es stammt aus den Waschmitteln, die mit dem Abwasser in die Flüsse gelangen – und von dort beziehen wir ja, notdürftig gereinigt, unser Trinkwasser. Das darin vorhandene Phosphat reicht bereits aus, um in einem Gartenteich intensives Algenwachstum zu bewirken. Das ist aber eine rasch vorübergehende Erscheinung. Sobald dieses Phosphat aufgebraucht ist, sinken die absterbenden Algen zu Boden, das Wasser wird klar – und bleibt es auch.

Die Ausscheidungen von Fischen und Wasservögeln bringen ebenfalls Nährstoffe in den Teich. Das Gewässer altert dadurch schneller.

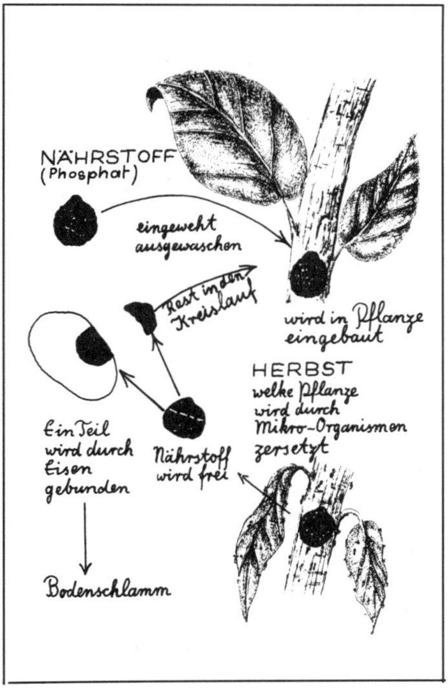

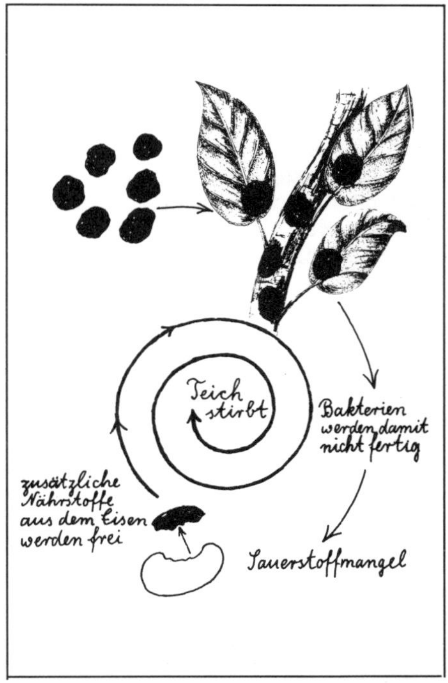

So funktioniert der Nährstoff-Haushalt im Gartenteich: Düngestoffe werden aus dem Bodensubstrat ausgewaschen, zusätzlich weht der Wind nährstoffreichen Gartenboden in den Teich. Auch Leitungswasser enthält zusätzliche Düngemittel. Normalerweise werden sie durch die Pflanzen aufgenommen und gelangen im Herbst mit den absterbenden Pflanzenteilen wieder an den Gewässerboden zurück. Durch Kleintiere und Bakterien werden die Pflanzen- und Tierreste so weit verdaut, daß die ursprünglichen Nährstoffe wieder freigesetzt werden. Ein Teil verbleibt im Kreislauf und ist Dünger für die Pflanzen, die im nächsten Jahr hier wachsen werden. Ein anderer Teil wird mit Hilfe des Eisens in eine unlösliche Form überführt und bleibt am Boden. So kann der Teich geringe Belastungen selbst überstehen.
Kommt jedoch zuviel Dünger in den Teich, dann wachsen sehr viele Pflanzen, vor allem Algen. Diese sterben dann in so großen Mengen ab, daß die Mikro-Organismen mit der Arbeit nicht nachkommen. Die dicke Algensuppe verdunkelt nämlich das Gewässer so sehr, daß die Unterwasser-Pflanzen nicht genügend Sauerstoff produzieren können – und der wird zum Abbau der absterbenden Pflanzenteile gebraucht. Die Mikro-Organismen arbeiten so lange, bis der Sauerstoff verbraucht ist – jetzt sterben die Fische und viele andere Wassertiere. Zusätzlich gelangen jetzt die in den Vorjahren aus dem Nährstoffkreislauf ausgekoppelten Düngemittel wieder in das Wasser. Das Eisen kann sie nur so lange festhalten, wie Sauerstoff vorhanden ist. Das Wachstum im Teich wird noch mehr angeheizt, noch mehr Abfallstoffe fallen an. Jetzt werden andere Bakterien tätig, die völlig ohne Sauerstoff auskommen können. Jetzt jedoch entsteht Fäulnis, Sumpfgas blubbert an die Oberfläche, der Teich kippt um.
Diese Entwicklung kann sich fast unmerklich über viele Jahre hinziehen und langsam steigern. Der beste Weg daher: Je weniger Nährstoffe in ein Gewässer gelangen, desto besser ist es!

Nährstoffreichtum bewirkt übrigens nicht immer üppiges Pflanzenwachstum. Das Schilf z.B. bildet auf nährstoffreichem Boden nur ein sehr spärliches Stützgerüst aus, die Halme bleiben klein und brechen leicht. In nährstoffarmen Gewässern gedeiht das Schilf hingegen prächtig und wird oft drei bis vier Meter hoch.

Auch aus dem Thema „Nährstoffe" können wir einige wichtige Erfahrungen für unseren geplanten Gartenteich verwenden:

8. Stabile Teiche sind nährstoffarm.
Ein hoher Nährstoffgehalt fördert das Algenwachstum. Davon leben zwar auch viele kleine Tiere - doch wo viel lebt, da stirbt auch viel!
Das Gleichgewicht zwischen den Algen, Bakterien und Tieren wird immer wackeliger, je nährstoffreicher der Teich ist.
Das kann jahrelang gut gehen - andererseits kann ein solcher nährstoffreicher Teich innerhalb weniger Tage „umkippen".

9. Nur nährstoffarmen Bodengrund verwenden.
Auch in lehmigem Sand sind noch so viele Nährstoffe vorhanden, daß fast alle Pflanzen problemlos wachsen. Nur die Algen haben es dann schwer. Dennoch: Eine Wasserblüte gibt es fast immer. Wer Leitungswasser verwendet, der wird oft eine Algenblüte erleben. Das ist normal, kein Grund zur Beunruhigung und wird rasch wieder verschwinden.

10. Wasserpflanzen entziehen die Nährstoffe.
Die Situation in einem zu nährstoffreichen Teich kann verbessert werden, indem man Unterwasserpflanzen einsetzt. Sie beziehen die Nährstoffe wie die Algen aus dem Wasser, ernähren sich also auf deren Kosten. Man kann diese Bestände der Unterwasserpflanzen von Zeit zu Zeit etwas auslichten und nimmt die Nährstoffe damit aus dem Gewässer heraus.

Wasserlinsen beziehen ihre Nährstoffe ebenfalls aus dem Wasser. Man kann sie abfischen und damit dem Teich Nährstoffe entziehen. Beachten Sie aber bitte, daß Sie dabei immer viele Tiere mit abfangen, die auf die oberen Wasserschichten spezialisiert sind. Am besten sortieren Sie das herausgefischte Pflanzenmaterial kurz durch und setzen all die Tiere zurück, die im Teich noch benötigt werden.

Springbrunnen und Wasserspiele

So wird es richtig kombiniert

Ein oft gehörtes Argument für die Einrichtung eines Springbrunnens ist die bessere Sauerstoffversorgung. Das sprudelnde Wasser wird ja intensiv mit Luft durchmischt und kann sich dort neu mit dem lebensrettenden Sauerstoff auftanken. Aus dieser Sicht ist ein Springbrunnen ideal - er hat aber auch Nachteile! Wird er direkt im Gartenteich eingebaut, so gibt es eine starke Strömung, und gegen diese sind viele Lebewesen des Gartenteiches ausgesprochen empfindlich. Es ist den Pflanzen und Tieren nämlich durchaus nicht gleichgültig, ob sie in fließendem oder in stehendem Wasser leben. Würde man den Springbrunnen ständig laufen lassen, könnte sich durchaus eine stabile Tier- und Pflanzenwelt ansiedeln. Es wären solche Arten, die wir in Bächen und Flüssen finden. Da man ihn aber nur gelegentlich an- oder abschaltet, ändern sich die Lebensbedingungen so drastisch, daß jeweils eine schwere Schädigung der Lebens-Gemeinschaft zu erwarten ist. Es gibt gute Gründe, sich für einen Springbrunnen zu entscheiden – man baut ihn jedoch am besten in einem getrennten Becken ein, auch in größerer Entfernung zum Gartenteich.

Den Wasserumlauf kann man mit Hilfe eines kleinen Baches gewährleisten.

Wenn das „kühle Naß“ zu warm wird

Oft entscheidet die Wassertemperatur

Wir erinnern uns: Je wärmer das Wasser des Gartenteiches wird, desto weniger Sauerstoff enthält es. Das kann in flachen Teichen und warmen Sommern durchaus zu einem ernstzunehmenden Problem werden. In reinen Flachwasser-Teichen können auch bei uns im Sommer Temperaturen von deutlich über 30°C erreicht werden. Für viele Tiere ist eine solche Temperatur unerträglich. Dazu gehören z.B. die beliebten Goldorfen, die häufig mit Goldfischen verwechselt werden. Schon wenn die Temperatur über 20°C steigt, wird das Leben für sie zur Qual.

Praktisch alle Teichbewohner sind sogenannte wechselwarme Tiere. Im Unterschied zu uns sind sie nicht in der Lage, eine konstante Körpertemperatur zu halten. Sie sind jeweils genauso warm wie die Umgebung. Die Temperatur liegt bestenfalls einige wenige Grad darüber, wenn sich die Tiere intensiv bewegen, und die Muskeln Wärme erzeugen. In kaltem Wasser sind solche wechselwarmen Tiere sehr träge. Ihre „Lebensuhr tickt dann auch langsamer“, sie werden dann deutlich älter. Anders in sehr warmen Gewässern: Dort herrscht höchste Betriebsamkeit. Wasserflöhe z.B. können sich dann innerhalb kürzester Zeit explosionsartig vermehren. Während der Sommermonate gibt es praktisch keine männlichen Wasserflöhe im Teich, die Weibchen produzieren massenhaft Eier

Dichte Büsche oder hohe Röhrichtbestände sollten einen Teil des Gewässers beschatten. Dadurch wird verhindert, daß sich das Wasser im Sommer zu stark aufheizen kann.

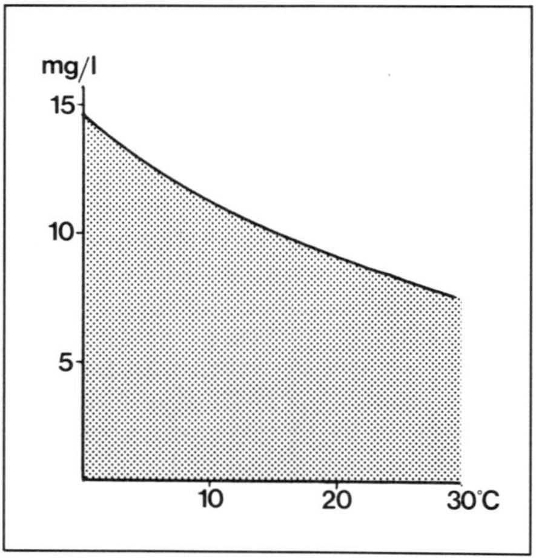

Je wärmer das Wasser wird, desto weniger Sauerstoff ist darin vorhanden. Bei kleinen, flachen Gartenteichen kann das zum Problem werden.

auf ungeschlechtlichem Wege. Erst wenn es dann wieder kälter wird, oder das Gewässer auszutrocknen droht, schlüpfen aus den Eiern wieder Männchen, die dann zu einer geschlechtlichen Fortpflanzung beitragen. Die daraus entstehenden Eier überdauern die ungünstige Jahreszeit.
Die hohen Sommertemperaturen sind auch für unterschiedliches, jahreszeitliches Aussehen der Tiere verantwortlich. Weil warmes Wasser leichter ist als kaltes, würde der im Frühjahr geschlüpfte Wasserfloh im Sommer immer wieder rettungslos zu Boden sinken. Er ist für das leichte Wasser einfach nicht gebaut. Die Sommerformen vieler kleiner Tier- und Pflanzenarten besitzen daher oft lange Körperanhänge, die ein Absinken in tiefere, lichtärmere Wasserschichten verhindern.
Bereits im Februar können übrigens im Gartenteich erstaunlich hohe Temperaturen auftreten. Während noch Eisschollen auf dem Wasser schwimmen, kann das ufernahe Wasser wenige Zentimeter entfernt bereits Temperaturen von mehr als 15 °C erreichen. Das ist der Grund, warum Grasfrösche und Erdkröten bereits im Laufe des Februar das Laichgewässer aufsuchen. In den ufernahen Bereichen haben die Eier ab März optimale Entwicklungsbedingungen.
Was kann man nun tun, um die Gewässertemperatur auf die richtigen Werte einzustellen?

Grundsätzlich sollte man einen Gartenteich nicht in einer ständigen Schattenlage einrichten. Sonnenlicht muß sein, wenn sich das Leben im Teich richtig entfalten soll.
Während der Sommermonate führen besonders die heißen Mittagsstunden, in denen die Sonne sehr hoch am Himmel steht, zu einer starken Erwärmung des Gewässers. Wenn in diesen wenigen Mittagsstunden ein Teil des Gewässers durch einen Baum beschattet sein könnte, wäre das die Ideallösung.
Wer dies so nicht einrichten kann, der sollte besonders dann, wenn er Fische halten will, auf eine ausreichend große Wassermenge in tieferen Gewässerschichten achten.

Bei vielen Teichen wird – meist zur Arbeitsersparnis – nur eine kleine Vertiefung in den Boden gemacht, mit der man dann die größere Tiefe von 80 cm erreicht. Durch solche Lösungen betrügt man nicht nur „den Teich", sondern auch sich selbst: Die kleine Vertiefung führt nämlich zu sinnlosen Faltenbildungen. Bei jeder Falte liegt die Folie jedoch dreifach, wird also „verschwendet". Die kleine „Alibi-Vertiefung" in der Teichmitte ist eine teure Lösung. Besser daher: Ärmel hochkrempeln und weitergraben. Das Tiefenwasser ist ein wichtiger Sauerstoffspeicher – sowohl während der warmen Sommermonate als auch im Winter.

Teiche mit einer Wassertiefe unter 50 cm sind praktisch nicht lebensfähig. Im Sommer heizen sie sich zu stark auf, im Winter ist die Wassermenge unter dem Eis zu gering.
Daher: Machen Sie den Teich mindestens einen Meter tief, der Boden wächst ohnehin noch durch absterbende Tier- und Pflanzenteile in die Höhe.

Alles Leben strebt zum Licht

Doch viele Gartenteiche haben eine „Schattenseite“

Das wichtigste ökologische Grundgesetz heißt: „Alles hat mit allem zu tun“. Und so haben wir auch das Thema Licht in diesem Buch bereits mehrfach kennengelernt:

- Pflanzen benötigen das Licht, um daraus den lebensnotwendigen Sauerstoff herzustellen.
- Das Sonnenlicht führt zu einer Erwärmung des Gewässers, was sich während der Frühjahrsmonate positiv auswirkt, im Sommer jedoch Probleme aufwerfen kann.

Es sind aber nicht nur Bäume, die eine Beschattung des Wassers bewirken können. Auch die Wasserpflanzen selbst können ganz entscheidend dazu beitragen. Ein Risiko sind, besonders in kleinen Teichen, die Seerosen. Ihre großen Blätter liegen dicht gedrängt, in zu kleinen Teichen sogar oft übereinander. Unterwasserpflanzen haben unter einem derart dichten Teppich überhaupt keine Chancen mehr.

Ähnlich ist es mit den Wasserlinsen. Während die Seerosen im Boden wurzeln, treiben die Wasserlinsen auf der Oberfläche und senken nur winzige Würzelchen ins Wasser. In nährstoffarmen Teichen reichen diese Wurzeln längst nicht aus, um die Wasserlinsen am Leben zu erhalten. Das Problem der dicken „Entengrütze“ gibt es daher nur in überdüngten, nährstoffreichen Teichen. Da bringt auch das regelmäßige Abfischen relativ wenig. Bereits bei der Teichanlage sind in solchen Fällen die entscheidenden Fehler gemacht worden.

Das Foto zeigt es deutlich: Nur dort, wo die Schwimmblätter von Seerose und Seekanne (im Hintergrund) die tieferen Wasserschichten nicht verdunkeln, nur dort kann sich das Tausendblatt entwickeln und seine Blüten über die Wasseroberfläche schieben (im Vordergrund).

Wer nur einen relativ kleinen Gartenteich mit einer Grundfläche von weniger als 8 m^2 besitzt, der sollte besser keine Seerose, sondern stattdessen lieber Wasserknöterich einsetzen. Die schmaleren Blätter sind nicht so lückenlos über die Wasseroberfläche verteilt und lassen immer noch viel Licht hindurch.

Auch die durch Algen hervorgerufene Wassertrübung kann selbstverständlich viel Licht verschlucken. Hier sind ebenfalls nicht die Algen das eigentliche Problem, sondern die Überdüngung des Teiches.

Die Wassertrübung innerhalb eines Teiches und den dadurch bedingten Lichtverlust können Sie übrigens sehr einfach messen: Die Gewässerkundler benutzen dafür eine genormte weiße Scheibe, die sie so tief in das Wasser hinablassen, bis sie gerade eben nicht mehr zu erkennen ist. Sie brauchen dafür natürlich keine Norm-Scheibe, Sie können dafür auch einen alten Teller nehmen. Wen es interessiert, der sollte ruhig einmal pro Woche die Sichttiefe messen. In nährstoffarmen Gewässern kann man problemlos bis zum Boden schauen. Im Mai/Juni jedoch gibt es oft eine Wasserblüte, also eine Massenvermehrung der Algen. Dann kann sich die Sichttiefe auf 10 bis 20 cm verringern. Solche Teiche können dann allerdings auch innerhalb weniger Stunden (etwa nach einem Gewitter) wieder völlig klar werden.

Noch eine Eigenschaft des Lichtes ist wichtig, die weniger das Wasser als vielmehr die Gartenteichfolie betrifft, die in den meisten Fällen für die Abdichtung des Bodens eingesetzt wird. Ein für uns kaum sichtbarer Teil des Sonnenlichtes ist die ultraviolette Strahlung.

Dieses UV-Licht hat bemerkenswerte Eigenschaften. Es ist z.B. dafür verantwortlich, daß Farbfotos an der Sonne verblassen, daß viele Materialien spröde und brüchig werden. Dies trifft auch für die PVC-Folien zu, aus denen üblicherweise die Gartenteich-Abdichtung hergestellt wird. PVC ist sehr empfindlich gegen die ultraviolette Strahlung. Höherwertige Teichfolien werden aus diesem Grunde gegen die UV-Strahlung stabilisiert. Entscheidend ist: für welchen Zeitraum. Auch Spitzen-Folien schaffen nur etwa 3.000 Sonnenstunden (das sind etwas über 2 Jahre). Aus diesem Grunde: Die Folie muß über Wasser überall mit Erde bedeckt und abgeschirmt sein.

Der Wasserknöterich ist als Schwimmblatt-Pflanze in kleineren Teichen geeigneter. Seine Blätter sind nicht so groß und lassen Lücken auf der Wasseroberfläche, durch die das Licht in die Tiefe dringen kann.

Wenn die Seerosen zu dicht stehen, schieben sich die Blätter sogar übereinander. Im darunter liegenden Wasser herrscht dann Finsternis (oben). Die Seekanne (unten links) ist wegen kleinerer Blätter für Kleinteiche geeigneter. Gleiches betrifft die Wassernuß (unten rechts), sie bevorzugt nährstoffreiche Teiche.

Der grüne Teich- oder Wasserfrosch ist zwar noch relativ häufig, hält sich jedoch längerfristig nur an etwas größeren Teichen. Er bleibt ständig im Wasser.

Libellenlarven besitzen eine Fangmaske, mit der sie blitzartig kleinere Wasserinsekten fangen können. Ihre Kiemen haben sie übrigens im Darm versteckt. Wenn sie das Wasser ruckartig ausstoßen, können sie sich „wie eine Rakete“ fortbewegen.

Die Erdkröten hingegen suchen den Teich nur während der Paarungszeit auf. Schon auf dem Wege dorthin klammert sich das kleinere Männchen am Weibchen fest.

Nach zum Teil mehrjähriger Entwicklung schlüpfen dann solche prächtigen großen Liebellen. Obwohl sie gefährlich aussehen mögen – sie sind völlig harmlos und stechen nicht!

Der Teich und seine Gäste

Warum auch die Umgebung wichtig ist

Die Tiere, die Sie an Ihrem Gartenteich künftig antreffen werden, können Sie in drei große Gruppen unterteilen. Die einen leben ständig im Teich, andere sind nur zeitweise auf ihn angewiesen, die dritte Gruppe sind nur gelegentliche Gäste. Besonders für die letzten beiden Gruppen ist die Umgebung des Teiches sehr wichtig.

Die Dauerbewohner

Zu ihnen gehören z.B. die Fische, aber auch viele kleine Krebsarten, die den Teich gar nicht verlassen können, weil sie ohne das Wasser nicht lebensfähig sind. Übrigens: Haben Sie sich schon einmal Gedanken darüber gemacht, wie z.B. neu entstehende Gewässer durch Fische besiedelt werden? Die Vögel spielen dabei eine entscheidende Rolle. Fast alle Wassertiere legen ja Eier, und das geschieht meist in den ufernahen Bereichen. Es kann auf diese Weise gar nicht ausbleiben, daß badende Vögel solche Eier ins Gefieder bekommen und als eine Art Lufttaxi zum nächsten Teich transportieren. Wundern Sie sich also nicht, wenn Sie plötzlich Tiere in Ihrem Gartenteich finden, die Sie nie dort eingesetzt haben. Die Natur weiß sich auch selbst zu helfen...

Ein Teil jener Dauerbewohner kann übrigens durchaus den Teich verlassen. Die vielen Wasserinsekten wie Rückenschwimmer, Gelbrandkäfer, Wasserskorpione, Stabwanzen etc. werden zwar möglicherweise das ganze Leben lang in Ihrem Gartenteich bleiben - sie können aber auch von der Wasseroberfläche aus starten und wegfliegen, wenn ihnen die Bedingungen nicht mehr zusagen.

Die Langzeitgäste

Zu ihnen gehören all die Tierarten, die nur einen Teil ihres Lebens in Gewässern verbringen. Die Grasfrösche und

Feuersalamander wird man in einem Gartenteich nur ausnahmsweise antreffen. Sie sind, anders als ihre nahen Verwandten, auf strömendes Wasser spezialisiert und bevorzugen als Lebensraum feuchte Laub-Hochwälder, die sie heute meist nur in gebirgigen Lagen finden.

Erdkröten sind dafür ein deutliches Beispiel: Sie kommen nur zur Eiablage ans Wasser, bleiben dort für einige Wochen und ziehen sich dann wieder ans Land zurück. Diese Bindung ans Wasser ist bei den verschiedenen Amphibienarten sehr unterschiedlich ausgeprägt. Während der Kammolch einen großen Teil seines Lebens im Wasser verbringt, wickelt sich die Geburtshelferkröte ihren Laich um die Hinterbeine und setzt ihn erst dann im Wasser ab, wenn die Jungen zu schlüpfen beginnen. Bei den Feuersalamandern findet die Entwicklung der Eier sogar im Körper des Muttertieres statt. Die Jungen schlüpfen in dem Augenblick, in dem die Eier ins Wasser abgegeben werden. Der Alpensalamander übrigens ist noch einen Schritt weitergegangen. Weil seine Laichgewässer oft zugefroren sind, bekommt er lebende Junge, die gar nicht mehr aufs Wasser angewiesen sind.

Auch sehr viele Wasserinsekten fallen in die Gruppe der Langzeitgäste. Ihre Larven entwickeln sich im Wasser, die ausgewachsenen Insekten haben die Luft erobert. Die benötigten Zeitabschnitte sind sehr unterschiedlich lang. Kleinlibellen beispielsweise können sich innerhalb weniger Monate zum fertigen Insekt entwickeln. Bei den größeren Libellenarten dauert diese Entwicklung hingegen oft mehrere Jahre. Die Flugphase solcher Insekten dient oft nur dazu, auch in andere Lebensräume vorzustoßen, um Inzucht zu vermeiden. Entsprechend kurz ist diese Phase des Lebens. Bei Eintagsfliegen kann sie nur wenige Stunden, bei manchen Arten auch mehrere Tage dauern. Die in Bächen lebenden Eintagsfliegen wandern übrigens in dieser Zeit grundsätzlich stromaufwärts und legen dort ihre Eier ab. Nur so wird verhindert, daß irgendwann einmal alle Eintagsfliegen im Meer angekommen sind.

Gelegentliche Gäste

Zu diesen gehören beispielsweise unsere Vögel. Sie besuchen den Gartenteich besonders in der warmen Jahreszeit, um dort zu trinken und zu baden. Das ist nicht nur für die Altvögel wichtig. Die Eier müssen an besonders heißen Tagen eher gekühlt als gewärmt werden. Die Altvögel benetzen ihr Bauchgefieder dafür mit Wasser. Die Jungen müssen auch regelmäßig getränkt werden. Das Wasser dafür wird meist im Schnabel herantransportiert.
Wer am Gartenteich besonders scharf beobachtet, wird auch noch andere Tiere dort beim Trinken beobachten können: Die Bienen beispielsweise sind häufige Gäste, ebenso die Schmetterlinge.
Weil viele Tiere nicht nur im, sondern zeitweise auch außerhalb des Gartenteiches leben, muß dieser mit seiner Umgebung eine harmonische Einheit bilden. Der Grund dafür liegt im Verhalten und im Körperbau der Tiere. Die grünen Wasserfrösche beispielsweise atmen nicht nur mit Hilfe ihrer Lungen, eine Hälfte ihres Sauerstoffbedarfes nehmen sie direkt über die Haut auf. Sie muß daher stets feuchtgehalten werden. Grünfrösche erreichen dies dadurch, daß sie sich in der Regel nur wenige Meter vom Teich entfernen und immer wieder dorthin zurückkehren. Die braunen Grasfrösche hingegen wandern viel weiter umher, sind dann aber nur nachts aktiv, wenn die taubedeckten Pflanzen die Haut immer wieder befeuchten. Ähnlich verhalten sich die verschiedenen Krötenarten.
Damit diese eifrigen Schneckenvertilger während der Nacht ungestört für die biologische Schädlingsbekämpfung im Garten tätig werden können, muß man ihnen während der Tagesstunden geeignete Verstecke bieten. Das sind z.B. alte Wurzeln, Stein- oder Reisighaufen, möglichst in der Nähe von Hecken.

11. Vielfältige Umgebung schaffen
Der Gartenteich sollte möglichst an vielfältige, naturnahe Lebensräume angebunden sein, damit er seine Funktionen im Naturhaushalt optimal wahrnehmen kann.

Wer einen Gartenteich anlegt, wird eine Vielzahl von Vögeln beim Baden und Trinken beobachten können, hier eine Blaumeise. Eine alte Bauernregel besagt übrigens, daß man Stare durch das Anlegen von Vogeltränken zumindest etwas vom Plündern des Kirschbaumes abhalten kann. Die Vögel suchen angeblich oft nur erfrischende Feuchtigkeit.

Die Vielfalt entscheidet

So entsteht eine stabile Lebensgemeinschaft

Stellen Sie sich einen normalen Industriebetrieb vor: Wenn dieser nur für einen einzigen Kunden tätig wird, ist er besonders abhängig. Kann der Kunde aus irgendwelchen Gründen nicht mehr zahlen, dann geht es auch jener Zulieferfirma schlecht, auch sie muß ihre Pforten schließen. Hätte sie hingegen viele hundert verschiedene Kunden beliefert, dann wäre sie weniger anfällig gewesen, auf einen Kunden kann man notfalls verzichten.

Nicht anders ist es im Naturhaushalt. Genauso wie in unserer Wirtschaft die Einzelbetriebe voneinander abhängig sind, genauso gibt es auch zwischen den einzelnen Tier- und Pflanzenarten eine Vielzahl lebensnotwendiger Querverbindungen. Je mehr Tiere und Pflanzen dort miteinander in Verbindung stehen, je größer die Vielfalt in der Natur also ist, desto stabiler ist die Lebensgemeinschaft.

Und genau diese Vielfalt sollte das Ziel der Gartenteich-Planung sein. Wenn man die Lebensinteressen von vielen Tieren und Pflanzen berücksichtigt, kann man sicher sein, daß man mit dem Gartenteich nicht viel Arbeit haben wird.

Ein Beispiel: Der einfachste und gleichzeitig sterilste Fall eines Gewässers ist eine wassergefüllte Regentonne. Dort gibt es keine Wasserpflanzen, die Sauerstoff erzeugen, deshalb gibt es auch keine Wassertiere, die auf solchen Sauerstoff angewiesen sind. Außerdem schwankt der Wasserstand sehr stark. Mal wird das gesamte Wasser verbraucht und die Tonne trocknet aus, einige Tage später schon ist sie wieder bis zum Rand gefüllt. Das sind wahrlich keine stabilen Lebensbedingungen. Es gibt nur sehr wenige Spezialisten, die so etwas ertragen können. Die Stechmücken z.B. haben sich genau auf diesen „Regentonnen-Typ" eines Gewässers spezialisiert. Von der Eiablage bis zum fertigen Insekt vergehen lediglich

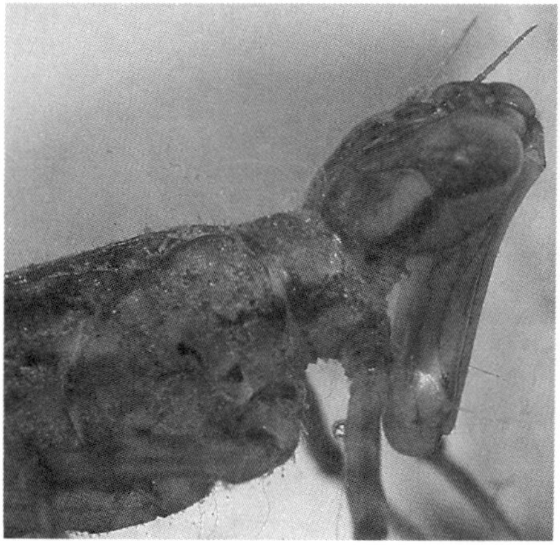

Der Kopf der Libellenlarve ist mit einer Fangmaske bewaffnet, die blitzschnell vorschießen und das Beutetier ergreifen kann. Selbst kleine Teiche von nur wenigen Quadratmetern Größe können Hunderte dieser Libellenlarven enthalten.

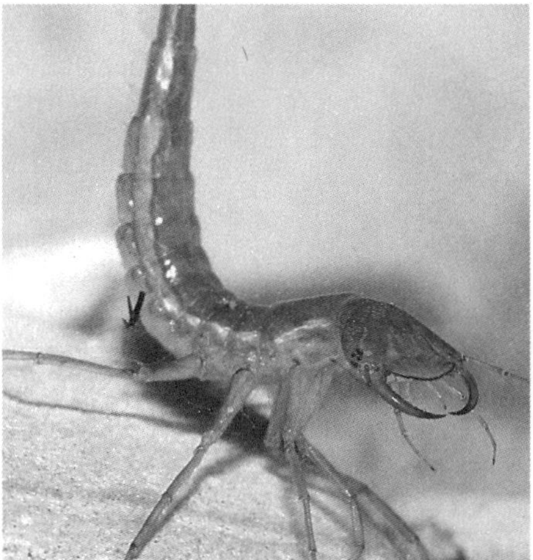

Der Kopf der Gelbrandkäfer-Larve ist wie eine mächtige Zange gestaltet. Viele Kleintiere des Teiches haben solche und ähnliche „Waffen". Für uns Menschen sind sie ungefährlich, im Teich sorgen sie jedoch für das unentbehrliche Gleichgewicht. Massenvermehrungen von Stechmücken haben bei solchen Gegnern keine Chance...

Die Libelle ist eine unglaublich perfekte Konstruktion: Die Augen nehmen den größten Teil des Kopfes ein, auf dem Rücken sitzen dicke Muskelpakete, die die Flügel bewegen.

etwa 14 Tage. In der Zwischenzeit können die Larven kurzzeitig völlig ohne Wasser auskommen. Ihnen ist es auch gleichgültig, ob sich Sauerstoff im Wasser befindet, denn sie erhalten mit einem Schnorchel den Sauerstoff aus der Luft.

Zu Tausenden können sie unter der Oberfläche hängen. Mit schnellen, zukkenden Bewegungen flüchten sie in dichten Pulks in tiefere Wasserschichten, sobald man an die Regentonne stößt oder die Oberfläche mit der Hand beschattet. Ob Regentonne, wassergefüllte Konservendose, vergessener Eimer oder Blumenvase: Stechmücken kommen in nennenswerter Zahl nur dort vor, wo die Lebensbedingungen so unfreundlich sind, daß andere Tiere nicht überleben können. Im Gartenteich haben die Stechmücken keine Chance: Im vielfältigen Wasserpflanzen-Dickicht beobachten räuberische Libellenlarven mit ihren scharfen Augen jede Bewegung. Da patrouillieren Rückenschwimmer und Gelbrandkäfer durchs Wasser, da suchen Stichlinge, Moderlieschen und andere Fische nach Beute. Die Wasseroberfläche wirkt von unten wie eine silbrige, helle Fläche. Jede Stechmückenlarve sitzt dort wie auf dem Präsentierteller, jede ihrer Bewegungen lockt gleich mehrere Gegner an. Eine Stechmücke ist dort ständig auf der Flucht - und genau das hält sie nicht lange durch. Sie muß nämlich immer wieder an die für sie gefährliche Oberfläche, um dort frischen Sauerstoff zu tanken.

14 Tage lang muß sie dieses Spießrutenlaufen durchhalten, dann verpuppt sie sich und ist nochmals ein bis zwei Tage lang fast völlig wehrlos. Anschließend reißt die Puppenhülle am Rücken auf, und die fertige Stechmücke kriecht mühselig an die Wasseroberfläche. Ein solches Gezappel entgeht keinem scharfen Froschauge, und falls es wirklich einer Stechmücke gelingen sollte, an all diesen Feinden vorbeizukommen, dann sind da ja immer noch die Bachstelzen, die am Gartenteich bevorzugt nach Futter suchen. Dann gibt es außerdem die Schwalben, die dort das Baumaterial für ihre Nester holen und einen guten Bissen stets zu schätzen wissen. Und sollte die Mücke auch dies überleben und sich auf einem Blatt zur Ruhe setzen: Nun hat sie noch mit den Libellen zu rechnen. Ingenieure haben ausgerechnet, daß die beste überhaupt vorstellbare Flugmaschine zwei getrennte auf- und abwärtsschlagende Flügel haben müßte. Eine solche Maschine könnte dann vorwärts genauso schnell fliegen wie rückwärts, auf der Stelle drehen, blitzartig nach oben und unten schweben und mit Höchstgeschwindigkeit akrobatische Kurven drehen. Die Menschen werden ein solches technologisches Wunderwerk wahrscheinlich nie konstruieren können - die Natur hat es schon. Die Libellen sind die perfektesten Flieger, die man sich vorstellen kann. Nicht nur das: Für unsere Mücke ist besonders verhängnisvoll, daß die Libellen zudem unglaublich scharfe Augen haben. Der größte Teil des Kopfes besteht aus den beiden riesigen Augen, die jeweils wiederum aus 30.000 Einzelaugen zusam-

mengesetzt sind. Wir Menschen können nur etwa 18 verschiedene Eindrücke pro Sekunde wahrnehmen - alles andere verschmilzt wie in einem Film. Libellenaugen hingegen arbeiten 15 mal schneller als unsere - möchten Sie dort Mücke sein?
Je verschiedenartiger ein Lebensraum ist, desto vielfältiger ist auch die Tier- und Pflanzenwelt, die dort eine Lebensmöglichkeit findet. Wer mit seinem Gartenteich wenig Arbeit und viel Freude haben will, der nimmt bereits beim Bau darauf Rücksicht. Abwechslungsreich gestaltete Ufer, unterschiedliche Wassertiefen, vielfältige Bepflanzung, zwischendurch ein paar Steine und Wurzeln - dadurch entsteht die Vielfalt, die aus einem simplen Wasserloch erst einen Lebensraum, einen richtig gut funktionierenden Gartenteich macht.

Ziel der Gartenteich-Planung muß es weiterhin sein, in diesen Lebensraum so wenig wie möglich einzugreifen. Wer aus seinem Gartenteich eine ständige Baustelle macht, der wird vergeblich auf diese Vielfalt warten.

Die unterschiedliche Gestaltung ist natürlich umso einfacher, je größer das Gewässer ist. Große, relativ nährstoffarme Teiche erfordern daher über viele Jahre überhaupt keine Pflegemaßnahmen - vom gelegentlichen Nachfüllen verdunsteten Wassers einmal abgesehen.

Ein solcher stabiler, lebensvoller, pflegeleichter Gartenteich ist die sicherlich beste Lösung - für den Besitzer genauso wie für die vielen Tiere und Pflanzen, die künftig im Garten seine Gäste sind.

Wer die Uferregion mit Lehm ausstattet, der kann damit den immer seltener werdenden Schwalben helfen. Sie brauchen den Lehm als Baumaterial für ihre Nester.

Wie empfindlich ist die Natur?

So finden Sie die beste Stelle für Ihren Teich

Wir wollen uns hier nichts vormachen und keine Traumschlösser bauen. Die Geschichte der Menschheit war ein einziger Kampf gegen die Natur. Auch beim Gartenteich wird es uns immer wieder in den Fingern jucken, von der theoretischen Ideallösung abzuweichen. Liegt der Gartenteich zu nahe an der Terrasse? Stört das die Tiere? Wieviele dieser farbenprächtigen Goldfische kann man einsetzen, ohne die Lebensgemeinschaft zu gefährden? Kann man nicht vielleicht doch einen Springbrunnen einbauen...?

Bei den meisten Gartenteichen wird ein Kompromiß geschlossen: Etwas weniger reine Natur, dafür etwas mehr menschliche Eingriffe. Die Frage ist nur: Was kann die Natur verkraften? Ab wann gibt es größere Probleme mit dem Gartenteich?

Bleiben wir zunächst bei der Empfindlichkeit gegen Störungen. Man kann ja den Gartenteich entweder direkt auf der Terrasse anlegen oder aber auch möglichst ungestört im letzten Winkel des Gartens. Was ist besser für die Natur?

Liegt der Teich in unmittelbarer Nähe des Hauses, dann werden die Frösche so zahm, daß man sie streicheln kann.

Spontan wird man sagen, daß der ruhige, abseits gelegene Teich die bessere Lösung ist. Das kann so sein, muß es aber nicht. Viele Tiere gewöhnen sich nämlich an Störungen. Wenn Sie ständig auf der Terrasse zu tun haben, werden die Frösche an Ihrem Teich so zahm, daß Sie sie streicheln und aus der Hand füttern können. Wenn der Teich jedoch in der hinteren Ecke des Gartens liegt, werden sie stets scheu bleiben. Sie haben ja nie lernen können, daß von Ihnen keine Gefahr ausgeht. Ein abgelegener Gartenteich ist also nur dann die bessere Lösung, wenn er ständig störungsfrei bleibt, oder wenn Sie die Störungen nur auf eine relativ kurze Zeit oder einen Teilbereich beschränken. Wollen Sie dort jedoch auch eine Sitzecke einrichten, die praktisch nur am Wochenende benutzt wird, dann ist der Teich in Hausnähe die bessere Lösung. Denken Sie z.B. an die Vögel, die dort brüten: In direkter Hausnähe finden Sie nur relativ wenige Arten. In der hinteren Gartenecke am Teich brüten dann auch schon seltenere Vögel. Solange Sie dort nur gelegentlich einmal vorbeigehen, ist das für die Vögel kein Problem. Lassen Sie sich dann jedoch für viele Stunden nieder, dann verlassen die scheuen Vögel das Nest für lange Zeit - die Eier werden kalt.

In vielen Fällen ist es daher für die Natur im Endeffekt besser, wenn man den Teich in direkter Hausnähe anlegt. 5 Meter vor meinem Bürofenster hat schon der Sumpfrohrsänger gebrütet. Denken Sie daran, daß Sie vielleicht auch zwei Teiche machen können: einen ungestörten im hinteren Teil des Gartens, und einen in direkter Terrassennähe, beide verbunden durch einen attraktiven Bachlauf.

Jeder Teich wird irgendwann verlanden

Doch den Zeitpunkt bestimmen Sie ganz allein.

Nach der letzten Eiszeit war die Landschaft kahl und durch die Gletscher leergeräumt. Überall bildete das Schmelzwasser Seen, von denen heute nur noch wenige vorhanden sind. Die meisten sind längst verlandet, zu Sümpfen, Mooren oder festem Land geworden. Was bei großen Seen Jahrtausende dauert, läuft bei kleinen Teichen wesentlich schneller ab:
Der Boden wächst durch absterbende Tier- und Pflanzenteile langsam in die Höhe, bis er die Wasseroberfläche erreicht.
Jedes Gewässer altert also, beginnt als kahles Wasserloch (etwa wie ein Baggersee) und endet schließlich als Sumpfgebiet. Die Geschwindigkeit hängt vom Nährstoffgehalt des Gewässers ab: Je mehr Nährstoffe es gibt, desto mehr wächst, desto mehr stirbt ab, desto mehr sinkt zu Boden, desto flacher wird der See.
Wenn man einen 80 cm tiefen Gartenteich zu nährstoffreich anlegt (oder ihm ständig Nährstoffe zuführt), dann kann diese Verlandung innerhalb von 5 Jahren ablaufen. Das Wasser ist dann nicht mehr tief genug, in einem strengen Winter sterben überwinternde Tiere, der Teich „kippt um".

Wer wenig Arbeit mit seinem Gartenteich haben will, der achtet daher auf größtmögliche Nährstoffarmut:
Er füllt keinen Mutterboden in den Teich – denn das wird den Alterungsprozess um viele Jahre beschleunigen.
Er hält auch keine Fische, denn die müßte er ja füttern – und auch damit bringt er immer mehr Nährstoffe in den Teich hinein.

Fast alle einheimischen Fische haben eine Tarnfarbe. An dieser Plötze sieht man, wie es funktioniert: Der Reiher außerhalb des Wassers sieht nur die graue Oberseite, die sich kaum vom dunklen Boden abhebt. Etwaige Raubfische sehen von unten nur die silbrig-glänzende Bauchseite, die mit der hellen Wasseroberfläche verschmilzt. Dieses Prinzip nennt man „Gegenschattierung". Wer seine Fische im Gartenteich sehen will, der nimmt daher besser bunte Zuchtformen wie z. B. die Goldplötze (Foto S. 156).

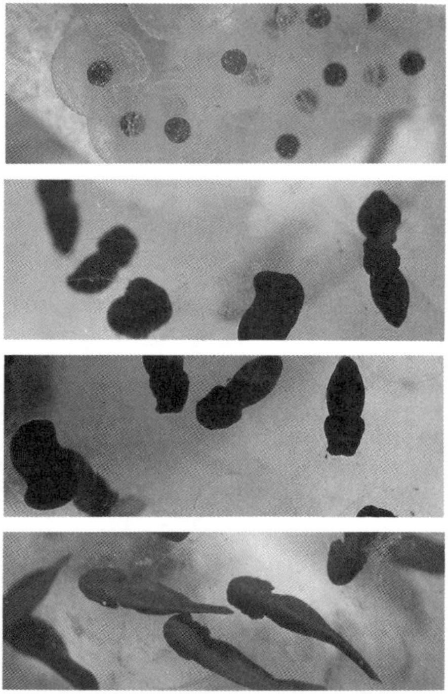

Auch die friedlichsten Fische vergreifen sich an dem Nachwuchs der Amphibien. Auf dieser Bildfolge sieht man, wie sich die kleinen Lurche im Ei entwickeln, bis sie schlüpfen und an den Wasserpflanzen die Algen abweiden.

Wo wir geraden bei diesem ständigen „Reizthema" sind: Soll man Fische einsetzen oder nicht?

Zunächst einmal: Viele Fische bleiben weit hinter den Erwartungen zurück. Sie leben sehr versteckt, sind zudem hervorragend getarnt und wühlen zusätzlich noch am Boden herum, so daß das Wasser trübe wird. Wer also Fische halten will, der sollte besser gleich die bunten Zuchtformen nehmen – auch von denen wird er allerdings selten mehr als nur den Rücken sehen:

Goldfische wühlen ständig am Boden herum, **Kois** (Japanische Farbkarpfen) brauchen für eine sichere Überwinterung eine Wassertiefe von deutlich mehr als einem Meter, **Goldorfen** wühlen zwar weniger, dezimieren jedoch viele Oberflächen-Tiere.

Bei Fischen ist es schwer, das „rechte Maß" zu finden. Einige wenige würden kaum stören – bald jedoch vermehren sich die Kerlchen und es können dann leicht einige hundert sein, die den Teich bevölkern. Durch Zusatz-Futter gelangen dann jedoch die unerwünschten Nährstoffe in den Teich, die spätestens mit dem Kot der Fische zu Boden fallen, dort zersetzt werden, dabei Sauerstoff verbrauchen und Probleme schaffen.

Kein Teich kann mit stärkerem Fischbesatz allein fertig werden. Dann muß man ihm helfen, beispielsweise über eine leistungskräftige Filteranlage. Wenn sie richtig konstruiert ist, führt sie dem Wasser zusätzlich Sauerstoff zu. Wichtigster Effekt: Das bei Sauerstoffarmut entstehende Nitrit, von dem bereits wenige Tausendstel Gramm pro Liter für Fische tödlich sind, wird durch den Sauerstoff in ungiftige Stoffe überführt.

Mein Tip, falls Sie Fische einsetzen möchten: Warten Sie mit dem Erstbesatz einige Monate, damit der Teich zunächst sein Gleichgewicht findet.

Also:
Je älter ein Gewässer wird, desto **schneller** altert es. Die wichtigsten Kennzeichen:

- Verschiedene auf nährstoffreiche Teiche spezialisierte Pflanzen fangen an zu wuchern. Riesenbinse und Rohrkolben sind nur noch mit Mühe zu kontrollieren.
- Algen treten massiv auf, das Wasser wird gar nicht mehr klar.
- Wasserlinsen schwimmen auf der Oberfläche
- Die Verlandung beginnt
- Die frühere Vielfalt der Tiere verschwindet, es gibt nur noch wenige verschiedene Arten, die dafür jedoch in großer Individuenzahl.

Wer einen Teich nährstoffreich anlegt, der verschenkt (je nach Größe) mindestens 10 Jahre, in denen der Teich besonders viel Freude und besonders wenig Arbeit macht.

Zwei verschiedene Gleichgewichts-Systeme können wir also in einem Gartenteich einrichten:
Das natürliche, biologische Gleichgewicht funktioniert nur in einem sehr nährstoffarmen Gewässer ohne technische Hilfestellung.
Sobald man Fische hält und durch die notwendigen Fütterungen zusätzliche Nährstoffe in den Teich bringt, muß man dieses Gleichgewicht künstlich stützen. Dies geschieht über den Einsatz eines leistungskräftigen Filters. Der hilft auch dann, wenn für den Bodengrund ein zu nährstoffreiches Material verwandt worden ist.
Eine „Wunderwaffe" ist ein Filter nicht. Er kann lediglich die Natur etwas unterstützen - aber keine Fehlkonstruktion bereinigen. Gegen einen der wichtigsten Nachteile der Fische gibt es indes kein Patentrezept: Auch die friedlichsten Arten fallen unangenehm dadurch auf, daß sie die kleineren Mitbewohner des Teiches in erheblichem Umfang schlicht und einfach auffressen. Das geht dann natürlich auf Kosten der Vielfalt - und damit zusätzlich auf Kosten der biologischen Stabilität.
Der pflegeleichteste und kostengünstigste Teich beherbergt also keine Fische.

Nach der ersten Algenblüte wird das Wasser in allen richtig gebauten Teichen klar und durchsichtig.

Wenn sich Nährstoffe im Teich ansammeln, wachsen die Algen weiter. Gibt es noch mehr Nährstoffe, treten auch Wasserlinsen auf.

Der Nährstoffreichtum führt zu so starkem Wachstum, daß z. B. auch die Seerosen Schwierigkeiten bekommen. Die Blätter wachsen dann übereinander leicht eingefaltet.

Das ist dann das Endstadium – jetzt wächst schon Gras auf der Wasseroberfläche – der Teich verlandet.

Das Krisen-Management

Notfall-Tips für Besserwisser

Es gibt Menschen, die schlagen alle Ratschläge systematisch in den Wind. Wenn Sie zu diesen gehören, dann sollten Sie sich zu gegebener Zeit an diese Seiten erinnern. Sie werden sie brauchen! Wer auf die Empfehlungen dieses Buches hört, der wird sie sicherlich nie brauchen - aber er weiß dann wenigstens, welche Mühsal ihm entgangen ist. Was passiert eigentlich, wenn ein Gartenteich „umkippt"? Sie erinnern sich vielleicht noch, wie es zu einer solchen Katastrophe kommen kann: Durch ein Zuviel an Nährstoffen wird das Pflanzenleben immer üppiger. Auch die Tiere, die von den Pflanzen leben (z.B. Wasserflöhe), erscheinen in riesigen Scharen. Ein solch nährstoffreicher Teich scheint also voller Leben zu sein - in Wirklichkeit steht er kurz vor seinem Ende.

Die Lebensdauer der Mikroorganismen ist nämlich in vielen Fällen auf wenige Tage oder Wochen beschränkt. Dann sterben sie, und die kleinen Leichname rieseln auf den Gewässerboden hinab. Dort werden sie von Bakterien abgebaut und unschädlich gemacht. Die Natur hat übrigens noch einen Trick eingebaut, um das Schlimmste zu verhindern. Das für die Pflanzenernährung besonders wichtige Phosphat wird an Eisen gebunden, das im Wasser fast immer in ausreichender Menge zur Verfügung steht. Damit ist das Phosphat aus dem Naturkreislauf ausgekoppelt, das Wachstum der Pflanzen geht langsam zurück, das Gewässer kann sich wieder erholen. Dennoch ist es in dieser Phase eine Balanceakt. Sterben immer mehr Tiere und Pflanzen ab, so laufen auch die Abbauprozesse auf Hochtouren. Dabei wird Sauerstoff verbraucht, der in der tiefen Zone des Gewässers immer knapper wird. Früher oder später ist er völlig verbraucht, die Bakterien können ihre Arbeit als natürliche Gesundheitspolizei nicht mehr länger fortsetzen. In dieser Phase kann die oft empfohlene Belüftung des Wassers durch aufsteigende Luftblasen aus einem Ausströmerstein auch keine Hilfe bringen. Die aufsteigenden Luftblasen geben nämlich keinen Sauerstoff an das Wasser ab, wegen des nachlassenden Wasserdruckes dehnen sie sich lediglich aus, werden sogar größer und bewegen in erster Linie die Oberfläche.

Nachteilig ist jedoch, daß sie das Kohlendioxid, einen wichtigen Wasserpflanzen-Dünger, aus dem Wasser heraustreiben, so daß die natürliche Sauerstoff-Produktion der Unterwasserpflanzen zusätzlich geschwächt wird. Die Sprudelei funktioniert in der Praxis überhaupt nicht. Damit sich der Sauerstoff löst, muß die Luft mit dem Wasser unter Druck gemischt werden. Nur nach solchen Erkenntnissen konstruierte Belüfter können wirksame Hilfe bringen.

Wußten Sie übrigens, daß die meisten der geschädigten Gewässer in den frühen Morgenstunden sterben? Die Pflanzen produzieren ja während der Tagesstunden bei Licht den Sauerstoff. In den frühen Morgenstunden kann dessen Gehalt in einem stark belasteten Gewässer daher kritisch absinken. Wenn die Sonne dann wieder aufgeht, können die geschrumpften Sauerstoffvorräte wieder ergänzt werden. Dieser „Tanz auf Messers Schneide" hat mit einem gesunden biologischen Gleichgewicht jedoch nichts mehr zu tun. In dieser Phase hilft nur ein wirksamer Filter.

Hat man jedoch diesen Zeitpunkt verpaßt, dann stellen die bisher am Bodengrund tätigen Bakterien ihre Tätigkeit ein. Andere Bakterien, die ohne Sauerstoff auskommen, nehmen ihnen die Arbeit ab - doch jetzt entstehen giftige Nebenprodukte wie Methan und Schwefelwasserstoff. Der Boden ist bald mit schwarzem, schlickigem Faulschlamm bedeckt. Schlimmer noch: Das Phosphat, das an das Eisen gebunden war, wird zu einem erheblichen Teil wieder in das Wasser freigesetzt, wenn es zu einem solchen Sauerstoffmangel kommt. In einem Augenblick, in dem das Gewässer ohnehin schon überlastet ist, kann es riesige Nährstoffmengen freisetzen - es bringt sich selbst um...

Man braucht kein kompliziertes Labor, um so etwas festzustellen. Wenn von Zeit zu Zeit Sumpfgas-Blasen an die Oberfläche blubbern, wenn das Wasser faulig riecht, wenn man den Boden nicht mehr erkennen kann, weil das Wasser dort unten milchig weiß getrübt ist, dann ist das Gewässer so gut wie verloren. In dieser Phase herrscht in dem Teich ein riesiger Sauerstoffbedarf. In der Tiefe ist er bereits völlig aufgezehrt, die Tiere fliehen in höhergelegene Regionen. Wer jetzt das Teichwasser z.B. durch einen Ausströmerstein durcheinanderwirbelt, der mischt das wenige noch gesunde Wasser mit dem Giftwasser aus der Tiefe, das sofort jeden Sauerstoff an sich reißt. Der Teich ist verloren.

Was kann man tun, wenn es soweit gekommen ist?

Zunächst einmal sollten Sie versuchen, die Giftwasserzone so abzupumpen, daß dabei nicht der ganze Teich durchgerührt wird. Versuchen Sie auch, einiges von dem Schlamm mit abzupumpen, denn das ist der eigentliche Verursacher für die Sauerstoffzehrung.

Wenn der Wasserspiegel dadurch abfällt, sollten Sie kaltes Leitungswasser vorsichtig in den Teich laufen lassen. Aufgrund der niedrigen Temperatur wird es sofort auf den Boden gleiten. Da es in der Wasserleitung unter starkem Druck gestanden hat, enthält es soviel Sauerstoff, daß es die Tiefenzone wirksam entlasten kann. Notfalls muß mehrfach abgepumpt werden, bis die Faulschlammschichten weitgehend entfernt sind. Beachten Sie jedoch bitte, daß Brunnenwasser sehr sauerstoffarm sein kann und in solchen Fällen keine Hilfe bringt.

Solche Teichrettungs-Aktionen gehören zu den unerfreulichsten Veranstaltungen, an denen ich bislang teilgenommen habe. Zwei Teiche waren von ihren Besitzern von Anfang an viel zu nährstoffreich angelegt worden. Der eine hatte Kompost in den Teich eingefüllt, der andere sogar noch Pferdemist untergemischt. Beide Gewässer waren schon nach wenigen Tagen am Ende. An einem völligen Leerpumpen und Ausräumen führte kein Weg vorbei. Ein anderes Gewässer haben wir auf die beschriebene Weise noch einmal retten können. Es war zwar nährstoffarm angelegt, ein Teil des Teiches lag aber unter einem Pfirsichbaum, der aufgrund eines Sturmes vorzeitig zahlreiche Früchte verlor, die am Boden des Teiches in Fäulnis übergingen. Da es nur relativ geringe Faulschlammengen waren, reichten das Absaugen des Gewässergrundes und das Herausfischen der noch vorhandenen Fruchtreste aus. Der Teich hat sich wieder gut erholt.

In einem anderem Fall ging es um falsche Fütterung. Der Besitzer wollte Wildenten anlocken und hatte über längere Zeit ständig große Mengen Gerste in den Teich gekippt. Da das Gewässer zudem relativ klein war, blieben auch hier nur das völlige Leerpumpen und die Entfernung des Bodengrundes.

Die wenigen Beispiele haben es sicher deutlich gemacht: Es geht immer wieder um das gleiche Problem. Es wird entweder von vornherein zu nährstoffreicher Boden in den Teich gebracht, oder in der Folgezeit gelangen zu viele Nährstoffe hinein. Das führt zu Fäulnis, das macht das biologische Gleichgewicht kaputt - solche Teiche sind nur noch unter großem Aufwand zu retten.

Wenn Sie sich an die Ratschläge dieses Buches halten, dann werden solche Teichrettungs-Aktionen für Sie nur graue Theorie sein. Ihr Teich wird nämlich funktionieren. Störungsfrei! Über viele, viele Jahre!

Bauanleitung mit Erfolgsgarantie

Fassen wir kurz noch einmal zusammen, was für einen gesunden, pflegeleichten Gartenteich wichtig ist:

- Der Teich muß so nährstoffarm sein, daß sich ein stabiles, biologisches Gleichgewicht einstellen kann.
- Der Gartenteich muß ausreichend Licht bekommen, damit die Unterwasserpflanzen den lebenswichtigen Sauerstoff produzieren können.
- Der Teich muß ausreichend tief sein, damit auch in harten Wintern das Eis nicht bis in die Bodenregion gelangt.
- Der Gartenteich sollte in eine möglichst naturnahe Umgebung eingebunden werden, das ist für die regelmäßig dort erscheinenden, tierischen Gäste wichtig.
- Je vielfältiger ein Gartenteich gestaltet wird, desto stabiler ist sein biologisches Gleichgewicht.

Auf den folgenden Seiten wollen wir uns anschauen, wie man dies in die Praxis umsetzen kann. Das alles wird, wie bisher, mit vielen praktischen Beispielen belegt, die auch für die eigene Gartenteichplanung eine Fülle von Anregungen liefern.

Die Abmessungen

Je größer, desto vielfältiger und stabiler

Mini-Teiche kann man bereits mit Hilfe einer Badewanne oder eines anderen Gefäßes anlegen. Das kann dann auch sehr hübsch aussehen – grundsätzlich aber gilt: je größer, desto besser.

Mit diesem Problem wird man wohl als erstes konfrontiert. Wir haben bereits gehört, daß sich in großen Gartenteichen die Vielfalt besonders leicht herstellen läßt. Große Gartenteiche sind daher in der Regel stabiler als kleine. Sie beinhalten eine größere Wassermenge, dadurch gibt es mehr Sauerstoff, konkurrierende Tiere können einander besser ausweichen, auch Temperaturunterschiede werden besser ausgeglichen. Die Größe eines Gartenteiches ist aber auch eine Platz- und Geldfrage. Schon aus diesem Grunde können hier keine allgemein verbindlichen Empfehlungen gegeben werden.

Als Untergrenze würde ich etwa 10 m^2 vorschlagen. Bei deutlich kleineren Teichen müßten die Ufer zu steil abfallen, um die empfehlenswerte Tiefe von ca. 1 m zu erreichen.

Eine Vielzahl sinnvoller Gestaltungsmöglichkeiten wie Halbinseln, Buchten etc. gibt es ab einer Größe von etwa 30 m^2. Bei kleineren Teichen sind fast

Ein größerer Teich bietet viel mehr Gestaltungsspielraum. Viele unterschiedliche Pflanzenarten lassen sich hier ansiedeln, zusätzlich kann man Buchten und Halbinseln anlegen.

immer irgendwelche Kompromisse nötig.

Wenn man die Größe des Teiches plant, tröstet man sich vielleicht noch damit, ihn später einmal vergrößern zu können. So etwas ist außerordentlich problematisch. Grundsätzlich dazu:
Wenn Sie an eine vorhandene Teichfolie etwas ankleben wollen, sollten Sie von vornherein auf die richtige Material-Auswahl achten. Die meisten PVC-Sorten können Sie auch nach vielen Jahren noch mit einem speziellen "Quellschweißmittel" wasserdicht verkleben. Polyethylen-Folien sind in dieser Hinsicht problematischer: Es gibt zwar spezielle Klebebänder, deren Haltekraft erreicht jedoch nicht die Qualität einer verschweißten PVC-Naht.
Ein anderes Problem kommt hinzu: Wenn die Folie im Teich liegt, bilden sich Falten, Zugkräfte treten auf. Wenn man die Folie auf einen glatten Untergrund legt, liegt sie nicht flach auf, sondern ist wellig. Wenn man versucht, auf eine solch wellige Folie eine glatte, unbelastete, neue Folie aufzukleben, so bilden sich spätestens nach ein bis zwei Metern störende Falten.
Wenn Sie also heute schon wissen, daß Sie den Teich irgendwann vergrößern wollen, dann sollten Sie besser gleich den Mehrbedarf an Folie mitbestellen und zusammengerollt liegenlassen.

Eine zugbelastete Folie ist wellig und läßt sich nur auf kleinen Strecken an eine neue Folie ankleben, weil sich Falten bilden.

Wer den Teich später einmal erweitern will, kann die Folie besser größer kaufen und zusammengerollt liegenlassen.

Das Baumaterial

Ton und Beton sind problematisch

Es gibt nur recht wenige Stellen in Deutschland, an denen man nur ein Loch in den Boden zu graben braucht - und fertig ist der Gartenteich. Der Grund liegt in der Feinkörnigkeit des Bodens. Ganz einfach gesagt: Sand knirscht zwischen den Zähnen, Ton tut das nicht. Große Sandkörner sind locker gelagert, durch die kleinen Hohlräume kann das Wasser versickern. Feine Tonteilchen hingegen sind sehr dicht gepackt und verhindern dadurch Wasserverluste.

Im Prinzip reicht es aus, wenn ein Gartenteich-Boden mit einer 20 - 30 cm dicken Tonschicht ausgekleidet wird. Bei einem größeren Teich sind das aber viele Kubikmeter, die z.T. über große Entfernungen herangeschafft, gut verrührt und festgestampft werden müssen. Das ist ein Kosten- und Arbeitsaufwand, der nur in wenigen Fällen zu vertreten ist. Hinzu kommt, daß die Pflanzenwurzeln den Ton durchdringen, irgendwann einmal absterben und dann entsprechende Sickerkanäle hinterlassen. Eine relativ dünne Tonschicht ist also eine recht unbefriedigende Lösung.

Früher wurden viele Gartenteiche aus Beton gebaut. Wird er richtig mit Stahlmatten verstärkt, dann ist ein Betonteich eine außerordentlich dauerhafte Lösung.

Wenn Gartenteiche heute trotzdem kaum noch aus diesem Material gefertigt werden, dann gibt es dafür gute Gründe: Beton ist, wenn man die gesamte Arbeitszeit einrechnet, ein außerordentlich teures Material. Die feste, starre Form ist außerdem während der Wintermonate von Nachteil, wenn das Eis immer dicker wird, sich dabei weiter ausdehnt und selbst dicke Betonteiche sprengt. Bei einem Betonteich müssen also die Ränder über weite Strecken sehr flach und glatt verlaufen, damit das Eis dort hinaufrutschen kann. Andernfalls muß er während des Winters aus Sicherheitsgründen entleert werden. Von einer gesunden, stabilen Lebensgemeinschaft kann in einem solchen zeitweise entleerten Teich dann natürlich nicht mehr die Rede sein. Der Baustoff Beton spielt schon aus diesem Grunde bis auf öffentliche Anlagen heute kaum noch eine Rolle. Außerdem schafft Beton nahezu unveränderliche Tatsachen. Einen Folienteich kann man z.B. ein paar Meter verlegen, falls er einmal stören sollte.

Polyester-Teiche - langlebig aber relativ teuer

Wer einen kleinen Gartenteich bauen will, der kann auf fertig geformte Schalen zurückgreifen, die es inzwischen auch in einer Größe von mehreren Quadratmetern gibt. Es gibt auch Modelle, die man zu unterschiedlichen Formen zusammenschrauben kann.

Der Preis liegt meist ein Mehrfaches über einer entsprechend großen Teich-Folie.

Ein weiterer Nachteil dieser starren Formen ist die meist zu geringe Tiefe von nur etwa 60 bis 70 cm, und der geringe Spielraum bei der Gestaltung der Uferzone. Für Springbrunnenteiche mag dies noch eine akzeptable Lösung sein, größere Naturteiche lassen sich damit jedoch nur unter großen Schwierigkeiten bauen.

Es ist auch nicht einfach, solche Fertig-Becken einzubauen. Der Grund: Die Grube muß sehr exakt "auf Maß" ausgehoben, alle Hohlräume müssen sorgfältig verdichtet werden, damit der Teich hinterher nicht schief liegt. Anders die Folie: sie paßt sich den handwerklichen Fähigkeiten des Erbauers an.

Vorgefertigte Teichformen sind also zwar haltbar, jedoch meist teuer und recht arbeitsintensiv.

Gartenteich-Folien - preisgünstig und universell einsetzbar

So wie es eine Vielzahl von Kleidungsstoffen gibt, gibt es auch eine große Zahl verschiedener Folien. Die wichtigsten Trägerstoffe sind heute Polyethylen und Polyvinylchlorid (PVC). Beide Stoffe sind im wesentlichen die "Kleber", ihr Anteil liegt meist nur bei 30 bis 50% der Folie. Hinzu kommen jeweils verschiedene Substanzen und Füllstoffe, die der Folie die gewünschten Eigenschaften geben.

Die Ausgangsmaterialien sind jeweils für sich "steinhart", erst die richtige Mischung macht's. Und da gibt es dann gewaltige Unterschiede:
Je besser die Rohstoffe sind, desto besser und langlebiger wird auch die Folie. Je präziser sie verarbeitet ist, desto länger wird sie halten. Eine gute Folie bleibt über Jahrzehnte dicht, schlechte sind oft schon nach einem Winter brüchig und porös. Daß hochwertigere und besser verarbeitete Materialien auch zwangsläufig teurer sind, wird niemanden überraschen. Wenn man die Mehrkosten für eine bessere Folie jedoch auf die viel längere Haltbarkeit umrechnet, ergeben sich pro Quadratmeter lediglich Mehrkosten von wenigen Pfennigen pro Jahr. Dafür kann man hinterher keinen gut funktionierenden Teich ausräumen und neu anlegen.

Folien haben den Vorteil, daß man damit jeden individuellen Gestaltungswunsch befriedigen kann. Sie sind auch besonders leicht zu verarbeiten, denn sie schmiegen sich ja elastisch jeder Bodenform an.

Polyethylen (PE)-Folien sind in der Regel etwas steifer als PVC-Folien, sie sind jedoch oft etwas belastbarer. Andererseits: Wenn eine PE-Folie überlastet wird, ein Loch bekommt und undicht wird, dann kann eine Reparatur problematisch sein. Auf glatten, wenig belasteten Stellen läßt sich noch ein Flicken aufsetzen, im Bereich von Falten kann der Erfolg einer solchen Reparatur jedoch zweifelhaft sein. PVC-Folien sind in dieser Hinsicht überlegen: Man kann mit speziellen Klebern auch noch nach vielen Jahren eine völlig sichere Verbindung herstellen.

In diesem Zusammenhang ein Wort zu Umweltschutz-Argumenten: Klassische PVC-Rezepturen setzen eine Vielzahl hochgiftiger Chemikalien ein, darunter besonders Cadmium und andere Schwermetalle. Dies hat zu zahlreichen Todesfällen, Nierenversagen etc. geführt und hat PVC (zu Recht!) einen schlechten Ruf eingetragen.
Andererseits: Moderne Rezepturen kommen ohne solche Schwermetalle aus und sind insofern viel umweltfreundlicher als das "Giftzeug", das allerdings auch heute noch vielerorts produziert wird. Achten Sie daher darauf, daß die Folie zumindest ohne das Supergift Cadmium hergestellt worden ist.

Ein gescheiterter Tonteich: Von keimendem Löwenzahn durchbrochen, von Maulwürfen perforiert. Eine Tonschicht muß sehr dick sein, wenn sie halten soll.

Das immer wieder angeführte problematische Verhalten von PVC bei der Müllverbrennung ist, so denke ich, bei guten Folien von untergeordneter Bedeutung: Eine gute Teichfolie wird jahrzehntelang halten. Bis dahin werden vielleicht sogar die Politiker begriffen haben, daß Müllverbrennung in jedem Falle eine schwachsinnige Lösung ist und den Unfug wahrscheinlich eingestellt haben. Müllvermeidung ist allemal die bessere Strategie und für die Teichfolie bedeutet das: entscheiden Sie sich für die beste Qualität.

In diesem Zusammenhang noch ein Wort zum "Recycling", zur Verwendung von "Regenerat-Material".
Es gibt Firmen, die PVC-Reste aufkaufen, sie zermahlen und dieses Material dann als Regenerat-PVC billiger anbieten. Der Vorteil ist die Wiederverwertung dieses Kunststoffes, der Nachteil ist die schlechte Berechenbarkeit des Endproduktes. Der Grund: Regenerat-PVC stammt aus den unterschiedlichsten Quellen. Es gibt z.B. Folien, die systematisch mit verschiedenen Giften "imprägniert" werden. So etwas gelangt natürlich ebenfalls in die Wiederverwertung. Der für die Folienbewertung wichtigste Grundsatz: Wenn niemand so richtig weiß, was in den Produktionsansatz eingemischt worden ist, dann kann auch niemand mit Sicherheit sagen, was dabei herauskommt. Ein letztlich unberechenbares Produkt - auch hinsichtlich etwaiger Giftstoff-Gehalte. Es gibt sicherlich wesentlich bessere Anwendungsbereiche als Teichfolien, um PVC-Regeneratmaterial einzusetzen. Gute Folien sind daher regeneratfrei.

Produktionsverfahren oft entscheidend

Wenn etliche Tonnen Rohmaterial eingeschmolzen und zu Folien verarbeitet werden, müssen alle Inhaltsstoffe optimal gleichmäßig verrührt sein. Das kann bei solch riesigen Materialmengen niemand garantieren. Da mag es hinterher durchaus einen Quadratmillimeter geben, der etwas mehr Pigment und dafür etwas weniger Kleber enthält, bei dem die Kältestabilität anders ist, der abweichende Werte für die UV-Stabilisierung aufweist. Wenn eine solche Folie einlagig gefertigt wird, kann ein solcher Fehler in 100% der Folienstärke auftreten. Folge: eine spätere Schwachstelle. In sicherheitsempfindlichen Bereichen (z.B. Ballonfahrt) sind solche einlagig gefertigten Folien verboten. Das Risiko wird entscheidend verringert, wenn zwei getrennt produzierte Folien aufeinandergeschweißt werden. Eine etwaige Materialschwäche in einer Lage wird dann durch die zweite getrennt produzierte Folienschicht ausgeglichen. Noch hochwertigere Folie können aus drei oder vier Lagen bestehen. Dafür werden dann jeweils dünnere Folien produziert und unmittelbar darauf flächig aufeinandergeschweißt. Eine derart produzierte Folie hat natürlich eine wesentlich höhere Sicherheitsreserve und muß daher auch teurer sein als billige, einlagige "Sonderangebote".

Die Bahnbreiten

PVC und PE-Folien werden auf ganz unterschiedliche Weise produziert:
PVC wird in speziellen Maschinen (ähnlich wie ein Kuchenteig) ausgewalzt. Je nach Qualität der Maschine entstehen dabei Bahnen, die meist zwischen ein und zwei Meter breit sind. Solche Bahnen müssen dann auf das endgültige Maß des Teiches verschweißt werden. Häufig werden "vorkonfektionierte Rollen" angeboten. Dafür werden z.B. 4 jeweils 1,5 m breite Bahnen bereits werkseitig zu einer 6 m breiten Bahn zusammengeschweißt.

Dieser Arbeitsgang entfällt bei Polyethylen-Folien. PE wird als Schlauch "geblasen", anschließend der Länge nach aufgeschlitzt. So entstehen breite Bahnen ohne Schweißnaht - aus diesem Grunde sind PE-Folien meist auch etwas billiger (weil man sie nicht verschweißen muß). 0,5 mm starke PE-Folien lassen sich in Breiten von 10 m noch nahtlos herstellen, bei 1 mm starken PE-Folien geht das meist nur bis etwa 6 m Bahnbreite. Auch PE kann zu größeren Einheiten verschweißt werden - das ist allerdings wesentlich komplizierter als bei PVC-Folien und auf

Gartenteiche aus Beton sind eine sehr dauerhafte Lösung, starke Einschränkungen ergeben sich jedoch meist bei der Gestaltung der Randzone.

Fertig-Teiche sind besonders dann gut geeignet, wenn man den Teich in eine Terrasse integrieren möchte. Durch geschickte Bepflanzung lassen sich die strengen Konturen erheblich auflockern.

Die meisten Teiche werden heute mit Hilfe einer Gartenteich-Folie gebaut - das ist der einfachste, schnellste Weg, der am wenigsten Vorkenntnisse voraussetzt. Achten Sie beim Kauf darauf, daß Sie eine gute, haltbare Qualität bekommen.

Teiche aus Polyester kann man sich auch selbst bauen. Sie sind sehr haltbar, Kosten und Aufwand sind jedoch erheblich. Aus diesem Grunde haben sich Polyester-Teiche nicht durchsetzen können.

Fische können im Teich nur mit Hilfe der Wasserpflanzen überleben: Die Pflanzen bilden den Sauerstoff, den die Fische zum Atmen brauchen. Manche Arten, wie die Elritze, sind empfindlicher als andere.

einer Baustelle mit Handgeräten kaum zu machen.
Von Außenstehenden werden die Schweißnähte oft als mögliche Schwachstellen eingeschätzt. Eine einigermaßen vernünftige Schweißnaht hält 100%ig - bei zu starker Beanspruchung reißt oft eher die Folie - nicht aber die Naht.
Der Grund dafür ist die professionelle Verarbeitung auf automatischen Maschinen. Und das ist dann auch der Nachteil eines dritten Folientyps, der allerdings immer weniger eingesetzt wird: die ECB-Folie. Das Material ist außerordentlich haltbar, andererseits aber auch so dick, daß es nur auf der Baustelle verschweißt werden kann. Und dann entscheidet neben Temperatur und Feuchtigkeit vor allem die handwerkliche Fertigkeit über die Qualität der Folie. Und da gibt es dann leider oft Probleme, so daß es bei solchen Folien dann zum Aufbrechen der Nähte kommen kann.
Wie so oft ist ein industrielles Serienprodukt einer handwerklichen Einzelanfertigung in der Gleichmäßigkeit der Leistung überlegen.

Wie dick muß die Folie sein?

Auch eine nur 0,5 mm dicke Folie kann viele Jahre halten - gute Materialqualität vorausgesetzt. Grundsätzlich gilt:
Die Folie ändert im Laufe der Jahre ihre Eigenschaften in erster Linie an ihrer Oberfläche - dem Kontaktbereich mit Wasser und Boden. Je dicker sie ist, desto stabiler ist auch der unverändert bleibende "Kern" der Folie - desto höher ist auch langfristig ihre Belastbarkeit.
Hinzu kommt folgende Überlegung: Wenn eine Folie belastet (gedehnt) wird, dann muß sie an dieser Dehnungsstelle zwangsläufig dünner werden. Wenn also ein haarfeines Würzelchen im Laufe der Jahre zu einer armdicken Wurzel heranwächst, dann sind dünne Folien eher überfordert als dicke. Das ist übrigens auch das eigentliche "Wurzelrisiko".
Die oft beschworene DIN-Wurzelfestigkeit ist lediglich ein vierwöchiger Lupinen-Keimtest, ursprünglich entwickelt für Kunststoff-Vergußmassen im Kanalbau. Die Belastbarkeit in Längs- und Querrichtung einer Folie ist viel entscheidender!
Folien bis zu einer Stärke von 2mm lassen sich noch problemlos verlegen. Je dicker sie sind, desto wärmer sollte es sein.

So sieht es unter einer Folie aus, die durch dicke Wurzeln auseinandergerissen wurde: Die gewaltigen Belastungen durch Wasserlast, Wurzeldruck und Boden-Unebenheiten werden oft unterschätzt.

Was noch wichtig ist:

Die **Kältebeständigkeit** wird als "Kälteknickfestigkeit" getestet. Minus 20-25° sind die Normalwerte, die jedoch im Laufe der Jahre immer mehr Richtung "Nullpunkt" rutschen. Hochwertigere Folien sind daher z.B. bis minus 35° beständig.
Die **UV-Stabilität** kann nie "Hundertprozentig" sein, wie gelegentlich behauptet. Auch dafür gibt es DIN-Tests, die entsprechende Stabilität wird in "Sonnenstunden" angegeben. 3000 Stunden sind bereits ein guter Wert. Ab dann leidet die (unbedeckte!) Folie unter der ultravioletten Strahlung der Sonne.
Die **Ungiftigkeit** läßt sich ebenfalls aufgrund bestimmter DIN- und EG-Richtlinien testen, die z.B. für Kinderspielzeug entwickelt worden sind. Warnendes Beispiel: Ein Fischzüchter mußte "auf die Schnelle" ein Laichbecken einrichten und nahm "irgendeine" Teichfolie. Die Folie war billig, doch die Fischverluste summierten sich auf einige zehntausend Mark.

Kann man Folie selbst verschweißen?

Dies ist durchaus möglich, allerdings nur in den wenigsten Fällen zu empfehlen. Zunächst einmal: Die Folien werden üblicherweise in einer Breite von 1,3 bis ca. 2 m hergestellt. Spezialisierte

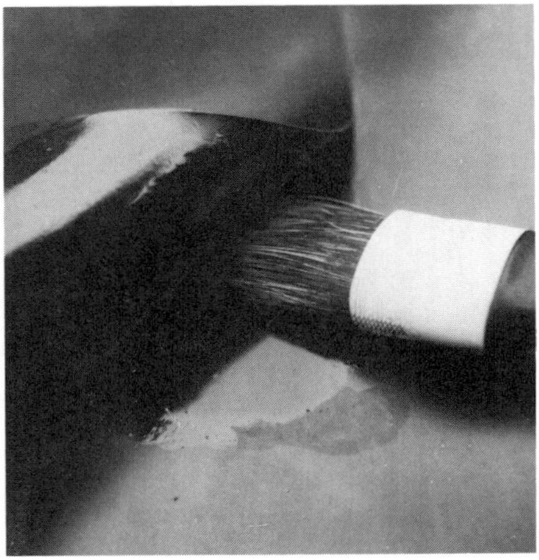

Mit einem Flachpinsel wird das Quellschweißmittel zwischen den beiden sich überlappenden Folienstreifen aufgetragen. Das ergibt sehr sauber aussehende Nähte, die, wenn fachmännisch gearbeitet wurde, auch hundertprozentig halten.

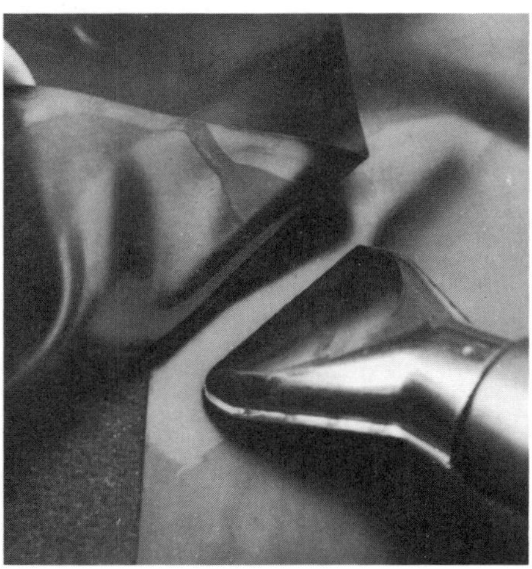

Mit einem Heißluftgerät lassen sich die Folien ebenfalls verschweißen. Es wird so lange erhitzt, bis die Oberflächen flüssigklebrig werden.

Betriebe verschweißen sie dann auf die endgültige Größe. Neben den Standardmaßen können Sie übrigens von fast allen Händlern auch Sonderanfertigungen bekommen, die meist nur wenig teurer sind. Geliefert wird immer nur eine glatte, aus mehreren Bahnen zusammengeschweißte Folie. Sie sollten gar nicht erst den Versuch machen, die Form Ihres Teiches auf die Folie zu übertragen. Das wird niemals völlig passen, das bewirkt Zugkräfte und Belastungen, die völlig unkalkulierbar sind. Wenn Sie die glatte Folie in die ausgehobene Grube legen, wird es zwar zwangsläufig einige Falten geben, die stören aber nicht. Im Gegenteil! Solche Falten sind bevorzugte Verstecke für Fische, Amphibien und viele Wasserinsekten. Sie werden zu einem natürlichen Bestandteil des Lebensraumes, stören dort nicht und sind später unter Wasser in den wenigsten Fällen sichtbar.

Eigentlich ergibt sich also keine Notwendigkeit, eine Folie selbst zu verschweißen, wenn man sie in beliebigen Größen bekommen kann. Lediglich sehr große Teichfolien von mehreren hundert Quadratmetern Größe müssen aus Transportgründen vor Ort aus mehreren großen Stücken zusammengesetzt werden.

Dieses Verschweißen vor Ort erfolgt üblicherweise mit einem Quellschweißmittel, dessen Dämpfe gesundheitsschädlich sind und das aus diesem Grunde nicht in geschlossenen Räumen angewandt werden darf.

Vermeiden Sie auf jeden Fall, diese Dämpfe einzuatmen!

Zum Verschweißen werden die Folien auf einem ebenen, sauberen Boden so ausgebreitet, daß sich die Bahnen um 5 - 10 cm überlappen. Mit einem Flachpinsel wird das Quellschweißmittel nun an dieser Nahtstelle auf beiden Seiten aufgetragen, anschließend wird die Folie sofort zusammengedrückt und mit einem Sandsack beschwert. Die Nahtränder werden anschließend noch mit sogenannter Flüssigfolie zusätzlich gesichert.

Auf diese Weise kann man fraglos eine gut haltbare Naht fertigen. Sie sieht dann vielleicht nicht so professionell aus wie industriell angefertigte Nähte, die mit einem Heizkeil oder mit einer Hochfrequenz-Anlage hergestellt worden sind - aber immerhin: sie hält. Ob man dann allerdings noch etwas verdient hat, ist eine ganz andere Frage. Meist wird aus Sicherheitsgründen etwas mehr überlappt als es die Werkstätten tun. Wenn man das bei mehreren Bahnen macht, kann man auf diese Weise durchaus einige Quadratmeter verlieren. Und man darf sich auf keinem Fall von dem sicherlich günstigeren Preis der Meterware täuschen lassen. Immerhin muß man auch das nicht gerade billige Quellschweißmittel und die Flüssigfolie einberechnen. Wenn man zudem bedenkt, daß für einen solchen Teich kein Händler eine Garantie übernimmt, dann hat man im Endeffekt wahrscheinlich nichts verdient. Wenn überhaupt, dann lohnt sich das Selbstschweißen nur bei riesigen Teichen von etlichen hundert Quadratmetern. Man braucht nämlich durchaus einige Zeit, bis die Nähte so gelingen, daß die gesamte Nahtfläche verschweißt ist und nicht nur ein Teil davon. Man muß eigentlich immer erst einige „Gesellenstücke“ herstellen, die man unter Umständen wieder mit viel Gewalt auseinanderreißt, um zu sehen, was man falsch gemacht hat.

Die Tiefenzone richtig gestalten

Ihre Bedeutung wird oft unterschätzt

Das Gewässer muß ausreichend tief sein, damit es im Winter nicht bis auf den Boden durchfriert. Bei 50 bis 60 cm ist in kalten Wintern die kritische Grenze. Flachere Gewässer „kippen dann um”.

In den ersten Jahren wird der Boden durch absterbende Pflanzenteile nur wenige Millimeter pro Jahr in die Höhe wachsen.

Je älter (und nährstoffreicher) ein Gewässer wird, desto mehr rieselt herab, desto schneller wächst der Boden nach oben. 5 cm pro Jahr sind dann durchaus erreichbar.

Es gibt nur wenige Arbeiten, die unangenehmer sind, als einen stinkenden, schmierigen Bodenschlamm aus dem Teich herauszuschaufeln. Und: Dieser Schlamm besteht in seinen oberen Schichten oft zu 50% aus Tieren: Wertvolle Molch- und Libellenlarven werden zwangsläufig umgebracht – mit Ihrem Teich müssen Sie wieder ganz von vorn anfangen. Deshalb: Wenn Sie für 10 bis 20 Jahre Ruhe haben wollen: Machen Sie Ihren Teich mindestens einen Meter tief!

Die Tiefenzone des Gewässers muß ausreichend groß sein. Sorgfältig muß der Boden von Steinen und spitzen Gegenständen gereinigt werden. Derart steil abfallende Seitenwände sind nicht zu empfehlen. Es kann zu Rutschungen kommen, die die Folie erheblich belasten. Sollte sie dadurch irgendwann einmal undicht werden, wird der Händler sicherlich eine Garantie-Leistung ablehnen.

Wie groß muß die Tiefenzone sein?

Besonders dann, wenn Fische gehalten werden sollen, ist es nicht damit getan, an einer einzigen, winzigen Stelle, sozusagen mehr „anstandshalber“, eine solche Vertiefung anzulegen. Bedenken Sie, daß der Sauerstoffgehalt des Tiefenwassers mehrere Monate lang reichen muß, um die dort lebenden Tiere zu versorgen. Hinzu kommen noch die sauerstoffverbrauchenden Bodenbakterien, die während der Wintermonate zwar langsamer arbeiten, ihre Tätigkeit aber auch dann nicht völlig einstellen. Die Unterwasser-Vegetation ist während der Wintermonate, bedingt auch durch die dunkle Eisschicht, sehr inaktiv. Es wird daher ständig Sauerstoff verbraucht, ohne daß nennenswerter Nachschub zu erwarten ist.

Die Ausdehnung der Tiefenzone hängt daher entscheidend vom Nährstoffgehalt des Gewässers und vom Fischbesatz ab. Im kalten Tiefenwasser atmen die Fische im Winter nur sehr selten. Fische wie die Schleie wühlen sich sogar in den Schlamm ein und machen dort einen Winterschlaf.
Rechnen Sie pro fingerlangem Fisch mit einer Wassermenge zwischen 500 und 1000 l, die auch in strengen Wintern unterhalb des Eises verbleibt. Dicker als 20 - 30 cm wird das Eis bei uns in den seltensten Fällen.
Die Ausdehnung dieser Tiefenzone beeinflußt übrigens schon stark die spätere Form des Gewässers. Steile, annähernd senkrecht abfallende Wände sind wegen unkalkulierbarer Belastung der Folie nicht zu empfehlen. Das kann sie zwar mühelos jahrelang aushalten - aber ob sie dann 10 oder 30 Jahre übersteht - das entscheidet sich bei solchen Details.

Ein günstiger Neigungswinkel für die Böschung liegt (abhängig von der Korngröße des Substrats) bei 35° (Sand) bis 45° (lehmig). Sie brauchen auch nicht versuchen, diese Hangfläche völlig glatt zu ziehen. Lassen Sie sie ruhig etwas wellig. Der Effekt: Der eingefüllte Boden – wir nennen ihn im Gartenteich „Substrat”, kann sich auf dieser schrägen Fläche kaum halten. Nur eine hauchdünne Schicht wird sich hier ablagern und das ist ein wichtiges Hilfsmittel, um die Ausbreitung verschiedener Pflanzenarten auf einfachste Weise zu kontrollieren. Aus diesem Grunde ist es auch nicht erforderlich, auf solche Hangflächen Taschen aufzukleben die man mit Substrat füllen kann.
Wenn das Substrat immer wieder abrutscht, kann man sich besser mit einer Vegetationsmatte helfen. Dieses meist etwa 1 cm hohe Nylongewebe füllt sich im Laufe der Zeit selbst mit Schwemmstoffen und Substrat.
Ein Teich ist nur dann richtig angelegt, wenn man von der Folie nichts mehr sieht.
Die optimale Hangneigung liegt (etwas abhängig vom Substrat) zwischen 35 und 40°. An steileren Hangflächen wird das Substrat langfristig abrutschen. Bei einer Wassertiefe von 1 m und einer Grundfläche der Tiefenzone von 1 m^2 ergibt sich eine Mindestgröße der Wasserfläche (abhängig von der Breite der obersten Pflanzterrasse) von 3,5 x 3,5 m. Unter diesen Bedingungen braucht man eine Foliengröße von etwa 6 x 6 m.
Dadurch entsteht eine Wasserfläche von ca. 10 m^2 Größe, besser sind Werte ab etwa 15 m^2 - die Teiche werden dann stabiler, der Folieneinsatz wird auch rentabler (siehe auch S. 62).

Die Grundlage für die Blütenpracht dieses Teiches sind sogenannte Pflanzterrassen. Sie sollten möglichst mindestens 50 cm breit sein, an mindestens einer Stelle noch breiter.

Die Pflanzterrassen

Sie bestimmen das spätere Aussehen entscheidend

Ergänzt werden die Tiefenzonen durch Stufen in unterschiedlicher Tiefe und von unterschiedlicher Breite. Die Ausbildung dieser sogenannten Pflanzterrassen beeinflußt das spätere Aussehen des Gewässers entscheidend.

Die freie Wasserfläche beginnt erst dort, wo die unbedeckte Folie in tiefere Wasserschichten geleitet wird. Wenn Sie die Pflanzterrassen „modelliert" haben, wirkt das Loch riesengroß. Lassen Sie sich nicht täuschen! Wenn die Vegetation erst „durchstartet", wird die freie Wasserfläche erheblich kleiner.
Die Ausdehnung und Lage der einzelnen Pflanzterrassen will sorgfältig überlegt sein. An einer Beobachtungsstelle wird man nur eine sehr schmale Pflanzterrasse von 15 bis 20 cm Breite vorsehen, damit höhere Pflanzen den Blick nicht versperren.

Je breiter die Pflanzterrasse ist, desto breiter ist der spätere Vegetationsgürtel, der das Gewässer umspannt. Die Breite dieses Grüngürtels ist wiederum für die Tier- und Pflanzenwelt entscheidend. Je größer (und attraktiver) die Tiere sind, desto störungsempfindlicher sind sie meist auch. Ein nur 50 cm schmaler Pflanzstreifen gibt z.B. einem Vogel kaum ausreichende Deckung. Zumindest an einer Stelle sollte diese Sumpfzone mindestens 1 - 2 m breit sein. Kleinere Bestände wirken fast immer sehr unnatürlich.

So vermeiden Sie einen Standard-Fehler:

Bei sehr vielen Gartenteichen ist die Folie im Randbereich sichtbar, weil die erste Pflanzterrasse zu tief angelegt wird.

Das eingefüllte Substrat beginnt spätestens ab einer Hangneigung von 45° zu rutschen. Bei einer 10 cm breiten Pflanzterrasse, die 20 cm unter dem späteren Wasserspiegel liegt, kann das Substrat gar nicht bis zum oberen Uferrand reichen.
Die Folge:
Die Folie bleibt unbedeckt, ist dem Sonnenlicht ausgesetzt und wird im Laufe der Jahre durch die UV-Strahlung zermürbt.
Auch UV-stabilisierte Folien halten nämlich nicht ewig!

Gute Folien sind für etwa 3000 Sonnenstunden stabilisiert, sie können also das Sonnenlicht von etwa 3 Jahren aufhalten - von da an "läuft die Uhr". Die Folien werden dann zunehmend spröder und bei Frost durch das Eis "geknackt".

So machen Sie es richtig:
Die oberste Pflanzterrasse sollte nur ca. 10 cm unter dem späteren Wasserspiegel liegen und muß dann mindestens 15, besser 20 bis 25 cm breit sein. Dann gibt es überhaupt keine Probleme, das Substrat über den Wasserspiegel hinaus auf den Uferbereich zu ziehen. Nur dann ist das Ufer auch gegen Wellenschlag gesichert. Die Folie bleibt unsichtbar und ist für jahrzehntelange Haltbarkeit geschützt.

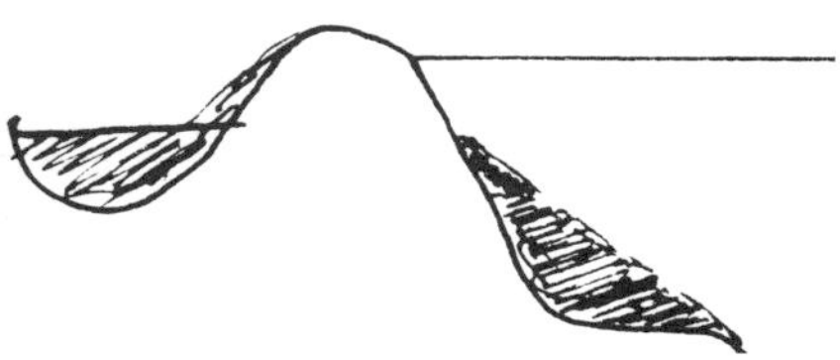

So ist es falsch: Die erste Pflanzterrasse liegt zu tief und ist zu schmal. Das Substrat rutscht immer wieder ab und reicht nie bis zum oberen Uferrand.

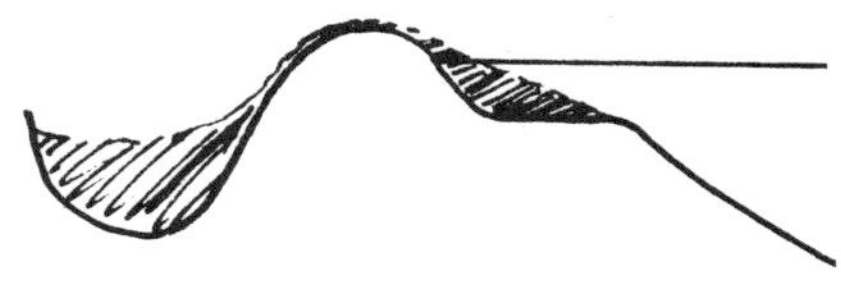

So ist es richtig: Die erste Pflanzterrasse liegt etwa 10 cm unter dem späteren Wasserspiegel und ist ausreichend breit. Das Substrat schützt die Folie.

Im Vordergrund: Das Beruhigungsbecken, in das der Bachlauf mündet. Bei dem hier sichtbaren Teil des Teiches soll eine große Wasserfläche offen bleiben. Der Hang fällt daher sofort hinter der ersten, hoch liegenden Pflanzterrasse zum Gewässerboden ab.

Wer den Teich exakt in vorgegebene Rand-Strukturen (Terrasse, Wege etc.) einpassen muß, der braucht in dieser Phase als wichtigstes Werkzeug eine Schlauchwaage. Dafür reicht ein durchsichtiger, etwa fingerdicker Plastikschlauch, der zum größten Teil mit Wasser gefüllt wird. Auf beiden Seiten dieses U-förmig gehaltenen Schlauches pendelt sich der Wasserstand auf gleicher Höhe ein. Auf jeder Seite wird ein Pflock so tief in den Boden geschlagen, bis die Abstände von der Pflock-Oberkante bis zu den Schlauch-Wasserständen gleich sind. So lassen sich problemlos gleiche Höhen festlegen.

Wesentlich einfacher ist es allerdings, wenn man nicht so stark festgelegt ist, wenn der Teich also in eine relativ freie Fläche plaziert werden kann. Dann wird lediglich die Grube bis etwa 20 cm unter dem späteren Wasserspiegel fertiggestellt, die Folie eingelegt, ein paar Zentimeter Substrat in der Tiefenzone aufgebracht und der Teich anschließend mit Wasser gefüllt. Besonders bei größeren Teichen dauert es oft ein bis zwei Tage, bis das Wasser oben angekommen ist. Dann sieht man genau, wieviel Folie übrigbleibt, dann braucht man oft noch nicht einmal eine Wasserwaage, um die richtigen Höhen von Pflanzterrassen und Uferwall einbauen zu können. Wer seinen Teich auf diese Weise baut, spart unglaublich viel Zeit.

Bei der Höhe der Pflanz-Terrassen muß man berücksichtigen, daß die meisten Teichpflanzen auf eine Wassertiefe zwischen 0 und 30 cm spezialisiert sind. In nährstoffarmen Teichen sollte man sich eher an dem flacheren Wert orientieren. Ein Rohrkolben beispielsweise kann in nährstoffreichen Teichen problemlos aus einer Tiefe von 30 bis 40 cm an die Oberfläche wachsen. In nährstoffarmen Teichen fehlt ihm dafür die Energie - er wird dort auch nur etwa halb so hoch wie im nährstoffreichen Optimal-Lebensraum.
In Gartenteichen ist das erwünscht: Der Rohrkolben wuchert dann den Teich nicht innerhalb weniger Jahre zu, sondern hält lediglich seinen Bestand.

In unserer Wasserpflanzen-Gärtnerei produzieren wir die meisten Teichpflanzen bei einer Wassertiefe von wenigen Zentimetern und bei Substratstärken von 3 bis 5 cm. Für das Wachstum reicht das völlig aus.
In vielen Teichen wird der Fehler gemacht, eine Vielzahl von Pflanzterrassen anzulegen. Im Prinzip steigt dadurch zwar die Vielfalt der Lebensraum-Eigenschaften - es gibt andererseits jedoch nur sehr wenige Pflanzen, die in nährstoffarmen Gewässern auf diese Wassertiefe spezialisiert sind. In nährstoffreichen Gewässern wird eine Wassertiefe von z. B. 50 cm zwar viel häufiger besiedelt - solche Pflanzen bringen durch zu starke Ausbreitung dann aber eher Probleme. Die bessere Lösung: Wo Sie langfristig eine große freie Wasserfläche haben wollen, da sollte der Hang im Anschluß an die obere Pflanzterrasse in einem Winkel von 35 bis 40° direkt bis zum Grund führen. Dort liegt dann später nur eine sehr dünne Substratschicht. Die Pflanzenwurzeln können sich dort nicht festhalten, dieser Teil des Gewässers bleibt somit unbewachsen. Wenn man jedoch eine Vielzahl von Pflanzterrassen in unterschiedlichen Tiefen anlegt, bietet man den Pflanzen auf diese Weise Kletterbrücken an. Der unterirdische Wurzelstock hangelt

So wirken sich die Pflanzterrassen aus: Rechts ein relativ steiler Hang, hinten fällt das Ufer langsam ab – Rohrkolben breitet sich aus.

sich von Pflanzterrasse zu Pflanzterrasse bis in die Tiefe - die zur Oberfläche wachsenden Blätter machen die freie Wasserfläche sehr viel kleiner. Also: Wo starkwüchsige Teichpflanzen stehen, sollten sich keine tieferen Pflanzterrassen anschließen. Ein größerer Bereich von etwa 1 m^2 sollte jedoch etwa 30 bis 40 cm unter dem späteren Wasserspiegel liegen. In dieser Flachwasserzone werden später die Frösche laichen. Auch an einigen anderen Stellen kann man für Seekanne, Tannenwedel, Wasserhahnenfuß und verschiedene Laichkräuter noch eine 30-50 cm tiefe Stufe vorsehen. Die Masse der Teichpflanzen jedoch wird später auf der oberen Pflanzterrasse wachsen (die Folie sollte dort etwa 10 cm unter dem späteren Wasserspiegel liegen).

Halbinseln und Buchten

Nur bei größeren Teichen problemlos machbar

Die Einrichtung von Halbinseln und Buchten setzt eine gewisse Mindestgröße des Gewässers voraus. Wenn in kleinen Teichen eine Halbinsel zur Gewässermitte vorragt, muß der Hang an dieser Stelle sehr steil in die Tiefenzone abfallen. Das bringt oft Probleme. Nur in größeren Teichen kann man die optimale Hangneigung von 35 bis 40° einhalten.

Nun muß man nicht aus einer rechteckigen Folie ein Stück herausschneiden, damit die beliebte Nierenform eines Teiches entsteht. Welche Form ein Teich letztlich hat, hängt weniger von der Form der Teichfolie als vielmehr von der Ausdehnung der freien Wasserfläche ab. Man kann also auch mit rechteckigen Folien problemlos eine Nierenform des Teiches erreichen. Der "Trick":

Die obere Pflanzterrasse wird auf einer Längsseite Richtung Teichmitte vorgezogen und weitgehend bepflanzt. Die Vegetation wird später bis zum Rand der Pflanzterrasse vorrücken.

Auch die rechtwinkligen Ecken kann man optisch durch die Vegetation abrunden. Die obere Pflanzterrasse bildet keine Ecke, sondern wird etwas vorgezogen.

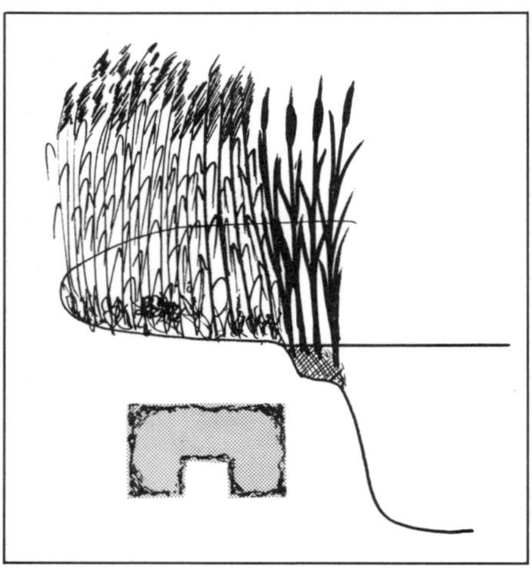

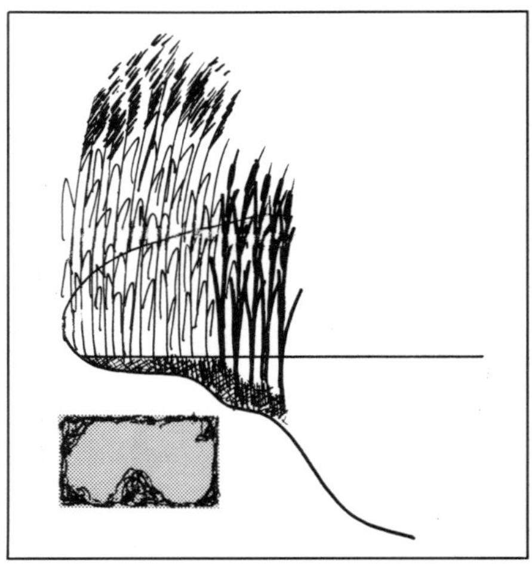

Zwei Wege zu einer Halbinsel: Links wurde ein Stück aus der Folie geschnitten, der Hang fällt relativ steil ab. Die rechte Abbildung bringt optisch das gleiche Ergebnis: Die Halbinsel entsteht durch die stark verbreiterte Pflanz-Terrasse. Die Vegetation bestimmt letztlich das Bild des Teiches. Der vorrückende Röhricht-Gürtel bildet die Halbinsel. Bei größeren Teichen kann man z.B. Sitzecken etc. im Bereich solcher Halbinseln anlegen - dann sollte man die Folie jedoch speziell anfertigen lassen.

Inseln

Theoretisch schön, praktisch oft enttäuschend

Der dekorative Wert von Inseln innerhalb eines Gartenteiches bleibt meist hinter den Erwartungen erheblich zurück. Der Grund dafür ist, daß die meisten Teiche ohnehin relativ klein sind. Wird die freie Wasserfläche dann noch zusätzlich von einer Insel unterbrochen, wirken kleine Teiche noch kleiner.
Im übrigen gilt hier das gleiche, was bereits zum Thema Halbinseln ausgeführt wurde. Um zu starke Faltenbildung und Belastungen der Folie zu verhindern, muß das Gewässer ausreichend groß sein. Ist das nicht gewährleistet, sollte man auf abenteuerliche Konstruktionen besser verzichten.

Nachdenken über Inseln kann man bei Teichen, deren Wasserfläche über 100 m^2 hinausgeht. Bei kleineren Teichen sollte man sich eher auf Halbinseln beschränken. Wer Inseln mag - und ich gehöre dazu - der sollte lieber über folgende Lösung nachdenken: Bauen Sie in Ihrem Garten einen Bachlauf. Der Höhenunterschied braucht überhaupt nicht groß zu sein, 20 bis 50 cm reichen bereits aus. Auch im Flachland können Sie dies sehr leicht mit dem Aushub aus dem Teich erreichen. Wenn die Quelle eines solchen Baches in der Nähe des Teiches liegt und der Bach selbst dann in einem größeren Bogen durch den Garten fließt und schließlich im Teich mündet, so entsteht auf diese Weise (fast) eine Insel. Sie ist so groß, daß Sie darauf herumlaufen können und Sie werden trotzdem immer den Eindruck einer Insel haben. Also: Wenn schon Insel - dann richtig. Die Staustufen des Baches lassen sich mit 2 m breiter Rollenware etwa 1 m breit anlegen, mit 4 m breiten Folien kann man bereits 2 bis 3 m breite und ausreichend tiefe Staustufen anlegen. Ein oder zwei Brücken lassen sich mit einfachen Mitteln bauen - notfalls kann der Bachlauf auch über ein paar Meter verrohrt werden, wenn er z.B. einen vielbegangenen Weg kreuzt.

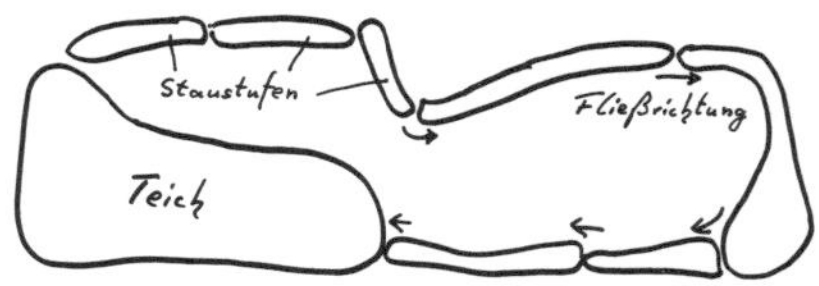

Grundriß: Insel-Effekt durch einen Bachlauf

Wer den Inseleffekt haben möchte, der kann eine solche Situation einfacher mit einem Bachlauf erreichen.
Man kann sogar aus einem großen Teil des Gartens eine Insel machen, wenn der Bachlauf in mehreren Staustufen über den Aushub des Teiches geführt wird.

Im kahlen Frühjahr erscheinen die Wasserflächen des Teiches noch sehr groß...

...im Sommer jedoch dominiert die Insel. In kleinen Teichen ist das noch auffälliger.

Die Größe der Folie

Sparen Sie nicht an der falschen Stelle

Ein Teil Ihres Folienbedarfes ist völlig unabhängig von der Größe Ihres Teiches:

- Sie müssen die Folie überall am Ufer befestigen und dafür etwa 50-70 cm auf jeder Seite einrechnen.
- Hinzu kommt die Tiefe des Teiches: Die Folie folgt der Hangfläche bis in eine Tiefe von etwa 1 m und kommt auf der gegenüberliegenden Seite wieder hoch. Der Mehrbedarf bei 35 bis 40° Neigung liegt bei etwa 1 m.
- Hinzu kommen noch 5 bis 10% Mehrbedarf für Falten, Bodenunebenheiten etc. Je glatter und fester der Boden ist, desto geringer ist der Zuschlag, den man dafür einrechnen muß.

Das Ergebnis: Wenn Sie beim Teichbau auf „Nummer Sicher" gehen wollen (richtige Uferbefestigung, nicht zu steile Hänge etc.), dann haben Sie einen Mindest-Folienbedarf von 5 x 5 m. Für diese 25 m² Teichfolie bekommen Sie jedoch lediglich eine relativ kleine Wasseroberfläche von 4 bis 5 m². Der größte Teil der Folie verschwindet in der Uferbefestigung bzw. führt als Hangfläche in die Tiefe des Teiches.
Und jetzt sollten Sie weiterrechnen:

- Wenn die Ufer befestigt sind und
- wenn mit der Folie die Teichtiefe erreicht ist,

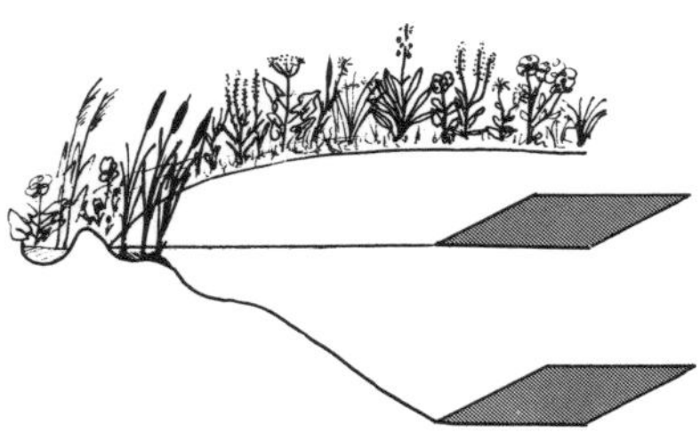

Wenn Sie den Folien-Grundbedarf überschreiten, dann bekommen Sie für wenig Geld viel zusätzliche Wasserfläche!
Jeder zusätzliche Quadratmeter Folie bringt dann auch (fast) einen zusätzlichen Quadratmeter Wasserfläche.

- dann bringt jeder zusätzliche Quadratmeter Teichfolie auch fast einen zusätzlichen Quadratmeter Wasserfläche.

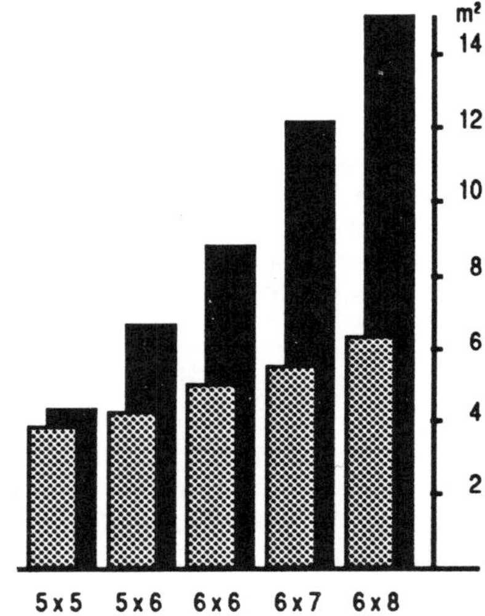

Die Abbildung zeigt die Zunahme der freien Wasserfläche (schwarz) bei nur geringfügigem Anstieg der Folien-Kosten. In Zahlen:
Wenn Sie beispielsweise nicht DM 400 für Ihren Teich ausgeben, sondern DM 600, dann sind das nur 50 % mehr. Die freie Wasserfläche Ihres Teiches wird dadurch jedoch 3 bis 4 mal so groß!

Also: Größere Teiche sind nicht nur gut für das biologische Gleichgewicht in Ihrem Gewässer – sie sind auch aus finanzieller Sicht viel sinnvoller – Sie bekommen viel mehr Teich für Ihr Geld.

So berechnen Sie den Folienbedarf:

Am einfachsten ist es natürlich, wenn Sie das Loch für den Gartenteich bereits gegraben haben: Sie können dann eine Schnur durch den Teich legen und bekommen dadurch das exakte Folienmaß. Aber auch vom Schreibtisch aus läßt sich schon einiges abschätzen:

Faustregel
Für einen 5 m langen und 1 m tiefen Teich bei 35 - 40° Hangneigung: Die Folie muß etwa 2,7 m länger sein als der Wasserspiegel.

Was Sie auch tun können:
Wenn Sie die grobe Form des Teiches z.B. auf einem vorhandenen Rasen mit einer Schnur ausgelegt haben, dann können Sie mit einer weiteren Schnur an der jeweiligen Stelle ein "Tiefenprofil" legen. Legen Sie die Schnur so waagerecht auf den Boden, wie an den jeweiligen Stellen die späteren Pflanzterrassen, der Uferwall und der Saugsperregraben aussehen sollen. Achten Sie dabei auf die optimale Hangneigung von 35 bis 40°.
Wenn Sie die Schnurlänge anschließend messen, wissen Sie genau, wieviel Folie Sie brauchen.
Im übrigen:
Versuchen Sie nicht, die Folie bis auf den letzten Zentimeter genau auszumessen. Fragen Sie vorher Ihren Händler, welche "Rastermaße" er Ihnen ohne Verschnitt-Zuschlag liefern kann. Dieses "Raster" ist abhängig von den Bahnbreiten der Rollenware, aus der die Sonderanfertigung hergestellt wird. Krumme Maße kosten Verschnitt-Zuschlag - und das ist weggeworfenes Geld.
Bei unregelmäßigen Teichformen sollten Sie die Folie individuell anfertigen lassen, notfalls auch selbst zusammenkleben. Dafür sollte dann die Grube fertig sein. Legen Sie eine Leine in Längsrichtung durch den Teich und markieren Sie an dieser Leine die Folienbreite Ihres Lieferanten, also z.B. 2 m. Messen Sie anschließend von dieser Markierung aus sowohl nach rechts als auch nach links. Die Messung erfolgt über den Boden der Grube, an den späteren Unterwasser-Hängen hoch über den Uferwall, durch den Saugsperre-Graben bis zur Saugsperre. Wiederholen Sie diese Messungen im Abstand von z.B. 2 m. Die Meßstrecken liegen also genau dort, wo sich später die Nähte der verschweißten Teichfolien befinden werden. Mehr dazu: S. 127.

Teiche an Hängen:

Sorgfältiges Arbeiten erspart Ärger

Viele Grundstücke sind geneigt - dennoch: auch dort lassen sich attraktive Teiche anlegen. Der Erdaushub des Teiches kann für einen Wall Verwendung finden, der allerdings immer auf gewachsenem Boden angelegt werden muß! Die gesamte Grasnarbe muß dafür entfernt werden, der Wall selbst muß aus mineralischem Boden (Sand oder Lehm) bestehen, möglichst wenig Mutterboden verwenden, auf keinen Fall Grassoden etc. Je lockerer das Bodenmaterial ist, desto stärker wird es später zusammensacken.
Das Risiko späterer Verdichtungen kann man verringern, wenn man einen solchen Wall schichtweise anlegt. Tragen Sie dann nie mehr als 10 cm auf und verdichten Sie diese Schicht dann durch ihr Körpergewicht, durch Stampfgeräte oder Rüttler. Je dicker Sie die zu verdichtende Schicht machen, desto geringer ist die Wirksamkeit dieser Arbeiten. Daher: Bauen Sie den Wall aus mehreren jeweils für sich verdichteten Schichten auf.
Zusätzlich sollten Sie den Wall (je nach der Qualität Ihrer Verdichtung) etwa 10 bis 20% überhöhen - soviel wird er später häufig noch zusammensacken.

Auf der Hangseite sollte man den Saugsperre-Graben deutlich breiter machen. Besonders auf lehmigen Böden können starke Niederschläge oberflächlich abfließen und dann in den Teich gelangen. Wo dieses Risiko besteht, sollte ein Drainrohr im Saugsperre-Graben verlegt werden. Überschüssiges Niederschlagwasser kann auf diese Weise aus dem System herausgehalten werden. Bevor das Drainrohr den Saugsperre-Graben Richtung Grundstücks-Entwässerung verläßt, sollte es knieförmig nach oben gebogen werden, um einen Dauer-Stau im Saugsperre-Graben zu halten.
Wo das Risiko einer Besiedung durch Bisamratten besteht, sollte der Hang einen Abstand von 1 m vom Wasserspiegel haben (siehe S. 65).

Grube sorgfältig polstern

Damit die Teichfolie sehr lange hält

Die Anlage eines Gartenteiches kann zu einer beeindruckenden Reise in die Vergangenheit werden. Unter dem schlichten grünen Rasen findet man möglicherweise den Schutt von Generationen. Opas rostige Nägel liegen da einträchtig neben den Scherben von Omas Küchengeschirr, in Neubaugebieten findet man neben kaputten Bierflaschen reichlich Eisenabfälle und Bauschutt.

Das alles sind Gegenstände, die sich mit

Solch ein steiniger Boden ist alles andere als erfreulich. Die beste Lösung wäre hier, die rechte Hangfläche nicht so steil zu machen.

Eine Polsterung durch Styropor und Sand. Vorsicht: Styropor und PVC-Folien vertragen sich nicht und müssen mindestens durch eine Vlies-Schicht getrennt werden. Besser: Verwenden Sie Sand, wo immer es möglich ist.

einer Gartenteichfolie überhaupt nicht vertragen. In einer Wassertiefe von nur 1 m lastet auf dieser aufgeklappten Buch-Doppelseite ein Wasserdruck von etwa 60 kg. Wenn die Folie mit dieser Last auf kleine, scharfkantige, spitze Steine gepreßt wird, so kann die Folienoberfläche beschädigt werden. Hinzu kommt, daß sich die Folie an solchen Stellen dehnen muß und zwangsläufig dünner wird.

Vermeiden läßt sich dies nur durch ein sorgfältiges Säubern der Grube und ein hinreichendes Polster. Ich empfehle folgendes Entscheidungs-Raster:

Wenn sich Steine in der Tiefenzone des Teiches befinden, kann man sie zwar mit Sand bedecken - ein "Restrisiko" bleibt jedoch: Wenn die Folie eingelegt wird und man noch etliche Male hin- und herläuft können sich die Steine aus tieferen Schichten "hocharbeiten" und dann trotzdem direkt unter der Folie liegen. Verhindern läßt sich das nur durch ein sehr reißfestes Vlies, das zunächst über den steinigen Boden gelegt und anschließend nochmals mit Sand abgedeckt wird.

Die meisten Vliese können praktisch keine Poster-Funktion übernehmen. Bei dem üblichen Material-Einsatz von etwa 300 Gramm pro Quadratmeter, wird das Vlies durch den Wasserdruck papierdünn plattgequetscht. In flachen Bereichen sollten diese dünnen Vliese also zusätzlich mit einer Sandschicht überdeckt werden.

Probleme gibt es eher in Hang-Bereichen, wo der Sand nicht hält. Dort helfen dann nur Vliese mit einer höheren Materialstärke von z.B. 900 g pro m^2. Nur solch dickes Material kann dann kleinräumige Höhenunterschiede ausgleichen.

Auch bei den Vliesen sollten Sie auf die Qualität achten: Besonders bunte Sorten enthalten häuftig organische Fasern, die im Laufe der Zeit natürlich verrotten. Die Kunststoff-Vliese sollten möglichst aus Rein-Polyester bestehen - bei anderen Kunststoffen gibt es unter Umständen Verträglichkeits-Probleme mit der Folie. Vliese werden "genadelt", die einzelnen

Fasern werden also mit Tausenden winziger Nadeln verdichtet. Je dichter das Vlies vernadelt ist, desto fester ist es - desto dünner ist es also auch. Ein Vlies dürfen Sie also nicht nach der Optik kaufen - entscheidend ist der Material-Einsatz (Grammgewicht Polyester pro m^2). Recycling-Vliese sind weniger stabil, weil die Faserlängen kürzer sind. Auch für solche Schutzvliese gilt daher:
Man kann sowohl extrem belastbare als auch völlig unbrauchbare Materialien bekommen. Entsprechend unterschiedlich sind die Preise. Ein simpler Test: bohren Sie einen Kugelschreiber hinein. Bei einem Vlies der 300 Gramm-Klasse darf nicht viel mehr als die Minenspitze durchkommen.
Andere Polstermaterialien bringen oft Haltbarkeitsprobleme für die Folie. Styropor (ein sehr verbreiteter weißer Kunststoff, oft als Isolationsmaterial benutzt) verträgt sich nicht mit PVC-Folien. Problematisch sind auch alte Teppichböden, die oft aus organischen Fasern bestehen. Bei manchen Kunststoffen, z.B. dem verbreiteten Polypropylen kann es u.U. ebenfalls Probleme geben.
Ein Tip noch zu Baumwurzeln: Sie werden häufig im Hangbereich auf mehr als fingerdicke Wurzeln stoßen, die Sie 5 bis

Faustregeln: Wenn Steinsplitter im Boden sind, sollte eine Abdeckung durch ein Vlies der 300-Gramm-Klasse erfolgen, anschließend sollte noch etwas Sand aufgebracht werden, denn dünne Vliese können kaum polstern. Sie fixieren lediglich die Splitter im Boden und verhindern, daß sie beim Begehen der Folie nach oben wandern (oben).
Polstern können nur dickere Vliese (unten), beispielsweise mit 900 Gramm Gewicht/m²

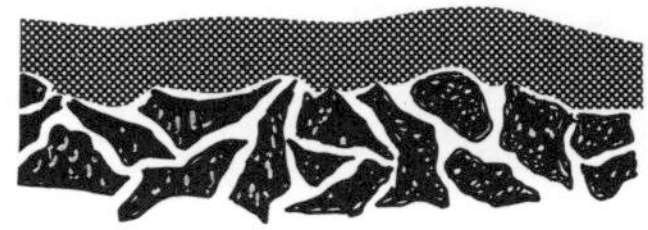

10 cm unter der Erdoberfläche abschneiden sollten. Wenn die Wurzel auf Höhe der Hangoberfläche abgetrennt wird, kann der Wasserdruck den meist leicht gelokkerten umliegenden Boden so zusammenpressen, daß die Wurzel dann als folienbelastender Dorn aus der Uferwand hervorsteht. Unterschätzen Sie nicht den Wasserdruck! Sollten Sie ein Geldstück unter der Folie liegenlassen, so wird die Folie so stark darübergepreßt, daß Sie es hinterher problemlos durch die Folie erkennen können.

Ein Schutz gegen Mäuse

Dieses Risiko geistert als Gespenst immer wieder durch die Teichbau-Literatur. Ich habe hier etwa 2.000 m^2 Folien-Teiche, unter denen es so wunderschön trocken ist, daß dort mit Sicherheit Hunderte von Mäusen hausen. Im letzten Jahr haben sie allein etwa 15.000 Blumenzwiebeln gefressen. Keine Probleme - von der Landseite!
Dann gibt es einen Teich, in dem wir Tannenwedel kultivieren. Solche Zuchtteiche sind nicht auf Schönheit gebaut. Folie rein - fertig. War falsch. Direkt daneben liegt ein Hang - und dort gab es sogar mehrere Löcher in der Folie. Verursacher sind Schermäuse, in drei weiteren mir bekannten Fällen waren es Bisamratten, die z.T. armdicke Löcher verursacht haben - durch eines hätte ich selbst kriechen können. Solche Löcher entstehen immer nur von der Wasserseite aus. Die Nager graben (unter dem Wasserspiegel) einen Gang in den benachbarten Hangbereich und bauen dort einen Brut-Kessel, der oberhalb des Wasserspiegels liegt. Der Zugang liegt stets unter Wasser.
Das Risiko ist gering und kann nach meiner Erfahrung völlig ausgeschaltet werden, wenn der Wasserspiegel auf dem Niveau des Umlandes liegt und der Uferwall nicht zu hoch gebaut wird.
Bei allen beschädigten Teichen (einschließlich dem eigenen) war diese Empfehlung nicht berücksichtigt worden: Der Wasserspiegel lag zu tief oder Erdhaufen lagen direkt daneben. Na dann...
Also: Mäuse sind kein Problem, wenn Sie sich an diese Bau-Empfehlungen halten!

Falten in den Ecken stören nicht

Jetzt Folie einlegen

Für große Teiche braucht man einige Helfer: Die Folie wurde hier zunächst an der Schmalseite des Teiches ausgerollt und wird gerade in Längsrichtung durch den Teich gewickelt.

Nun ist die Grube also ausgehoben und die Folie ist eingetroffen. Jetzt muß sie in den Teich gelegt werden. Der Arbeitsaufwand dafür wird von vielen gewaltig überschätzt. Folien bis zu einer Größe von 120 m^2 habe ich noch allein verlegt. Die kann man noch gut mit einer Karre fahren. Meist sind die Folien in Längs- und Querrichtung aufgerollt. Die jeweils letzte Wickel-Richtung kann man erkennen, wenn man die Bahnbreite kennt und an einer offenen Seite die Nähte zählt. Bei großen Sonderformen können Sie einen Abwickelplan erwarten.

Die Folie wird also in eine Ecke des Teiches transportiert und in die Richtung der letzten Wicklung ausgerollt, beispielsweise entlang der Längsseite des Teiches. Während einige Helfer (oder Sandsäcke) die Folie am oberen Rand festhalten, läßt man die Quer-Wicklung in den Teich rollen. Die Folie wird dadurch immer leichter und kann dann am gegenüberliegenden Ufer hochgerollt werden.
Kleinere Folien können mehrere Helfer an den Ecken und Seiten anfassen und von oben in die Grube gleiten lassen. Dies empfiehlt sich besonders dann, wenn viel gepolstert werden mußte - sonst kann einiges davon in Bewegung geraten.

Sie werden feststellen, daß sich in den Ecken etliche Falten bilden. Legen Sie mehrere kleine zu einer großen zusammen. Überprüfen Sie dies bei ansteigendem Wasserspiegel. Wenn erst Wasser im Teich ist, können Sie daran nichts mehr ändern.

Achten Sie darauf, daß jetzt keine unabsichtlichen Beschädigungen der Folie entstehen. Daß man nicht mit „Pfennigabsätzen" über die Folie läuft, ist selbstverständlich. Aber auch Harken, Spitzhacken und Spaten haben jetzt in der Grube nichts mehr zu suchen. Die netten Helfer von nebenan, die oft zwei linke Hände haben, sind – bei aller Wertschätzung – für so manche Überraschung gut. „Man kann gar nicht so dumm denken wie es kommen kann". Mein erster Gartenteich hatte schon ein tellergroßes Loch, bevor der erste Wassertropfen eingefüllt war. Während wir beim wohlverdienten Mittagessen saßen, hatte sich meine Schäferhündin durch die Folie gewühlt. Ihr war eingefallen, wo sie einige Tagen zuvor ein Stück Fleisch versteckt hatte...

Achten Sie beim Legen der Falten darauf, daß die Folie an allen Seiten gleichmäßig übersteht, so daß Sie die obere Pflanzterrasse, den Uferwall und den Saugsperre-Graben gestalten können. Vom Rand des Wasserspiegels aus brauchen Sie noch etwa 60 bis 70 cm Folie für die Gestaltung des Uferwalles und des Saugsperre-Grabens. Nehmen Sie eher mehr, denn: einige Zentimeter werden noch in den Teich rutschen, wenn die Folie durch die Wasserlast an den Boden gepreßt wird. Wieviel in den Teich hineingezogen wird, hängt von verschiedenen Faktoren ab:

Weiche, angeschüttete Böden setzen sich auch noch nach langer Zeit.

Auf einem rauhen, unebenen Boden folgt die Folie jeder Erhöhung und Vertiefung - da kommt ein Millimeter zum anderen.

Der richtige Bodengrund

Auf keinen Fall Mutterboden: zu nährstoffreich

Zu diesem Thema findet man in fast jedem Gartenteichbuch andere Richtlinien. Die Empfehlungen reichen von nährstoffreichem Mutterboden bis zum Vorschlag, auf jegliches Substrat zu verzichten und die Pflanzen in einer Art Hydrokultur zu halten.
Vergessen wir das erst einmal alles und überlegen wir zunächst, welche Eigenschaften der Bodengrund haben muß und welche er auf keinem Fall haben darf.
Beginnen wir mit dem wichtigsten Thema, dem Nährstoffgehalt. Je nährstoffreicher ein Boden ist, desto mehr dieser Nährstoffe werden auch in das Wasser ausgewaschen, wo sie unerwünschtes Algenwachstum fördern, besonders durch den Pflanzennährstoff Phosphat. Dieses Phosphat wird von Algen in ihren Organismus aufgenommen. Normalerweise sterben solche kleinen Algen nicht, sondern teilen sich in zwei Hälften, die dann wieder auf die ursprüngliche Größe heranwachsen. Über die Größenordnung macht man sich leicht falsche Vorstellungen: Ein Millionstel Gramm Phosphat reicht aus, um in 1 l Wasser 15 Millionen Kieselalgen wachsen zu lassen. Kein Wunder, daß der Teich dann rasch zur grünen Brühe wird. In tieferen Schichten sterben die Algen dann wegen Lichtmangel ab. Wenn sie auf den Boden gesunken sind, werden sie von den Mikroorganismen zerlegt, ein Teil des Phosphates gelangt dadurch wieder ins Wasser und kann erneut von Algen aufgenommen werden. Ein anderer Teil des Phosphates jedoch wird an Eisen gebunden, im Bodenschlamm eingelagert und aus dem Kreislauf ausgekoppelt. Das Gewässer reinigt sich auf diese Weise selbst.
Eine Belastung des Gewässers durch Phosphat ist überhaupt nicht zu verhindern. Da unser Trinkwasser reichlich mit phosphathaltigem Abwasser gemischt ist, gelangt dieser Pflanzennährstoff ständig in den Teich. Soll er aus dem Nährstoffkreislauf herausgenommen werden, so muß ein geeigneter Boden vorhanden sein. Einfacher, reiner Kies kann diese Aufgabe nicht erfüllen, im Gartenboden sorgen tonige und lehmige Bestandteile dafür, daß das Phosphat gebunden und "unschädlich" gemacht wird. Für einen auf möglichst viel Eigenstabilität eingerichteten Gartenteich sollten wir daher immer etwas Lehm im Boden vorsehen.
Brauner Lehm enthält in ausreichender Menge Eisen. Solch ein Gemisch sollte einen Lehmanteil von 20 bis 30% haben. Wenn Sie (in sehr sandigen Regionen) soviel Lehm nicht beschaffen können, dann reicht zunächst auch etwas weniger - Sie können ja immer noch einige Lehmklumpen nachträglich in den Teich bringen. Vermeiden Sie schwarzen oder grauen Lehm. Ein präzises Vermischen ist nicht erforderlich - das machen später die kleinen Helfer, die am Teichboden wohnen. Im Bereich der Pflanzterrassen sollten Sie aber immer etwas Lehm einbringen - einige Pflanzen wachsen sonst nicht gut genug.

Meist muß man die Lage der Folie noch etwas korrigieren. Kleinere Folien kann man problemlos ziehen, unter größere kann man Luft wedeln, so daß sie auf einem Luftkissen gleiten. Anschließend werden die Falten gelegt - aus mehren kleinen kann man meist eine größere machen.

Steine als einzige Bodenbedeckung sind nur für denjenigen sinnvoll, der viele Fische halten will. Die wühlen so intensiv am Gewässergrund, daß das Wasser innerhalb kürzester Zeit sehr trübe wird. Allerdings verringert das die Selbstreinigungskraft des Teiches!

Große, schwere Steinkonstruktionen sind für einen Folien-Teich nicht zu empfehlen. In den ersten Jahren wird es sicherlich keine Probleme geben, doch ob ein solcher Teich 10, 20 oder 30 Jahre hält, das entscheidet sich bei solchen Details.

Völlig ungeeignet ist ein solches Substrat allerdings für Teiche, die mit Goldfischen besetzt werden. Die ständige Wühltätigkeit wird dafür sorgen, daß der Lehm immer wieder aufgewirbelt wird, so daß man nach einigen Tagen die Fische nicht einmal mehr sieht.
Wer dies verhindern will, kommt nicht umhin, den gesamten Teich zusätzlich mit ausreichend dicken Kieselsteinen auszulegen, die von den Fischen nicht bewegt werden können. Der Selbstreinigungseffekt des Wassers wird dadurch allerdings verringert, denn die Oberfläche des Bodengrundes spielt für die Bindung unerwünschten Phophates die entscheidende Rolle.
Hin und wieder wird versucht, diesen Mangel mit zum Teil sehr abwegigen Lösungen zu überbrücken. So wird z.B. empfohlen, Sand mit Torf zu mischen, da der Torf über die Huminsäuren das Phosphat binden würde. Das kann er zwar in gewissem Umfang durchaus tun, allerdings wird auch der Torf im Laufe der Zeit zersetzt, was den Teich viel Sauerstoff kostet und nicht selten zu kritischer Fäulnis führt. Außerdem ist solch saures Wasser fast immer sehr kalkarm. Wasserschnecken haben dann Probleme, ihr Gehäuse zu bauen und scheiden als natürliche Algenvertilger aus.

Ich habe bereits darauf hingewiesen, daß Sie in reichlich mit Fischen besetzten Teichen ohne eine leistungsstarke Filteranlage nicht auskommen!

Die Dicke der Bodenschicht

So kann man das Wachstum auf einfache Weise steuern

Normalerweise gibt der Boden den Pflanzen nicht nur Halt, sondern von dort beziehen sie auch die Nährstoffe für ihr Wachstum. Eine solche Situation finden wir z.B. in der Sumpfzone unseres Gartenteiches. Schilf, Rohrkolben und zahlreiche andere Wasserpflanzen lassen übrigens nicht nur ihre Wurzeln im Boden wachsen, sondern auch ihren gesamten Stengel. Was man normalerweise als Wurzelstock oder auch Rhizom bezeichnet, ist nichts anderes als ein waagerecht liegender Stengel, die oberirdischen Organe sind nur die Blätter.
Wenn eine Pflanze diese wichtigen Aufgaben unter die Erdoberfläche verlagert, muß ihr natürlich ein ausrei-

Von der Breite und Tiefe der Pflanzterrasse hängt das spätere Aussehen des Teiches entscheidend ab. Unterschiedliche Lebensbedingungen führen zu einer vielfältigen Pflanzenwelt (oben). Spitzschlammschnecken (unten links) weiden in Oberflächennähe den Algenrasen ab. Zahlreiche Fische (unten rechts) belasten das biologische Gleichgewicht.

Ein Bachlauf ändert sein "Gesicht". Im Frühjahr ist heimische Natur noch kahl. Wildtulpen, Wildnarzissen etc. bestimmen dann das Bild (oben). Im Boden verborgen sind die Wurzeln der heimischen Wildpflanzen, die erst nach dem Abblühen der Zwiebelpflanzen erscheinen (unten links). Im Hochsommer hat dann starkwüchsige Vegetation das Bachbett "fest im Griff", ein frühzeitiger Rückschnitt verhindert solche "Auswüchse"(unten rechts).

chend dicker Bodengrund zur Verfügung stehen. Das ist jedoch weniger, als man normalerweise erwartet. Wir ziehen Hunderttausende von Pflanzen auf 3 bis 5 cm dicken Substratschichten, auch für Rohrkolben reichen 5 bis 10 cm völlig aus.

Wenn im Bereich der Pflanzterrassen 10 cm Substrat aufgebracht werden, hält man den Nährstoff-Eintrag in Grenzen. Auf der oberen Pflanzterrasse reicht die Substrat-Bedeckung daher am Anfang praktisch bis an die geplante Wasseroberfläche. Wenn dann jedoch erst einmal die Luft aus dem Substrat herausgedrückt worden ist und ein Teil abgespült wurde, bleibt die optimale Schichtdicke über.

Die Substrateinbringung auf die obere Pflanzterrasse erfolgt dann, wenn der Wasserstand diese Höhe erreicht hat und sich die Folie ausreichend lange hat setzen können. Macht man diese Randbedeckung zu früh, so wird mit der Folie auch ein Teil des Substrates in den Teich hineingezogen.

Wenn das höhersteigende Wasser die Pflanzterrassen erreicht, wird ein Teil des 10 cm hoch aufgebrachten Substrates abgespült und auf die Hangflächen rutschen. Das ist einkalkuliert. Es ist nicht erforderlich, daß das Substrat bis zum Rand der Pflanzterrasse in voller Höhe erhalten bleibt. Die Pflanzenwurzeln werden im Laufe der Zeit zum Rand der Pflanzterrasse vorstoßen und werden das Substrat gegen weiteres Abrutschen sichern.
Der anschließende Hang ist für die meisten Wurzeln eine "Tabuzone". Die Schicht liegt dort dann zu dünn, sie kann nicht durchwurzelt werden.

Gelegentlich wird empfohlen, den Rand der Pflanzterrasse mit Steinen zu sichern, um ein Abrutschen des Substrates zu verhindern. Weitergehende Empfehlungen schlagen vor, die Steine mit Silikon auf die Folie zu kleben. Ich halte dies für einen schlechten Rat:
Im Winter frieren diese Steine in die Eisschicht ein. Mit absinkenden Tempe-

Dieses Foto eines entleerten Teiches zeigt, wie das Verfahren funktioniert: Die unterirdischen Wurzelstöcke finden auf den dünn bedeckten Hangflächen keinen Halt und treiben zur Oberfläche, wo sie leicht beschnitten werden können.

Normalerweise würde sich das Schilf (links) sehr schnell ausbreiten. Die Hangfläche kann dies jedoch wirksam auf lange Zeit verhindern.

raturen dehnt sich die Eisschicht gewaltig aus, so daß die Klebestelle unter eine starke Zugebelastung kommen wird. Im günstigsten Falle reißt die Klebung zwischen Stein und Folie, im ungünstigsten Falle wird die Folie über ihre Belastbarkeitsgrenze hinaus gedehnt. Wenn in den Frühjahrsmonaten die Eisplatte dann an den Rändern abtaut und im Teich herumschwimmt, werden solche eingefrorenen Steine leicht über den Böschungsrand gezogen, verändern damit ihre Position und landen früher oder später in der Tiefenzone des Teiches. Ein Folienteich ist jedoch keine Schutthalde für spitze Steine. Die bessere Lösung: Belassen Sie es bei der geschilderten, relativ dünnen Substratschicht.

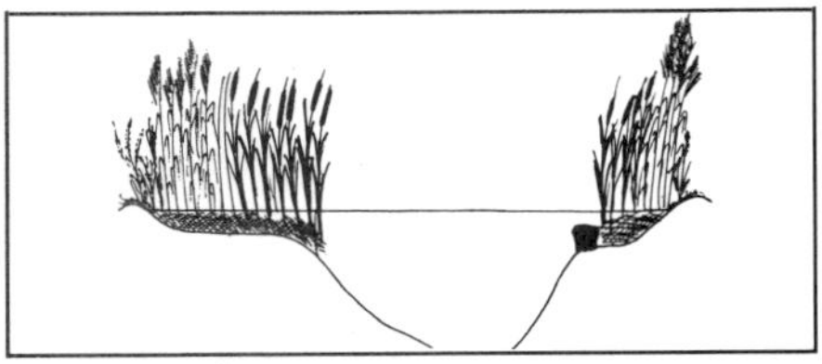

Der Rand der Pflanzterrasse braucht nicht (wie auf der rechten Seite) mit Steinen gesichert zu werden. Die Pflanzenwurzeln schieben sich ohnehin als dichter Wulst bis dorthin vor.

Am Rand der Pflanzterrasse wird die Vegetation im Laufe der Zeit einen natürlichen Abschluß bilden. In vielen Gärten wird dieser Bereich mit Steinen "dekoriert". Einer macht es dem anderen nach - obwohl: Wellenbrecher-Konstruktionen an einer sturmgepeitschten Nordseeküste sind nicht unbedingt ein Vorbild für die Ufergestaltung Ihres Gartenteiches. Ein paar Steine sind eine durchaus reizvolle Abwechslung - aber solche Schotterhaufen ...

Denken Sie einmal darüber nach. Ich meine: Sie brauchen keine Stein-Bollwerke an Ihrem Teichufer. Die Vielfalt von über hundert verschiedenen Pflanzenarten, die für diesen Bereich geeignet sind, bringt viel mehr Nettigkeit in Ihren Garten als ein paar Tonnen veralgte Kieselsteine.

Der Überlauf

Nicht unkontrolliert überfließen lassen

Überschüssiges Wasser kann bei Folienteichen schwer korrigierbare Schäden verursachen. Der Folie kann unterspült werden (siehe nächste Seite). Wer einen Teich baut, sollte sich daher auch stets Gedanken über einen etwaigen Wasserüberschuß machen.
Um es vorweg zu sagen: Solch ein "Notfall" nach sehr langen Niederschlägen tritt sehr selten auf - in unserer Region nur im Abstand einiger Jahre.
Im Normalfall sollte der Uferwall etwa 5 cm über dem optimalen Wasserstand des Teiches liegen. 5 cm sind nicht viel, wenn man bedenkt, daß während eines Jahres insgesamt über 70 cm Niederschlag fallen. Meist gleichen sich Niederschläge und Verdunstungsverluste jedoch so aus, daß der Teich nicht überläuft. In den Wintermonaten kann das anders sein. Wenn der Wasserstand im Teich nach heftigen Niederschlägen um jene 5 cm steigt und der Teich randvoll ist, wandert das Wasser durch das auf dem Uferwall liegenden Substrat in den umliegenden "Saugsperre-Graben". Der wird diese Wassermengen nicht aufnehmen können, sondern sie langsam an den umliegenden Boden abgeben. Meist reicht dieser Prozeß aus, um einige Kubikmeter überschüssigen Wassers auf die umliegenden Flächen zu verteilen.

Problematischer ist es bei extremen Niederschlägen. Vor steil abfallenden Unterwasser-Hängen sollte der Saugsperre-Graben breiter sein. Überlaufendes Wasser ist dann so weit von den Hangflächen des Teiches entfernt, daß ein Unterspülungs-Risiko nicht besteht. Probleme können auf wasserundurchlässigen, lehmigen Böden entstehen, die diesen Überschuß nicht "schlucken" können.
Auf solch lehmigen Böden sollte das Ufer mit einer etwas größeren Sicherheitsreserve gebaut werden. Ich empfehle dafür ein mit einer weiteren Stufe versehenes Uferprofil, das insgesamt 10 cm über den Wasserspiegel reicht. Auf diese Weise lassen sich große Niederschläge bereits innerhalb des Teiches unterbringen.

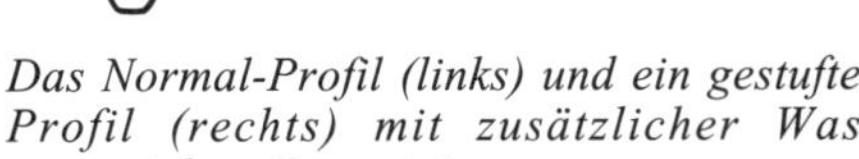

Das Normal-Profil (links) und ein gestuftes Profil (rechts) mit zusätzlicher Wasserspeicher-Kapazität.

Darüber hinaus kann man im Bereich einer Eckfalte einen Klemm-Gully einbauen und den 50 mm-Abgang mit einem 2"-Kunststoff-Spiralschlauch verbinden. So kann man einen Wasser-Überschuß über fast beliebige Entfernungen transportieren. Das Gefälle: nicht unter 2 cm pro m.

Die Randbefestigung

Die Folie gegen Verrutschung sichern

Die Folie muß am Rand befestigt werden, um sie gegen Verrutschungen zu sichern. Eine zu frühe Befestigung bringt sinnlose Dehnungsbelastung, denn es kann u.U. einige Tage dauern, bis sich die Folie gesetzt hat.

Die Zeitdauer hängt von den Bodenverhältnissen und den Außen- und Wassertemperaturen ab. Auf angeschütteten Böden und bei kühlen Temperaturen sollte man einige Tage warten, bis die Randbefestigung erfolgt. Auf gewachsenem Boden und bei höheren (Wasser-)Temperaturen setzt sich die Folie während das Wasser einläuft.

Die Breite des Folien-Überstandes ist wichtig, denn unterhalb der Folie ist es in der Regel pulvertrocken. Ameisen nisten sich dort gern ein, überfließendes Wasser gelangt durch die Gänge sehr schnell bis in tiefe Bereiche unter der Folie. Dabei werden Sandkörner mitgerissen, die dann oben fehlen und unten angelagert werden. Dadurch kommt es in tieferen Bereichen zu Aussackungen - die Folie wird von oben nachgezogen. Besonders problematisch ist dies dann, wenn steile Ufer gebaut wurden.

Neben dieser mechanischen Folienbefestigung durch die aufgelegte Erde hat die Randgestaltung noch zwei weitere Funktionen: Es entsteht ein Uferwall, der den Wasserdruck aufnimmt und ein "Saugsperre-Graben", der für einen konstanten Wasserstand im Teich sorgt. Auch bei kleinen Teichen sollte man sowohl für den Wall als auch für die Saugsperre jeweils ca. 20 cm Platz vorsehen - beginnend vom Wasserrand braucht man dafür ca. 60 - 70 cm Folie.

Oft unterschätzt: Die Saugsperre

Erinnern Sie sich an Ihren letzten Aufenthalt an einem Sandstrand am Meer oder an einem Baggersee: Bis weit über den Wasserspiegel hinaus ist der Boden feucht. Auch dann, wenn er nicht durch den Wellenschlag erreicht wird. Bis in eine Höhe von 50 cm und mehr saugt der Boden so viel Grundwasser an, daß er oberflächlich feucht bleibt. Die Grundla-

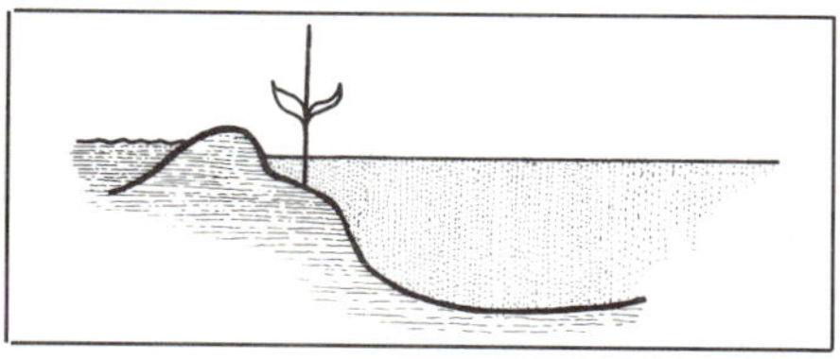

Die Folie muß 30 bis 50 cm weit überstehen. Ist dies nicht der Fall, so

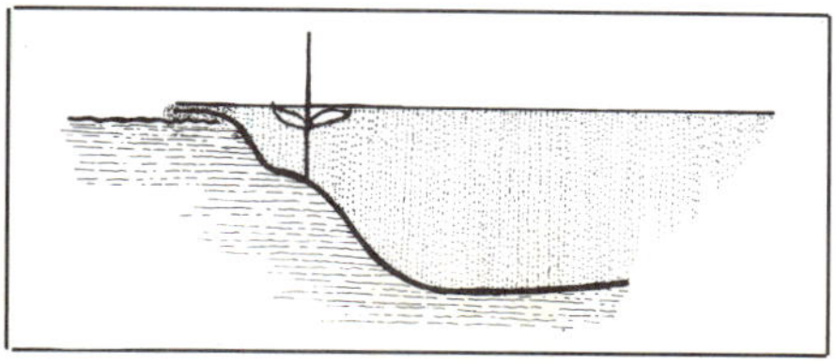

kann überfließendes Wasser die Folie unterspülen und

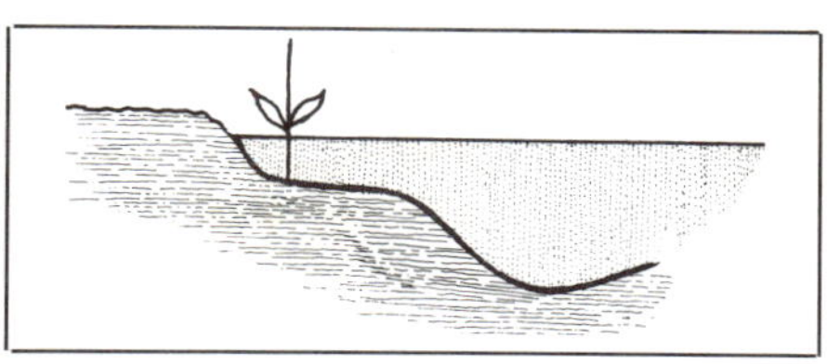

an tiefergelegenen Stellen Ausbeulungen verursachen. Das zieht die Folie von oben nach.

Diese Folie stand am Rand nicht weit genug über. Sie wurde unterspült und tiefer in den Teich hineingezogen. Die bessere Lösung: 30 bis 50 cm weit am Rand überstehen lassen.

Das ist die wohl einfallsloseste Art der Randgestaltung: Betonmauern. Jede Vielfalt wird dadurch erstickt.

Steinmauern sehen zwar nicht ganz so unnatürlich aus, dennoch gilt auch hier: Eine naturnahe Uferzone ist die bessere Lösung.

Wenn man sich schon für ein kompaktes Steinufer entscheidet, dann kann man auch dieses durch eine Vielzahl geeigneter Pflanzen auflockern.

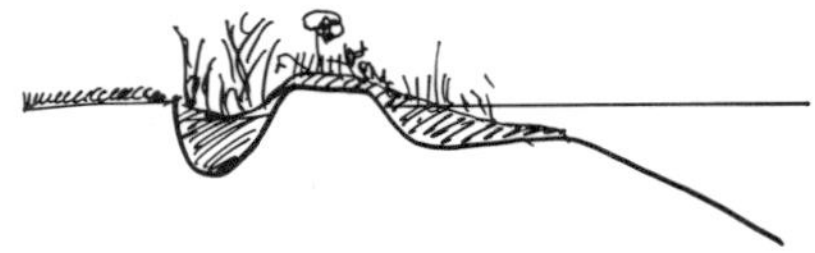

Der natürliche Uferrand mit Folien-Befestigung und Saugsperre.

ge für dieses Verhalten des Bodens sind die sogenannten Kapillarkräfte. Wenn Sie einen Strohhalm in ein Glas Wasser stellen, können Sie das deutlich sehen: Das Wasser steigt in dem Strohhalm höher als im umliegenden Glas.

Der Sandboden besteht nur zur Hälfte aus Sand - ein sehr großer Teil sind "Luftkanäle", die ähnlich wie superdünne Strohhalme bis zum Grundwasser reichen. Durch die gleichen Kräfte, die im Strohhalm wirksam werden, wird auch das Wasser aus tiefen Schichten nach oben transportiert.

Was das mit Ihrem Gartenteich zu tun hat? Wenn Sie den Teich gebaut haben und mit Wasser füllen, werden Sie feststellen, daß vom umliegenden Boden ein großer Teil des Wassers aus dem Teich gesaugt wird. Der Wasserstand fällt rapide - oft 5 cm und mehr innerhalb eines einzigen Tages. Damit dies nicht passiert, muß eine funktionierende "Saugsperre" eingebaut werden. Die überstehende Folie wird also nicht einfach im Boden eingegraben (wie Sie es in vielen anderen Anleitungen lesen können), sondern wird nochmals bis zur Erdoberfläche hochgezogen. Dort erst ist das Ende des Teiches.

Ein warmer Sommertag wird Ihnen dies beweisen. Auf der landwärtigen Seite der Saugsperre ist der Boden pulvertrocken, auf der teichwärtigen Seite hingegen schlammig naß. Die Oberkante der Saugsperre sollte etwa 2 bis 3 cm unter der Uferwall-Kuppe liegen. Damit wird sichergestellt, daß eventuell überfließendes Wasser vom Saugsperregraben in das Umland gelangt, keinesfalls in den Teich zurück.

Es ist wichtig, dem Wasser diesen "Rückweg abzuschneiden", denn: Mit Hilfe des Saugsperre-Grabens können Sie innerhalb der Teichanlage ein zweites Nährstoff-System installieren. Innerhalb des Teiches muß das Wasser nährstoffarm sein, um ärgerliches Algen-Wachstum zu vermeiden. Außerhalb des Uferwalles, im Saugsperre-Graben, kann man nährstoffreichen Boden einfüllen, der für das Wachstum zahlreicher Teichpflanzen besser geeignet ist.

Einen dichten Pflanzengürtel sollte man dort einplanen, wo Gemüsebeete oder anderer unbedeckter Boden vom Wind in den Teich geweht werden kann. Eine gute Lösung ist eine Blumenwiese, die am besten auf nährstoffarmem Boden gedeiht. Später erfahren Sie mehr darüber.

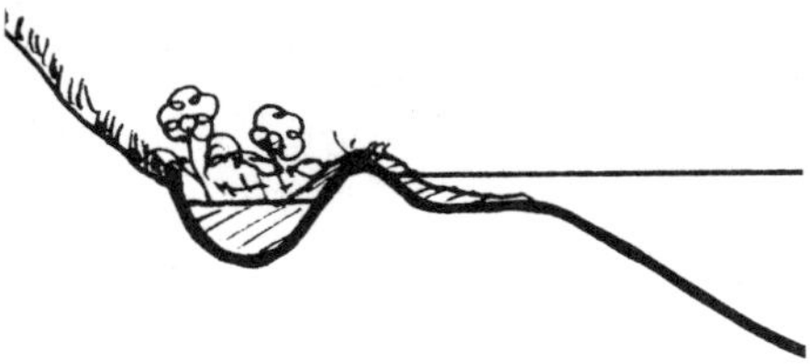

Liegt der Teich am Fuß eines Hanges, so kann der Ringgraben herabfließendes Wasser aufnehmen. Der Abstand zum Hang sollte möglichst groß sein. Wenn mit viel Wasser zu rechnen ist, kann ein im Graben verlegtes Drainrohr zusätzlich für Entwässerung sorgen.

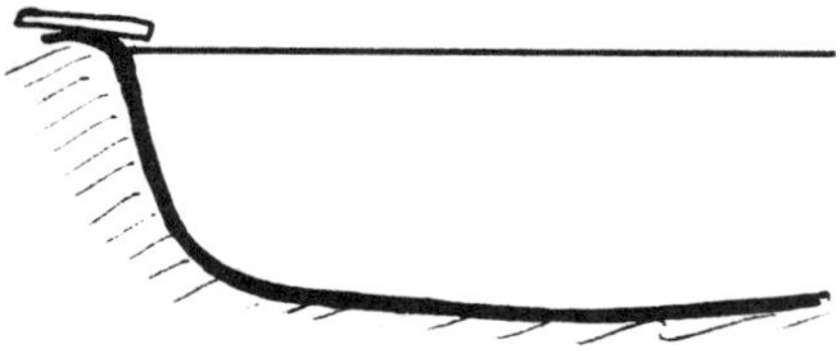

Falsch: Randplatten dürfen nicht überstehen, Neigung nicht zum Teich!

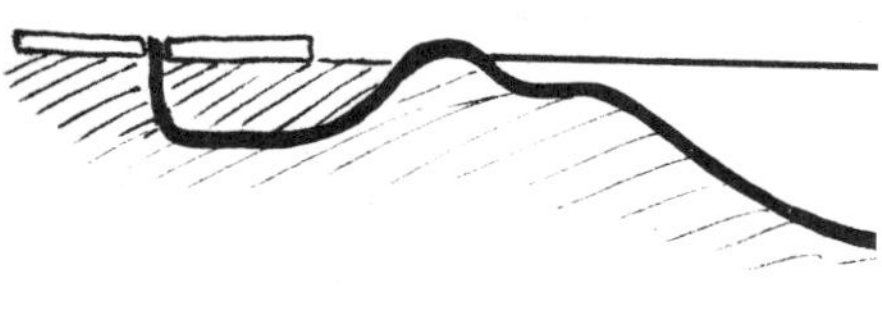

Richtig: Platten müssen fest liegen, Saugsperre bleibt funktionsfähig.

Die Verwendung großer Steine im Uferbereich ist nicht unproblematisch - oft werden damit nur Baufehler verdeckt.

Im Gegensatz zu diesem natürlichen Übergang zwischen Land und Wasser stehen die Teichumrandungen aus Steinplatten. Ein solcher Übergang ergibt sich zwangsläufig dort, wo der Teich an die Terrasse, eine Sitzecke oder einen vorhandenen Steinweg anschließt. Ob es nun flache Natursteine sind, Waschbetonplatten oder irgendein anderer Kunststein: In jedem Falle müssen die Steine so dauerhaft befestigt werden, daß sie nicht wackeln und die darunterliegende Folie durchscheuern. Problematisch sind solche Platten-Konstruktionen während der Wintermonate. Gefrierendes Wasser dehnt sich aus und kann die Platten hochheben. Sie müssen aus diesem Grunde eine ausreichend tiefe Unterfütterung mit festgestampftem Sand erhalten. Einzelne Platten, die nicht in einem festen Verbund mit anderen liegen, werden am besten noch mit etwas Speis unterlegt.

Die Platten sollten so geneigt sein, daß keine Nährstoffe von umliegenden Flächen in den Teich geschwemmt werden können. Wichtig ist die richtige Gestaltung der teichwärtigen Seite der Platte. Läßt man sie überstehen, so liegt die

Holz ist ein sehr natürlicher Baustoff und kann im Prinzip auch zur Begrenzung des Gartenteiches Verwendung finden. Alte Bahnschwellen enthalten jedoch viele Konservierungsmittel, die unter Umständen ins Wasser gespült werden oder die Folie zerstören. Die Befestigung erfolgt am besten so, daß die Folie zwei- oder dreimal um eine Alu-Schiene gewickelt wird, die man anschließend am Holz festschrauben kann. Durch die enge Wicklung werden die Zugkräfte auf die gesamte Randlänge verteilt. Das ist besser, als die Folie mit einzelnen Nägeln zu befestigen.

Folie frei und ist dem Sonnenlicht ausgesetzt. Die Platte bildet dann einen steilen Überhang, der für viel Tiere unüberwindbar ist. Dies gilt für die Libellenlarve, die zum Schlüpfen ans Land kriechen will, genauso wie für den Wasserfrosch, badende Vögel oder hineingefallene Igel.

Die sinnvollste Lösung ist daher ein Übergang in eine flachere Pflanzterrasse. Die zwischen Wasseroberfläche und Platte liegenden Teile werden durch Kies oder Pflanzsubstrat abgedeckt. Ein Aussaugen des Wassers durch benachbarte Wurzeln von Landpflanzen ist in diesem Falle nicht zu befürchten.

Eine Alternative zu solchen Steinplatten sind Holzbalken, z.B. gebrauchte Eisenbahnschwellen. Die Folie kann zwischen den Balken zwar recht einfach befestigt werden, langfristig können jedoch Probleme mit der Haltbarkeit entstehen. Die Chemikalien, mit denen die Holzbalken imprägniert worden sind, können die Weichmacher in den Folien verändern, was eine rasche Alterung bewirkt. Wenn Sie dennoch nicht auf diese attraktive Gestaltungsmöglichkeit verzichten möchten, dann bietet sich folgendes an:

Legen Sie über und unter die eigentliche Teichfolie jeweils ein weiteres Folienstück, das lediglich die Aufgabe hat, die wertvolle Teichfolie vor der Wirkung der aggressiven Imprägnierungsmittel zu schützen.

Wer solche Holzbalken zur Randgestaltung einsetzen will, der sollte jedoch berücksichtigen, daß auch noch viele Jahre nach der Imprägnierung ständig Schadstoffe durch Regen in den Teich gewaschen werden. Manchmal bildet sich auch geradezu eine Ölschicht auf der Oberfläche.

Natürlichem Wurzelwerk oder unbehandelten Stämmen ist daher unbedingt der Vorzug zu geben.

Die Wasserversorgung

Was Sie bei den unterschiedlichen Quellen beachten müssen

Das Regenwasser reicht in unseren Breiten zwar theoretisch aus, um die benötigte Wassermenge zu liefern – der Regen fällt jedoch gerade in den warmen Sommermonaten nicht regelmäßig genug an.
Aus diesem Grunde kommt man gar nicht darum herum, besonders kleinere Teiche von Zeit zu Zeit aufzufüllen. An heißen Tagen können die Verdunstungsverluste mehrere Millimeter betragen.
Läßt man das Wasser zu stark absinken, dann entstehen zu ungünstige Lebensbedingungen für die Sumpfpflanzen. Sie können dann während der Sommermonate nicht genügend Nährstoffe speichern – im nächsten Jahr kommt es dann zu geringerem Blütenansatz.
Die erste Füllung des Teiches wird man in der Regel mit Leitungswasser vornehmen. Natürlich wird das Wasser nicht mit einem harten Strahl in das Becken geleitet – das würde viel von unserer Dekoration auf den Pflanzterrassen wieder zerstören und den Lehm im Substrat unnötig aufwirbeln. Eine von innen feuchte Plastiktüte schwimmt leicht auf dem Wasser, weil sie immer irgendwelche Luftbläschen enthält. Wenn man den Wasserschlauch so an diese Tüte bindet, daß sich der Strahl breit darüber verteilt, hat man gleichzeitig eine Art Automatik, die mit dem steigenden Wasserspiegel nach oben wandert. Ein fester Einlauf ist wegen der zu befürchtenden Aufwirbelung des Substrates in der Regel die schlechtere Lösung.
Neben dem öffentlichen Leitungsnetz gibt es übrigens noch mehrere andere Quellen für die Wasserbeschickung des Gartenteiches. So lohnt es sich möglicherweise bei größeren Teichen und höherem Wasserbedarf, im Garten einen eigenen Brunnen zu bohren. Oft ist solches Brunnenwasser aber sehr sauerstoffarm. Viele Häuser liegen auch so sehr im Einflußbereich des Grundwassers, daß sich in einem Sikkerschacht ständig Wasser sammelt, das abgepumpt werden muß. Solches Wasser kann natürlich auch für den Teich Verwendung finden. Auch ein nahegelegener Bach oder Graben kann durchaus mit einer Pumpe „angezapft" werden. Problematisch ist in solchen Fällen allerdings die Qualität des Wassers. Gerade im Bereich landwirtschaftlicher Nutzflächen wird ja intensiv gedüngt – und vieles davon wandert über die Bäche und Gräben ins Grundwasser – und findet sich dann vielleicht auch irgendwann im Teich wieder. Im Fachhandel gibt es preiswerte Materialien für eine einfache Wasseranalyse. Sie reicht völlig aus, um die Qualität im Gartenteich oder an den „Quellen" für das Wasser zu bestimmen.
Mehr der Vollständigkeit halber sei noch auf den seltenen Fall eingegangen, in dem das Grundstück von einem Fließgewässer berührt oder durchschnitten wird. Bei einem Mini-Wiesenbächlein oder einer Quelle wird es wohl kaum Probleme geben. Wollen Sie

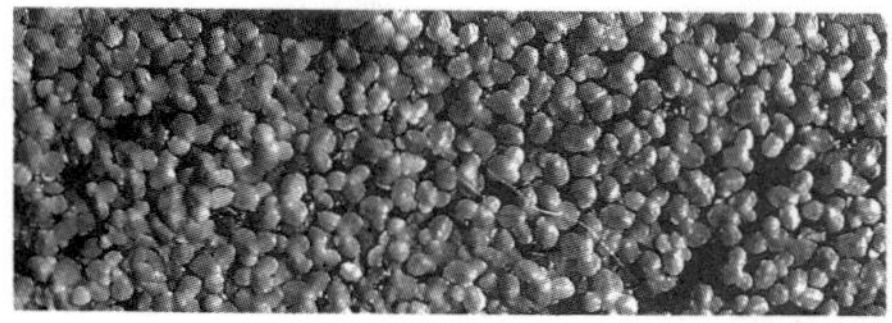

Können Sie sich eine Menge von 0,000 000 000 001 Gramm vorstellen? Soviel Phosphat braucht man, damit eine Kieselalge wachsen kann. Da unser Leitungswasser reichlich mit phosphathaltigem Abwasser gemischt wird, reicht die Menge schon aus, um das Algenwachstum im Teich anzuheizen. Für einen dichten Wasserlinsenteppich reicht es jedoch meist nicht. Wo diese „Entengrütze" auftaucht, da war der Bodengrund zu nährstoffreich. Nach ein bis zwei Jahren sind diese Nährstoffe jedoch meist aus dem Kreislauf ausgekoppelt – die Wasserlinsen verschwinden.

jedoch Ihr Wasser einem etwas größeren Gewässer entnehmen, dann brauchen Sie dafür in der Regel eine wasserrechtliche Genehmigung. Es gibt grundsätzlich zwei verschiedene Wege, eine solche natürliche Wasserquelle für die Speisung des Teiches zu verwenden: Zum einen kann man das gesamte Wasser hindurchleiten, der Teich hat dann einen Zu- und einen Abfluß. Das setzt dann wiederum erhebliche bauliche Maßnahmen voraus. Das Gewässer muß so z.B. auch nach stärkeren Regenfällen erheblich größere Wassermengen verkraften können. Den Abfluß kann man bei kleineren Teichen als einfachen Überlauf gestalten, bei größeren, die unter Umständen auch einmal völlig entleert werden sollen, muß man ein als „Mönch“ bezeichnetes Bauwerk errichten. So komplizierte Planungen würden das Thema dieses Buches sprengen. Sie dürfen sie in vielen Fällen noch nicht einmal allein durchführen, da sie für das Genehmigungsverfahren statische Berechnungen mitliefern müssen.

Der ständige Wasserdurchfluß hat übrigens erhebliche Auswirkungen auf die Lebensgemeinschaft im Teich. Viele Wasserpflanzen, die auf stehende Gewässer spezialisiert sind, werden sie in einem solchen Teich vergeblich suchen. Gleiches betrifft selbstverständlich die Tierwelt.

Wer das Wasser einem Bach entnehmen möchte, der kann die Wasserversorgung so organisieren: nicht der gesamte Bach wird durch den Teich geleitet, sondern nur ein Teil des Wassers, das oberhalb des Baches entnommen wird. Zusätzlich muß noch ein Überlauf eingebaut werden.

Eine etwas einfachere Lösung besteht darin, nicht den gesamten Bach, sondern nur das jeweils benötigte Wasser in den Teich zu leiten. Am einfachsten funktioniert oft eine provisorische Lösung mit „fliegenden“ Leitungen, durch die das Wasser herangepumpt wird.

Ein nur sehr schwer zu beurteilendes Thema ist die Wasserversorgung aus der Regenrinne. Wir haben ja bereits einiges über die Wasserqualität und die Probleme des sauren Regens erfahren. Besonders nach längeren Trockenzeiten sollte man daher stets den ersten kräftigen Regen abwarten, bis Luft und Dach soweit gereinigt sind, daß man das dann saubere Wasser in den Teich leiten kann. Es gibt dafür spezielle Bauteile für die Fallrohre der Regenrinne, die eine problemlose Wasserentnahme ermöglichen.

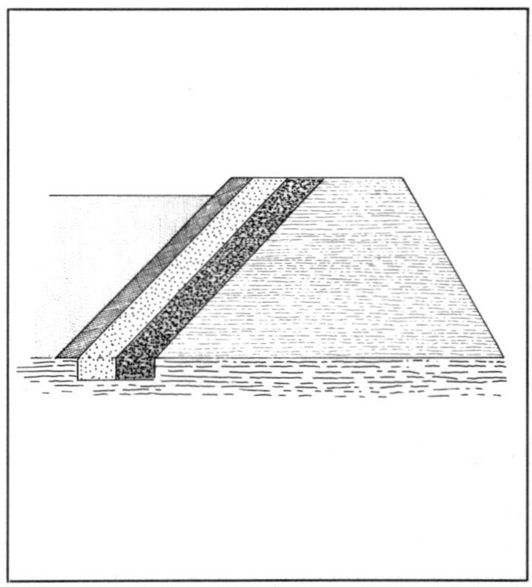

Wer größere Dämme anlegen will, der braucht fast immer eine wasserwirtschaftliche Genehmigung. Wer beim Dammbau spart oder das falsche Material verwendet, der wird wenig Freude an seinem Bauwerk haben – denn das Wasser versickert immer wieder und spült den Damm innerlich aus. Um dies zu verhindern, liegt unter der wasserseitigen Deckschicht ein Flächenfilter aus Kies, auf dem zur Damm-Mitte eine möglichst 70 cm dicke Lehmpackung folgt. Die Hangneigung sollte nicht steiler als 1 : 3 sein.

Jetzt die Pflanzen einsetzen

Aber nur an die richtigen Stellen!

Mit dem Einsetzen der Pflanzen können Sie sich Zeit lassen. Die Seerose pflanzen Sie am besten in einen Korb - die 2 - 4 cm Substrat am Bodengrund Ihres Teiches reichen für ein gutes Wachstum bei weitem nicht aus. Auch für verschiedene Laichkräuter kann das zu wenig sein - dafür sollten Sie eine Ihrer Pflanzterrassen wählen, die Sie entsprechend höher mit Substrat austatten.

Die Laichkräuter können Sie auch in kleine Pflanzkörbe setzen und dann - zuminest am Anfang - am besten in 20-30 cm tiefen Bereichen unterbringen.

Typische Unterwasserpflanzen wie Hornkraut, Wasserpest, Tausendblatt etc. können Sie an ein kleines Steinchen binden oder in einen Lehmklumpen drücken und absenken. Die Pflanzen werden in relativ kurzer Zeit Wurzeln bilden, und sich damit festhalten. Einen natürlichen Bestand erhält man ohnehin erst im nächsten Jahr. In der kalten Jahreszeit werden spezielle Winterknospen gebildet, die abgestoßen werden und im Wasser herumtreiben. Irgendwo wurzeln sie an und bilden dann den natürlich aussehenden Unterwasserbestand.

Ein Steinteich kann durchaus reizvoll gestaltet werden – solche Gebirgslandschaften passen allerdings in die meisten Gärten nicht so gut. Besser ist eine reichhaltigere Begrünung.

Die richtige Randbefestigung. Durch die Saugsperre bildet sich ein Ringgraben.

In nährstoffreichen Teichen wird die Geschwindigkeit des Pflanzenwachstums fast immer unterschätzt. Im April, kurz nach Einfüllen des Wassers ist der Teich noch groß und kahl.

Im August hat sich jedoch bereits üppige Vegetation ausgebreitet, die die freie Wasserfläche stark zusammengedrängt hat. Algenwachstum zeigt die Überdüngung an.

Am besten füllen Sie den Teich zunächst einmal soweit mit Wasser, wie es eben geht. Der Effekt: An jedem Sandkorn hängen winzige Luftblasen, die dem Pflanz-Substrat eher die Eigenschaft einer Erbsensuppe geben. Dort kann man kaum pflanzen. Nach einigen Tagen bessert sich das, der Wasserdruck hilft.

Von besonderer Wichtigkeit ist die Wahl des richtigen Standortes.

Die meisten Sumpfpflanzen sind relativ flexibel. Sie müssen ja auch in der Natur mit stark schwankenden Wasserständen fertig werden. Fast immer wird man daher festellen können, daß die Pflanzen anwachsen – die Frage ist nur, welche Arten sich langfristig durchsetzen werden. Oft spielen Wasserstandsunterschiede von wenigen Zentimetern eine Rolle, andererseits können auch jahreszeitliche Wasserstandsschwankungen für die Bildung einer Blüte und die Durchsetzungskraft einer Pflanze entscheiden sein. Grundsätzlich gilt: Die Pflanzen bekommen in unserem Gartenteich den Platz, der ihren natürlichen Lebensbedingungen am meisten entspricht. Im Anhang finden Sie Angaben über die typischen Lebensbedingungen der Sumpf- und Wasserpflanzen. Danach werden sie zunächst ausgewählt.

So wichtig Vielfalt auch ist - bei der Bepflanzung wäre ein buntes Durcheinander ein entscheidender Fehler. Es gibt immer Pflanzen, die konkurrenzkräftiger sind als andere. Viele Ihrer

Wasserpflanzen hätten Sie daher umsonst gekauft, wenn Sie sie an Standorten verteilen würden, an denen sie früher oder später durch schnellwüchsige Nachbarn überwuchert würden. Setzen Sie daher stets mehrere Pflanzen zusammen. Nur wenn diese einen etwas größeren geschlossenen Bestand bilden (ein viertel Quadratmeter reicht meist aus), nur dann werden sie sich längerfristig halten können.
Dennoch wird es Ihnen nur in den seltensten Fällen gelingen, die Pflanzen mit einem optimalen Standort zu bedienen. Besonders bei konkurrenzschwachen Arten werden Sie daher gelegentlich eingreifen müssen um den Bestand durch Ausschaltung unerwünschter Konkurrenz zu erhalten.

Besonders empfindlich und daher immer in Gruppen zu pflanzen sind Fieberklee und Sumpfcalla. Als vereinzelt stehende Pflanzen eignen sich besonders Blutweiderich, Schwanenblume, Pfeilkraut und Froschlöffel.

Natur ins Startloch

„Einfach warten, die Pflanzen kommen schon von allein". Solche Empfehlungen kann man gelegentlich lesen. Im Prinzip ist das natürlich richtig, solche Autoren verschweigen allerdings, daß das durchaus 10 bis 20 Jahre dauern kann.
Wenn man die Entwicklung der Ufervegetation sich selbst überläßt, dann werden sich zunächst meist sehr einheitliche, gleichförmige Bestände einstellen. Mangels Konkurenz setzen sich an den Ufern nur einige wenige Pflanzen durch und für neuanfliegende Samen ist es natürlich unendlich schwer, dazwischen Fuß zu fassen.

Solche Empfehlungen entspringen meist der durchaus **begründeten** Sorge, daß die Teichbesitzer die Restbestände heimischer Natur plündern könnten.

Dazu muß man wissen, daß viele Sumpf- und Wasserpflanzen (gerade weil sie so selten sind) unter strengem Naturschutz stehen – man darf sie draußen gar nicht ausgraben.

Gleichmäßige Lebensbedingungen führen zu einheitlicher Vegetation. Eine gute Anfangsbepflanzung verhindert dies.

Ein natürliches Ufer: Schwimmblatt-, Röhricht- und Verlandungszone.

Und auch bei den noch häufigen Arten ist es oft problematisch! Wenn Sie sich schon zum Nulltarif bedienen wollen: Nehmen Sie nie mehr als 3 bis 5% des Bestandes! Theoretisch kann eine Pflanze dann nie ausgerottet werden - die Praxis zeigt jedoch, daß es anders ist. Außerdem: Der Reiz Ihres Teiches soll ja gerade darin bestehen, daß Sie eine möglichst große Vielfalt erreichen. Über 100 Pflanzenarten können an Ihrem Teich wachsen. Das schaffen Sie nie durch Raubzüge in die Umgebung. Spezialisierte Wasserpflanzen-Gärtnereien sind dafür ein verläßlicher Partner.

2-5 Pflanzen sollte man pro Meter Uferlänge mindestens einkalkulieren, sonst wirkt der Teich sehr kahl. Später wächst dort mindestens das Zehnfache.
Um einen Teich schneller zu begrünen, gibt es übrigens auch Teichufer-Saatgut, das auch Wildpflanzen enthält, die als fertige Pflanze gar nicht zu kaufen sind.

Die meisten Wasserpflanzen werden heute in Töpfen (Containern) gehandelt. In der Regel bekommt man komplett durchwurzelte Ballen, die man dann allerdings abwaschen muß, um das nährstoffreiche Kultur-Substrat aus dem Teich herauszuhalten. Der Nachteil dieses Verfahrens ist, daß man dennoch die gesamte Arbeit des Topfens bezahlen muß. In verschiedenen Gärtnereien bekommt man zu bestimmten Jahreszeiten auch Pflanzen, die direkt aus den Mutterpflanzen-Beeten geholt worden sind, in denen nicht so viel gärtnerische Arbeit steckt und die aus diesem Grunde in der Regel deutlich billiger sind.
Dies funktioniert allerdings nur in wenigen Fällen und dann nur in direktem Kontakt zwischen Gärtnerei und Kunde. Alle Gartencenter müssen aus Gründen der besseren Haltbarkeit auf getopfte Ware zurückgreifen.

Solche Container-Pflanzen können praktisch während des gesamten Sommers gepflanzt werden. Ein Bezug auf dem Versandwege ist erfahrungsgemäß ohne Risiko. Paktetdienste und Post schaffen solche Schnellsendungen innerhalb von 24 oder 48 Stunden. Tests haben gezeigt, daß die meisten Teichpflanzen selbst einen Transport von 1 bis 2 Wochen schadlös überstehen würden.

Wenn Sie größere Pflanzen aus nährstoffreichen Substraten in Ihren Teich bringen, steht die Pflanze "vor einer schwierigen Entscheidung". Entweder versucht Sie, sich in Ihrer aktuellen Wuchsform an diese Umgebung anzupassen oder sie macht "einen völlig neuen Anlauf".
Rohrkolben, Schwertlilien, Igelkolben und viele andere Röhrichtpflanzen entscheiden sich oft für einen Neustart. Sie holen alle Nährstoffe aus den Blättern zurück und bilden dann meist noch mehr Triebe als vorher. Wenn die Pflanze also "schlappmachen sollte", so ist das noch lange kein Grund für eine Reklamation. Das ist völlig normal - kein Grund zur Beunruhigung. Wenn das Verhältnis zwischen Blatt- und Wurzelmasse nicht stimmt, ist dieses Verhalten für die Pflanze die einzig vernünftige Konsequenz. Teichpflanzen sind in der Regel außerordentlich robust und überstehen ein Umpflanzen ohne Probleme.

Wann soll man pflanzen?

Keine Hektik! Vor ein paar Jahren noch war die typische Verkaufs-Zeit von Mitte April bis Juni. Aber weil die wenigsten warten wollen, beginnt der Verkauf jetzt z.T. bereits im Januar. Oft gibt es im Gewächshaus vorgetriebene Pflanzen, die spätestens bei den Mai-Frösten dann zurückfrieren. Viele Teichpflanzen werden auch aus Südeuropa importiert. Die haben natürlich nicht die Frostbeständigkeit wie die heimischen Bestände - auch wenn sie zunächst nicht sehr unterschiedlich aussehen.
Am besten: Warten! Sumpfdotterblumen blühen zwar schon ab März, viele Röhricht-Pflanzen treiben dann ebenfalls schon aus - die Masse der Teichpflanzen kommt jedoch erst im April aus dem Boden. Am spätesten sind Pfeilkraut und Froschbiß (Mitte bis Ende Mai).
Ende April bis Juli sind daher die besten Pflanz-Termine. Später geht's auch noch, die Pflanzen wachsen dann jedoch nicht

mehr so stark, so daß die Teichufer länger wie eine Baustelle aussehen.
Beachten Sie bitte auch, daß sich einige Arten schon sehr früh wieder zurückziehen. Der Wasser-Hahnenfuß verschwindet nach der Blüte fast vollständig, kommt dann aber im September wieder mit frischen Trieben, die den ganzen Winter über grün bleiben und weiterwachsen.

Auch die meisten anderen Unterwasserpflanzen merken erst im Februar/März, daß es Winter wird und sehen dann sehr krank aus. Das Hornkraut erholt sich im Freiland erst wieder im Laufe des Mai. Die für das Funktionieren des Teiches besonders wichtigen Unterwasserpflanzen kann man daher auch im Spätherbst noch setzen.

Die Spezialisierung der Pflanzen

Teichpflanzen überraschen oft durch eine fast unglaubliche Anpassungsfähigkeit an den jeweiligen Standort. Manche wachsen - wie der Wasserknöterich - unter und über Wasser fast gleich gut. Manchmal sehen sie - wie das Pfeilkraut - dabei so unterschiedlich aus, daß man sie nie für die gleiche Pflanzenart halten würde.
Dennoch gibt es für jede Pflanze eine bestimmte Lebensbedingung, bei der sie sich optimal entwickelt - dort ist sie dann anderen Arten überlegen.
Wenn die Bedingungen z.B. von der optimalen Wassertiefe etwas abweichen, sind oft andere Pflanzen wieder überlegen.
Auch außerhalb des Optimums sind die Teichpflanzen also meist lebensfähig, sie können solche Bedingungen also tolerieren - sind aber an Konkurrenzkraft unterlegen.
Die folgenden optimalen Wassertiefen beziehen sich auf nährstoffarme Teiche. Die auf Nährstoffreichtum spezialisierten Pflanzen haben am Optimalstandort oft etwas abweichende Ansprüche.
Die Werte beziehen sich auf den Wasserspiegel (Höhe "Null"). Der Wert liegt dann unter (-) oder über (+) dem Wasserspiegel. in einem Bereich von.../bis...

empfohlene Wassertiefen	Optimum	Toleranz
Unterwasser- (Tauchblatt-)Pflanzen		
Hornblatt/-kraut*	-40/-90	-10/-300
Tausendblatt*	-30/-70	-10/-200
Laichkraut*	-30/-70	-10/-80
Wasserpest*	-20/-50	-10/-150
Wasserfeder	-10/-30	-5/-50
Krebsschere	freischwimmend	
Wasserschlauch	freischwimmend	
Schwimmblatt-Pflanzen		
Weiße Seerose*	-60/-100	-10/-150
Farbige Seerosen*	meist etwas flacher	
Teichrose, Mummel	-50/-70	-30/-150
Wasser-Knöterich	-20/-40	+20/-50
Schwimm. Laichkraut	-15/-30	-10/-50
Seekanne	-20/-30	-10/-60
Froschbiß	-2/-5	-1/-15
Sumpf-/Feuchtzone		
Rohrkolben*	-5/-20	0/-50
Igelkolben*	-5/-20	-2/-50
Kalmus	-10/-20	-5/-40
Tannenwedel	-10/-30	-5/-60
Zungen-Hahnenfuß	-10/-20	-5/-40
Bachbunge	-5/-15	0/-20
Sumpf-Vergißmeinnicht	-1/-10	0/-20
Fieberklee	-5/-15	-5/-30
Pfeilkraut*	-5/-15	-5/-40
Schilfrohr	-5/-20	+10/-200
Wasser-Schwertlilie (gelb)	-5/-15	0/-30
Wieseniris, Sib. Iris (blau)	+3/+15	trocken
Froschlöffel	-5/-15	-1/-30
Sumpf-Calla	-5/-10	-1/-15
Schwanenblume	-5/-10	-1/-30
Blutweiderich	-3/-10	+5/-15
Teich-/Riesenbinse	-3/-10	-1/-30
Sumpfdotterblume	0/+2	-3/+5
Wassernabel	-1/-3	-1/-5
Nachtschatten, Bittersüßer	+2/+5	-5/+10
Mädesüß	+2/+10	0/+15
Gilbweiderich	+2/+10	0/+50
Gilbfelberich	-1/-10	0/-20
Pfennigkraut	+1/+10	0/+30
Binsen*	-1/-10	0/-20
Seggen für Feuchtstellen*	-1/-10	-1/-20
Wasserminze	-2/-10	0/-20
Weidenröschen, Zottiges	-2/-10	+10/-20
Wasserdost	+2/+15	+2/+40
Baldrian	+2/+15	+2/+40
Sumpfschafgarbe	+2/+15	+2/+40
Kuckuckslichtnelke	+2+15	+2/+40
Sumpfblutauge	-2/-10	-1/-15
Rohrglanzgras	-1/+5	-10/+10

** = Sammelbezeichnung für eine Gruppe von Pflanzenarten mit meist etwas abweichenden Standort-Anforderungen*

Bepflanzungs-Vorschlag

Jeder Teich ist anders - schon deshalb weil jeder Teich-Besitzer andere Zielvorstellungen hat.
Für welchen Teichtyp Sie sich auch entscheiden werden: auf einige Spielregeln sollten Sie achten:
Die Arten, die in großem Umfang Ausläufer bilden, werden entfernt von Flachwasser-Zonen in solche Bereiche gesetzt, die an relativ steile Hänge grenzen. Damit wird gleichzeitig die Ausbreitung begrenzt.
Dieser Beispiel-Teich schließt an eine Terrasse an. Hier schlage ich niedrigere Vegetation vor, um den Blick auf den Teich freizuhalten. Als Blickfang sind an verschiedenen Stellen Blutweiderich und Schwanenblumen mit besonders attraktiven Blüten gepflanzt. Andere Pflanzen wie Sumpf-Calla sollten immer einen kleineren zusammenhängenden Bestand bilden, damit sie nicht von anderen überwuchert werden.
Beachten Sie bitte auch die unterschiedliche Breite des Saugsperre-Grabens. An einigen tiefergelegenen Stellen wird der Graben so naß, daß man dort sehr gut Sumpfpflanzen mit hohem Nährstoff-Bedarf ansiedeln kann. Typische Klein-Pflanzen wie Pfennigkraut und Wasserminze werden an den Teichrand gepflanzt und sind nicht in der Zeichnung aufgeführt.

Abkürzungen:

BB = Bachbunge
BK = Brunnenkresse
BN = Bittersüßer Nachtschatten
BW = Blutweiderich
FB = Flatterbinse
FK = Fieberklee
FL = Froschlöffel
HK = Hornkraut
IK = Igelkolben
KA = Kalmus
LK = Laichkraut
MS = Mädesüß
PK = Pfeilkraut
RB = Riesenbinse
RK = Breitbl. Rohrkolben
SB = Schwanenblume
SC = Sumpf-Calla
SCH = Schilfrohr
SD = Sumpfdotterblume
SK = Seekanne
SR = Seerose
SS = Schlank-Segge
TB = Tausendblatt
TW = Tannenwedel
WA = Wasserampfer
WI = Wieseniris
WP = Wasserpest
WH = Wasser-Hahnenfuß
WK = Wasser-Knöterich
WS = Wasser-Schwertlilie
ZH = Zungen-Hahnenfuß
ZK = Zwerg-Rohrkolben
ZW = Zottiges Weidenröschen

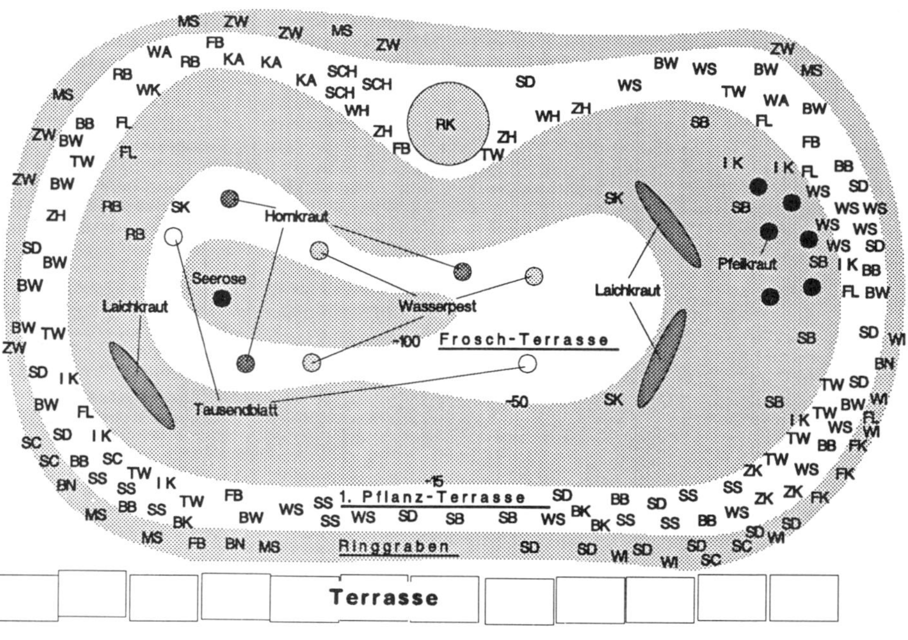

Soll man Tiere einsetzen?

Kaum ist der Teich gefüllt, stellt sich vielen diese Frage.

Daß man bei den Pflanzen nachhilft – das ist klar! Was jedoch macht man mit den Tieren – denn viele stehen unter Naturschutz!

Bleiben wir zunächst bei jenen Tierarten, die bei uns auch in der freien Natur in kleinen Gewässern vorkommen. Schon mit den Wasserpflanzen wird man immer viele dieser Tiere, teilweise auch ihre Eier oder Larvenstadien, in den Gartenteich „einschleppen". Andere stellen sich von selbst ein. Wasserkäfer und Wasserläufer findet man schon wenige Tage nach Einfüllen des Wassers. Gleiches gilt für Rückenschwimmer und verschiedene andere Wasserwanzen. Erwachsene, flugfähige Libellen werden ebenfalls sehr rasch auftauchen, große Arten benötigen aber von der Eiablage bis zum Schlüpfen der fertigen Libelle mehrere Jahre. Wer seinem Teich eine Starthilfe geben will, der kann durchaus einen Eimer Wasser aus einem vergleichbaren Gewässer in den Teich gießen. Darin sind dann so viele Eier und Larvenstadien enthalten, daß die Impfung völlig ausreicht. Es hat allerdings keinen Zweck, in den Teich hochspezialisierte Beutegreifer einzusetzen, wenn noch nicht genügend Nahrung da ist. Der Einzug der Natur in Ihren Teich läßt sich in wichtigen Bereichen nur unwesentlich beschleunigen. Weil aber viele Teichbauer es trotzdem versuchen, hier einige Tips, die wenigstens unnötige Verluste verhindern:

Viele Wasserinsekten leben zwar unter der Wasseroberfläche, sind aber auf den Sauerstoff aus der Luft angewiesen. Sie können diesen nur dann aufnehmen, wenn die Wasseroberfläche einigermaßen unbewegt ist. In einem schwappenden Transportgefäß müssen sie erstik-

Fische können das biologische Gleichgewicht in einem Teich erheblich stören, besonders wenn sie in großer Zahl auftreten. In der Anfangszeit ist der Teich besonders empfindlich. Faustregel daher: Wenn überhaupt Fische eingesetzt werden sollen, dann frühestens nach einem Jahr.

ken! Transportieren Sie Wasserkäfer, Wasserwanzen etc. daher lieber in einer Plastiktüte, in die sie einige Wasserpflanzen gelegt, nicht aber Wasser gefüllt haben.
Auch Wasserflöhe vertragen es nicht, wenn sie in zu großer Zahl zusammengepfercht in einem engen Gefäß transportiert werden. Ihr Sauerstoffbedarf ist dann zu hoch. Zunächst stellt sich indes grundsätzlich die Frage, ob die Tiere das Wasser Ihres Gartenteiches überhaupt vertragen. Jedes Gewässer ist anders, und frisch eingefülltes Leitungswasser führt bei vielen Freiland-Tieren zum tödlichen Schock. Warten Sie daher mindestens eine Woche, bevor Sie eine derartige Aktion starten.
Abgesehen von dem beschriebenen „Impfen“ eines Gewässers sind weitere Aussetzungsaktionen in der Regel aber ziemlich sinnlos. Lediglich Spitzschlamm- und Posthornschnecken sollte man einsetzen, wenn der Algenwuchs zu stark wird. Sie können zwar eine solche Wasserblüte nicht verhindern, sorgen aber zumindest für eine beschleunigte Auskopplung der Nährstoffe aus dem Kreislauf des Teiches.
Ein kritisches Thema ist die Ansiedlung der Amphibien. Grundsätzlich gilt: Das Fangen und Einsetzen von Fröschen, Molchen, Kröten, Unken und Salamandern ist nicht nur fast immer sinnlos, sondern auch fast immer verboten!
Wenn Ihr Gartenteich nicht gerade in einem abgeschlossenen Innenhof liegt, wird er früher oder später ohnehin von den Amphibien entdeckt. Sie wandern kilometerweit umher und haben ein gutes Gespür für Kleingewässer. Als erste werden wahrscheinlich die Grasfrösche Ihr Gewässer entdecken. Sie akzeptieren während der Laichzeit auch sehr kleine Gewässer. Die grünen Teich- und Wasserfrösche hingegen halten sich längerfristig nur an größeren Weihern. Ein Gartenteich muß ihnen genug Nahrung bieten, muß ausreichenden Schutz und Winterquartiere gewähren. Der Frosch hat das bald herausgefunden. Es kann daher durchaus sein, daß er einige Wochen Ihr Gast ist, dann aber wieder verschwindet - auf der Suche nach einem für ihn besseren Gewässer.
Wenn überhaupt, dann hat nur die Umsiedlung von Laich Aussicht auf Erfolg. Auch hier hat der Naturschutz allerdings ein Wörtchen mitzureden. Um Mißbrauch zu verhindern, ist es grundsätzlich verboten, Froschlaich der freien Natur zu entnehmen. Ausnahme: Es ist Gefahr im Verzug. Wenn das Gewässer also auszutrocknen droht, wenn ein Bagger bereitsteht, wenn es bereits halb im Müll erstickt ist, dann gilt eine solche Entnahme als Rettungsmaßnahme. Grundsätzlich muß beachtet werden: Ein gesundes Gewässer dürfen Sie nicht beeinträchtigen, um mit den dort lebenden Tieren Ihren heimischen Gartenteich aufzubessern!
Ein sehr schwieriges Thema ist das Einsetzen der Fische. Die bei uns wildlebenden Arten dürfen nur mit Genehmigung der Fischereiberechtigten, also z.B. des Angelvereins, gefangen werden. Diese wildfarbenen Tiere sind aber für den Gartenteich ungeeignet, da man sie wegen ihrer Tarnung ohnehin kaum sieht.
Es bleiben also die Goldfische, Goldorfen, Kois, Spiegelkarpfen und andere Farbvariationen ursprünglicher Wildtiere. Die bezieht man dann am besten aus dem nächsten Zoofachgeschäft.
Aber auch hier zeigt sich in der Beschränkung der Meister. Lassen Sie Ihren Gartenteich zunächst einmal sein biologisches Gleichgewicht finden. Meist dauert es etwa ein Jahr, bis sich der Nährstoffhaushalt soweit eingependelt hat, daß man einige wenige Fische hinzusetzen kann. Denken Sie daran, daß diese sich schon im Laufe des nächsten Sommers erheblich vermehren können. Aus einigen wenigen Goldfischen werden leicht etliche Dutzend, und dadurch werden die Regenerationskräfte des Gewässers erheblich belastet. Man sollte daher von vornherein ein Fischgewässer durch den Einbau einer Filteranlage unterstützen. Sie saugt die nährstoffhaltigen Trübstoffe ab, verbessert die Sauerstoffversorgung und klärt das Wasser.

Die Bauphasen: Schritt für Schritt

Die leere Grube:
Die erste Pflanzterrasse liegt sehr hoch, am hinteren Ufer schließen sich weitere an (oben links).
Das Einlegen der Folie (oben).
Das Sand-/Lehm-Gemisch auf den Pflanzterrassen, nachdem sich die Folie gesetzt hat (links).

Die richtige Randbefestigung: Es bildet sich ein etwas tiefer liegender Ringgraben (links). Die Ufer sind im Frühjahr noch recht kahl (oben), wachsen jedoch bald zu. Sommer (links unten), Herbst (unten).

Bäche und Wasserfälle

Der Garten wird dadurch viel reizvoller

Das Wasser rauscht über breite Wasserfälle, spritzt über Steine... Sie kennen solche Fotos aus bunten Gartenzeitschriften und vielleicht von einer Bundesgartenschau. Wer so etwas bauen will, sollte sich auf erhebliche Kosten einrichten. Es geht auch billiger und pflegeleichter, denn nicht jeder Bach ist ein tosender Gebirgsbach.

Zunächst einige grundsätzliche Hinweise:

Die Wasserbewegung sieht man nur dort, wo das Wasser, am besten mit Luft vermischt, über Steine sprudelt, oder über kleine Wasserfälle in eine tiefergelegene Staustufe fällt. Je schneller ein solcher Bach fließt, desto stärker ist natürlich der Effekt, desto schneller ist das Wasser allerdings auch unten angekommten. Je schneller es unten ankommt, desto mehr Wasser muß transportiert werden, desto stärker muß die Pumpe sein, um diese gleichbleibende Leistung zu erzeugen.

Die meisten Wassergarten-Freunde wollen keinen rauschenden Gebirgsbach, sondern einen ein leise murmelndes Bächlein. Diesen Effekt kann man mit viel geringerem Aufwand erreichen:

1. Tip: Machen Sie **kein gleichmäßiges Gefälle**, denn dann läuft das Wasser zu schnell. Unterteilen Sie Ihren Bach in mehrere Staustufen. Innerhalb einer Staustufe scheint das Wasser zu stehen, nur wenn es über einen kleinen Wasserfall in die nächstgelegene tiefere Staustufe gelangt, entsteht das Plätschergeräusch, nur dort "sehen Sie etwas von Ihrem Bach".

Tip 2: Wichtig ist die **Wasserfall-Breite**
Zur Bewegung des Wassers brauchen Sie eine Pumpe. Je leistungstärker sie ist,

desto teurer ist sie, desto mehr Energie "frißt sie zwangsläufig".
Neben der Förderhöhe entscheidet also auch die Fördermenge über den Preis. Weil Sie innerhalb der Staustufen keine Wasserbewegung sehen, spielt also lediglich die Breite der Wasserfälle eine Rolle. Für 10 cm Wasserfall-Breite brauchen Sie etwa eine Wassermenge von 10 bis 20 Litern pro Minute. Je breiter Sie den Wasserfall machen, desto stärker muß also auch die Pumpe sein. Empfehlung: Ein plätscherndes Geräusch entsteht bereits bei einer Wassermenge von etwa 30 bis 40 Litern pro Minute. Damit können Sie eine Wasserfall-Breite von etwa 20 bis 25 cm realisieren und haben auch noch eine gewisse Leistungs-Reserve. Etwas stärker fließende Bäche sollte man für 60 bis 80 Liter auslegen - wesentlich mehr bringt mehr Erosion und muß mit erheblichen Sicherheits-Reserven gebaut werden.

Tip 3: Prüfen Sie die **Förderhöhe**
Entscheidend ist der Höhenunterschied zwischen der Quelle und dem Wasserspiegel der unteren Staustufe, also beispielsweise des Teiches, in den das Wasser zurückfließt. Je größer der Höhenunterschied von diesem Wasserspiegel bis zur Quelle ist, desto stärker muß die Pumpe sein.

In vielen Fällen wird der Bachlauf zu steil angelegt. Der Wasserumlauf ist dann zu schnell, es befindet sich zu wenig Wasser im Bach. Am besten führt man das Wasser mit geringerem Gefälle über eine größere Entfernung.

Tip 4: Wählen Sie **die richtige Pumpe**
Es gibt 2 verschiedene Konstruktions-Prinzipien:
Viele Pumpentypen bringen den Druck des üblichen Wasserleitungs-Netzes (4 bis 5 bar), schaffen unter diesen Bedingungen aber nur eine relativ geringe Wassermenge. Um diesen hohen Druck erzeugen zu können, schlucken solche Pumpen oft 400 bis 600 Watt.

Für ein Zehntel dieses Energieeinsatzes bekommt man Pumpen, die nur 1/10 dieses Wasserdruckes aufbauen (was aber für den Normalfall völlig ausreicht). Bei diesem geringen Druck liefern sie sogar noch mehr Wasser - und das bei viel geringeren Betriebskosten. Eine solche Pumpe ist für Sie richtig.

Tip 5: Prüfen Sie die Verteilung der **Wassermengen**
Die größte Wassermenge sollte immer in der unteren Staustufe sein. Sie sollte eine Wasseroberfläche von mindestens 5, besser mehr als 10 m^2 haben. Der Grund: Wenn man die Pumpe anschaltet, wird sie innerhalb einer Viertelstunde etwa einen halben Kubikmeter Wasser aus dieser Stau-

Solch ein Mini-Wasserfall ist durchaus reizvoll und eher zu empfehlen als beispielsweise ein Springbrunnen, dessen Wasser in den Teich prasselt. Abwechslungsreicher wird der Garten allerdings, wenn man das Gefälle des Wassers auf eine längere Strecke verteilt.

stufe entnehmen und in die Quellregion des Baches pumpen. Bei etwa 20 m langen Bächen dauert es oft eine Viertelstunde und mehr, bis das Wasser zur Pumpe zurückgekehrt ist. Das aus dieser unteren Staustufe entnommene Wasser muß in dieser Zeit im Bachlauf-System irgendwie untergebracht werden. Das hat zur Folge, daß die Ufer des Baches mit einer zusätzlichen Sicherheitsreserve von mindestens 5, besser 10 cm gebaut werden sollten, um ein etwaiges Überfließen zu verhindern.

Pumpenleistung und Bachlauf sollten also aufeinander abgestimmt sein. Ich habe Beispiele erlebt, bei denen 5 Kubikmeter Wasser aus einem Teich in ein Bachlaufsystem gepumpt werden mußten, bis der erste Tropfen im Teich wieder ankam. Der war natürlich inzwischen fast leer und sah entsprechend armselig aus.

Tip 6: Prüfen Sie **die Bachlänge**
Mini-Bäche von wenigen Metern Länge bleiben häufig hinter den Erwartungen zurück. Oft kann man auch in kleinen Gärten Bachläufe von mehr als 20 m Länge bauen. Wo er stören würde, kann der Bachlauf ja auch streckenweise unterirdisch durch ein Rohr geführt werden. Auf diese Weise kann man das Wasser in verschiedene Bereiche des Gartens bringen - der Garten wird insgesamt vielfältiger, abwechslungsreicher und interessanter.
Lange Bäche sind übrigens nicht zwangsläufig teurer. Durch die Verzögerung des Wasserabflusses kann man die Pumpe über eine Zeitschaltuhr betreiben, so daß sie immer nur einen beschränkten Zeitraum läuft. Man braucht dann zwar eine stärkere Pumpe, die ist jedoch nicht wesentlich teurer und verbraucht auch nur unwesentlich mehr Energie.

Dieses Beispiel zeigt, wie man den Bachlauf untergliedern kann. Wer mehrere kleine, langgestreckte Mini-Teiche macht und durch kleine Wasserfälle verbindet, der hat mehr von seinem Teich. Dort würden sich dann auch Sumpfpflanzen halten.

Die einzelnen Bachabschnitte kann man über größere Entfernungen führen. So kann man das Wasser auch noch in andere Teile des Gartens bringen.

Weitere interessante Beispiele ab Seite 129.

Brücken und Stege

Bei größeren Anlagen oft erforderlich

Viele Teichbauer entscheiden sich für runde, ovale oder nierenförmige Teiche. Über nur wenige Quadratmeter große Teiche eine Brücke zu bauen, wäre sicherlich eine etwas merkwürdige Idee. Anders ist es aber bei etwas ausgefalleneren Formen, z.B. bei größeren, langgestreckten Teichanlagen. Auch bei der Anlage eines kleinen Baches kann es sich anbieten, eine Staustufe zu überbrücken. Ein einzelnes morsches, wackliges Brett ist ein unnötiges Sicherheitsrisiko. Entscheiden Sie sich lieber für eine stabile Brücke, die, wenn sie teilweise zwischen Wasserpflanzen verborgen ist, einem Garten einen ganz eigenartigen Reiz gibt - gerade weil man sie dort am wenigsten erwartet.

In der Regel werden solche Brücken aus Holz gebaut, weil sie sich besonders harmonisch in den Wassergarten einfügen. Sie müssen dann natürlich entsprechend konserviert werden. Achten Sie darauf, daß das Holzschutzmittel gut eingezogen ist und nicht nachträglich ins Wasser tropft. Da die Brücke auch in späteren Jahren gelegentlich nachbehandelt werden muß, legt man sie am geschicktesten so an, daß sie ohne großen Aufwand demontiert werden kann. Ein Balanceakt über dem Gartenteich mit einem Topf Holzschutzmittel in der Hand - das ist ganz sicher ein unnötiges Risiko.

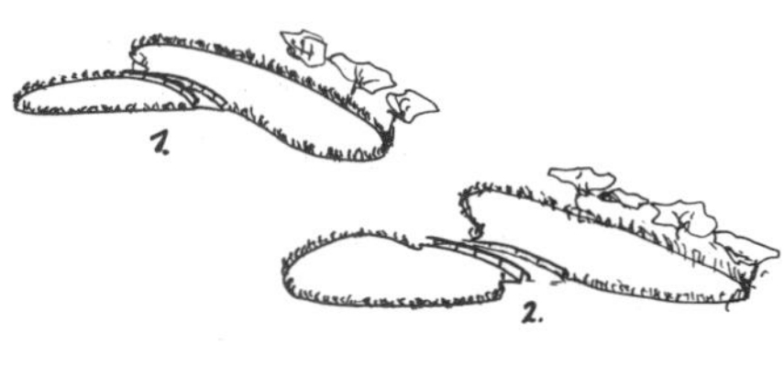

Wenn Sie eine Brücke über einen größeren Teich bauen, sollten Sie darauf achten, daß der Teich nach einer Seite schmaler wird. Nur so können Sie die Brücke entfernen, ohne jedesmal in den Teich steigen zu müssen (1). Wenn der Teich auf beiden Seiten der Brücke breiter wird, muß man zum Auf- und Abbauen der Brücke jedesmal in den Teich (2).

Eine für Folienteiche wenig empfehlenswerte Lösung sind Steinwege. Im Abstand von einem knappen Meter liegen dann größere Findlinge im Teich, über die man von einer Seite zur anderen laufen kann.

Liegt die Steinoberfläche nur wenige Zentimeter über dem Wasserspiegel, so kann ein solcher Spaziergang als unfreiwilliges Bad enden, wenn die Steine durch Algenaufwuchs glitschig geworden sind.

Beachten sollte man auch, daß solche dikken Steine relativ viel Druck auf die Folie bringen. Ein direkter Kontakt sollte also vermieden werden. Ein Sandbett allein ist keine völlig sichere Lösung: Der Sand kann weggespült werden, oder der Stein kann sich tiefer "eingraben", wenn er betreten und bewegt wird.

Die bessere Lösung: Aus einem Folienstück wird ein Kissen gebildet, das mit Sand oder Vlies gefüllt wird: Die Folie wird übereinandergeschlagen, und an den drei noch offenen Seiten verklebt.

Ein Weg aus großen Steinen: Sie sollten nicht direkt auf der Folie liegen, sondern auf Kissen.

Die Feuchtzone

Sie steigert die Vielfalt des Teiches

Neben der Sumpf- oder Röhrichtzone haben wir im Zusammenhang mit der Randbefestigung bereits einen weiteren interessanten Lebensraum kennengelernt, der sich auf der landwärtigen Seite des Röhricht anschließt.
Betrachten wir die Feuchtzone in diesem Kapitel etwas näher: Die auf diesen Bereich spezialisierten Pflanzen können zwar gelegentliche Überflutungen ertragen, am wohlsten fühlen sie sich jedoch dann, wenn ein Teil der Wurzeln wenige Zentimeter über dem Grundwasserspiegel liegt.

Das ist oft eine Frage der Sauerstoff-Versorgung. Der Schlamm ist in einem Gewässer weitgehend sauerstofffrei, die Wurzeln sind jedoch auf Sauerstoff angewiesen. Wenn sie ihn aus dem Boden nicht bekommen können, müssen die darüberliegenden Pflanzenteile die Luft herantransportieren.

Viele Wasser- und Sumpfpflanzen haben solche Luftleitungen bis in die Wurzeln. Die vielen luftgefüllten Röhren in den Stengeln der Seerosenblätter z.B. haben diese Aufgabe. Zusätzlich verschaffen sie den Blättern den Auftrieb, den sie benötigen, um sich überhaupt über die Wasseroberfläche erheben zu können.

Sehr viele attraktive Sumpfpflanzen haben diese Möglichkeit nicht. Sie sind zwar in stärkerem Maße auf einen hohen Grundwasserspiegel angewiesen als die üblichen Landpflanzen, einen ständig hohen Wasserstand vertragen sie allerdings nicht. Für solche Pflanzen

Auf sehr leichten, wasserdurchlässigen Böden muß auch die Feuchtzone durch eine Folie gesichert werden. Sie muß dann jedoch recht tief in den Boden gezogen werden. Die Feuchtzone läßt sich übrigens geschickt mit dem Überlauf für den Teich kombinieren. Die Oberfläche des Bodens der Feuchtzone sollte dafür aber mindestens 5 bis 10 cm tiefer liegen.

Eine 10 m² große Feuchtzone am Teich kann schon als Brutplatz für den Sumpfrohrsänger ausreichen. Die kleinen graubraunen Sänger gehören zu den besten Vogelstimmen-Imitatoren.

bietet sich im Anschluß an den Sumpfpflanzengürtel eine Feuchtzone an. Diese ist allerdings ein nicht ganz leicht zu pflegender Lebensraum. Beim Teich selbst kann man ja sehr gut beobachten, wie der Wasserspiegel durch das verdunstende Wasser im Sommer teilweise um mehrere Millimeter pro Tag absinkt. In der Feuchtzone ist das nicht so einfach zu sehen, da es keine freien Wasserflächen mehr gibt. Andererseits verdunsten aber die dort wachsenden Pflanzen wesentlich mehr Wasser als eine gleichgroße, freie Wasserfläche. Der Grund dafür liegt in der vergleichsweise riesigen Oberfläche der Blätter. Diese sind an ihren Unterseiten überwiegend mit winzigen, sogenannten Spaltöffnungen bedeckt, durch die erhebliche Wassermengen verdunsten können. An einem natürlichen Standort ist Grundwasser in ausreichenden Mengen vorhanden, so daß diese Verdunstungsverluste nicht ins Gewicht fallen.

Unsere Feuchtzone indes ist ebenfalls durch eine Gartenteichfolie gegen unnötige Sickerverluste geschützt. So wie die Folie die Wanderung des Wassers in tiefere Bodenschichten verhindert, tut sie es auch umgekehrt. Trocknet unsere Feuchtzone also während der Urlaubswochen aus, so kann dies leicht zu starken Schädigungen führen, weil ja aus tieferen Zonen noch nicht einmal eine Notration an Wasser nachgeliefert werden kann.

Wer bei der Randbefestigung die Saugsperre einbaut und auf diese Weise eine kleine Feuchtzone in dem sich bildenden Ringgraben schafft, der hat die Kontrolle über den Wasserstand im Teich.

Die Konsequenz daraus: Feuchtzonen brauchen viel mehr Substrat als die Pflanzterrassen des Gartenteiches. Wer den Gartenteich im Sommer auch einmal drei Wochen unbehütet alleinlassen will, der sollte die Schicht mindestens 50, besser 70 cm dick machen. Auch dieser zusätzliche Wasserspeicher sollte aber nicht darüber hinwegtäuschen, daß eine Feuchtzone häufiger begossen werden muß. Ein Tip dazu: Graben Sie ein ca. 5 cm dickes Rohr senkrecht in den Boden ein. So läßt sich der Wasserstand beobachten. Abdecken!

Lohnt sich der Aufwand?

Im Mini-Garten wahrscheinlich nicht – da sollte man lieber den Gartenteich etwas größer machen. In großen Gärten bringt die Feuchtzone jedoch eine wertvolle Ergänzung für den Teich. Viele scheue Tiere wird man in einem schmalen Uferstreifen vergebens suchen. Eine anschließende Feuchtzone gibt ihnen jedoch wegen der Versteckmöglichkeit ein ausreichendes Sicherheitsgefühl, so daß auch sie den Gartenteich besiedeln werden.

Eine besonders wertvolle Bereicherung ist die Feuchtzone schon wegen des dort verwendbaren nährstoffreichen Bodens. Das ergibt ein üppiges Wachstum bei solchen Arten, die es im nährstoffarmen Teich etwas schwer haben.

Aber beachten: Die Oberfläche dieser nährstoffreichen Feuchtzone muß tiefer liegen als die Wasseroberfläche des Teiches. Damit kann man verhindern, daß es bei langen Regenfällen zu einem Rückstau des Wassers in den Teich kommt.

Die Umgebung gestalten

Auch dabei auf große Vielfalt achten

Ein Gartenteich, der völlig isoliert irgendwo auf dem grünen Rasen liegt, hat immer irgendwie den Beigeschmack eines vergessenen Bombentrichters. Denn ein gut gestalteter Gartenteich bildet stets eine Einheit mit seiner Umgebung. Zwei Dinge sind hierbei zu beachten:

Zum einen will man von seinem Gartenteich „etwas haben". Da ist Freund Quax, der Wasserfrosch, der bis auf die Hand kommt, um sich seinen Regenwurm zu holen. Da ist auch der kleine Halbstarke wieder, der neulich die schlüpfende Libellenlarve kurz vor ihrem Start weggeschnappt hat. Ist auch die große blaugrüne Libelle wieder da, die gestern um diese Zeit den Teich besucht hat?

Fast jeder Gartenteichbesitzer hat früher oder später seine speziellen Freunde am Teich. Am leichtesten findet man sie natürlich dann, wenn man häufig in der Nähe ist. Ein oft gewählter Platz für einen Gartenteich liegt daher direkt neben der Terrasse.

Weil man sich häufig dort aufhält, muß der Boden entsprechend befestigt werden. Das kann man mit Natur- oder Kunststeinplatten tun, ein guter „Kom-

Abwechslungsreich sind zwar die Steinverzierungen, nicht jedoch der eigentliche Uferrand. Mehr Natur wäre besser.

promiß" mit der Natur sind jedoch Pflastersteine. Sie befestigen den Weg so, daß man ihn bei jedem Wetter begehen kann und wirken durch das spärliche Grün in ihren Fugen nicht so steril wie ein reiner Steinweg.
Abraten möchte ich von geschotterten Wegen oder Terrassen. Sie werden sicherlich irgendwann einmal den Wunsch haben, sich Ihrem Gartenteich möglichst unauffällig zu nähern, weil dort gerade wieder etwas sehr Interessantes passiert. Ein knirschender Schotterweg hat Sie dann schon nach dem ersten Schritt verraten...

Die Terrasse wird jeder nach seinem eigenen Geschmack einrichten - wie aber ist es mit den angrenzenden Nachbarflächen des Teiches?

Eine geschotterte Terrasse knirscht bei jedem Schritt. Wer sich einmal unauffällig seinem Gartenteich nähern möchte, der sollte lieber Platten, Steinpflaster oder Naturboden vorsehen.

So kann man sich die Sitzecke an einem Teich vorstellen: Man kann das gesamte Gewässer überblicken, dennoch bleiben viele geschützte Winkel erhalten.

Blumenwiese oder Rasen?

Blumenpracht bringt mehr Natur in den Garten

Seit einigen Jahren gibt es einen neuen Trend in Deutschlands Gärten: die Naturgarten-Bewegung. Dadurch sind nicht nur viele neue Gartenteiche entstanden, auch über den vergleichsweise sterilen Rasen hat man sich Gedanken gemacht. Wir erinnern uns: Besonders wichtig für die Stabilität des Naturhaushaltes ist eine möglichst große Vielfalt an Pflanzen und Tieren. Wenn wir unter diesen Gesichtspunkten einen gleichmäßig grünen Rasen betrachten, dann erweist er sich als denkbar ungeeignet. Damit sich dieses sehr künstliche Gebilde überhaupt hält, muß man einerseits kräftig düngen, andererseits aber sofort wieder mit dem Rasenmäher zurechtstutzen.

Die Alternative dazu ist eine bunte Blumenwiese. Der Rasen wird ja nur deshalb zu einer gleichmäßig grünen Fläche, weil alle anderen Pflanzenarten den regelmäßigen Beschnitt nicht überstehen.

Es reicht allerdings nicht aus, einfach den Rasenmäher im Schuppen stehenzulassen. Denn in einer nährstoffreichen Wiese werden die Blumen immer wieder vom Gras überwuchert. Eine Blumenwiese muß deshalb nährstoffarm sein, nur dann können sich die Blumen auf Kosten des Grases durchsetzen. Wer seinen Garten neu anlegt, sollte von vornherein darauf verzichten, die geplante Blumenwiese mit Mutterboden zu versorgen. Am besten

In Teichnähe sollte man anstelle des kurzgeschorenen Rasens eine Blumenwiese wachsen lassen. Es gibt dafür spezielle Saatgutmischungen. Besonders empfehlenswert ist ein nährstoffarmer Boden, dann ist die Vielfalt der Tiere und Pflanzen besonders groß.

entscheidet man sich bei einer Neueinsaat dann gleich für solche Grasmischungen, die speziell für nährstoffarme Böden zusammengestellt worden sind. Auch da hat man inzwischen die Wahl zwischen einer typischen Blumenwiese, die fast kniehoch wird und einem Blumenrasen, in dem sich nur kleinwüchsige Arten finden. Am besten kombiniert man beides. Die höhere Wiese an den Stellen, die man ohnehin fast nie betritt, den niedrigeren Rasen überall dort, wo knöchelhohes Grün nicht stört. Die wichtigsten Verbindungswege im Garten kann man zusätzlich mit dem Rasenmäher kurz halten. Auf bereits vorhandenen Wiesen kann man die Düngung einstellen, durch fortgesetztes Mähen dem Boden aber ständig Nährstoffe entziehen. Bald wird man nur noch ein- bis zweimal pro Jahr mähen müssen, im Laufe des Juni/Juli und im August/September. Die dazwischenliegenden langen Zeitabschnitte geben einer Vielzahl bunter Blumen eine Überlebenschance. Und damit tauchen dann plötzlich die vielen Schmetterlinge und bunten Käfer auf der Blumenwiese auf, auf die Sie bislang im Garten vergebens gewartet haben.

Man braucht ja nicht unbedingt den ganzen Rasen in eine farbenprächtige Blumenwiese umzuwandeln. Die Flächen in der Nähe des Teiches bieten sich dafür aber geradezu an. Neben den entsprechenden Blumenwiesen-Mischungen mit den richtigen Gräsern gibt es im Handel inzwischen auch lediglich die Blumensamen, mit denen man die Entstehung einer Blumenwiese gezielt fördern kann. Sät man ihn im April/Mai aus, so wird man schon wenige Monate später die ersten Blumen vorfinden. Ein weiterer Saattermin ist im August/September.

Verstecke sind sehr wichtig

Besonders für die bedrohten Lurche

Wir haben bereits gehört, daß die Amphibien nicht nur mit Hilfe ihrer Lunge, sondern in großem Umfang auch mit ihrer Haut atmen. Aus diesem Grunde muß sie immer ausreichend feucht sein, so daß viele Arten ihre Aktivität auf die Nachtstunden beschränken. Was aber machen sie während der oft heißen Tagesstunden? Der ganze Lebensraum kann für solche Amphibien traumhaft gut geeignet sein - wenn die Tagesverstecke fehlen, wird er nie besiedelt werden können.

Glücklicherweise kann man da mit einfachen Mitteln helfen: Viele Kröten - im Garten sind es unentbehrliche Schneckenvertilger - ruhen während der Tagesstunden gern unter großen, flachen Steinen. Ich kenne einen Fall, wo ein großer Stein als Türschwelle eines Ausstellungsraumes dient. Täglich treten Hunderte von Menschen darauf, die darunter ruhenden Kreuz- und Wechselkröten stört das nicht.

Neben einzelnen Steinen werden auch Hohlräume unter Wurzeln gern als Tages- und Winterruheplätze angenommen. Am besten legt man einen solchen Ruheplatz in Teichnähe bei einer möglichst natürlich wirkenden Hecke an. Einige Wurzelteller - sie brauchen ja nicht riesengroß zu sein - werden mit Erde und Steinen bedeckt. Die Lurche nehmen solche Hilfestellung dankend an.

Tagsüber sitzen viele Amphibien, wie diese Erdkröte, in einem Versteck, z.B. unter Steinen oder Baumwurzeln.

Kinder am Gartenteich

Die beste Lösung: Ein zusätzlicher Spielteich

Wer kleine Kinder hat, sollte die Anlage von Gartenteichen sehr sorgfältig erwägen. Die in diesem Buch vorgeschlagene Idealform besitzt ja im Anschluß an die Pflanzterrassen recht steil abfallende Ufer. Für Kleinkinder kann dies unter Umständen zur tödlichen Falle werden. Auch wer erst in den nächsten Jahren Nachwuchs erwartet, sollte dies bereits bei der Anlage des Teiches bedenken. Ein Sicherheitsfaktor sind zusätzliche kleine Terrassen, die den Füßen Halt geben, so daß der Hineingefallene wie über eine Treppe wieder aussteigen kann. Mehr Sicherheit bieten auch ausreichend breite Pflanzterrassen. Die wenigsten Kinder springen mitten in einen Teich - sie fallen hinein. Ist dann aber die Sumpfzone überall breit genug, gelangt ein stolperndes Kind gar nicht erst soweit in den Teich, daß es den Grund unter den Füßen verliert. Die besonders gefährdeten Stellen in Terrassennähe müssen dann gegebenenfalls in den ersten Jahren durch einen kleinen Zaun gesichert werden.

Bei aller Vorsicht sollte man aber auch nicht den Fehler begehen, den Teich zur absoluten Tabuzone zu erklären. Damit wird nur Neugier geweckt - und die wird meist dann befriedigt, wenn gerade kein „störender Aufpasser“ in der Nähe ist...

Die beste Lösung ist sicherlich immer noch, den Kindern einen eigenen „Matsch- und Spielteich“ zu bauen. Dafür wird eine Folie ausreichend tief im Boden verlegt, so daß sie nicht durch Schaufeln etc. beschädigt werden kann. Der in diese Grube geschüttete Sand kann dann nach Belieben unter Wasser gesetzt werden. So lassen sich dann wunderschöne Phantasielandschaften bauen, das Kind kann dort Spielzeugschiffe zu Wasser lassen und wird vom eigentlichen Teich abgelenkt.

Macht man seinen Nachwuchs früh genug mit dem nassen Element vertraut, so kann man diese nicht ganz unbedenkliche Zeit auf wenige Jahre verkürzen.

Die Ufer sollten nicht so steil sein, damit Kinder nicht den Halt verlieren.

So wird Ihr Teich kindersicher:

1) Breiter Saugsperre-Graben
Sie brauchen nicht auf Ihren Teich zu verzichten, weil Ihre Kinder noch klein sind. Begnügen Sie sich zunächst mit einer kleineren Wasserfläche und machen Sie dafür die Saugsperre größer. Legen Sie deren Oberfläche so tief, daß dort ebenfalls Wasser steht.
Wenn Ihr Kind stolpert, kann es dann nie in den Teich fallen - immer nur in den Matsch der Saugsperre.
Wenn Ihr Kind größer ist und schwimmen kann, können Sie den Saugsperregraben ausräumen, die Folie hochheben, den Boden unter der Folie abgraben und die Wasseroberfläche größer machen. So kann der Wasserspiegel "mitwachsen" ohne daß Sie eine neue Folie brauchen.

2) Teich einzäunen
Ein Zaun läßt sich für einige Jahre problemlos in die Ufervegetation integrieren. Sie können ihn sogar in den (dann jedoch etwa 40 cm tiefen) Saugsperre-Graben einbauen - er verschwindet dann fast vollständig in der Vegetation.

3) Einbau eines Gitters
Immer wieder wird der Vorschlag unterbreitet, ein Gitter, (z.B. eine verzinkte Baustahlmatte) unter dem Wasserspiegel zu montieren. Bei größeren Teichen gibt es sicher konstruktive Probleme, um ein Durchhängen in der Teichmitte zu verhindern. Hilfreich ist dies sicherlich nur bei leichtgewichtigen Kleinkindern. Achten Sie auf eine geringe Maschenweite.

So sichern Sie den Boden des Spielteiches
Damit die Folie nicht von einer Schaufel oder dergl. durchstoßen wird: Legen Sie ein stabiles Vlies auf die Folie, darüber dann den Sand.
Zusätzlich können Sie auch noch eine Pflasterung auflegen und darauf eine dickere Sandschicht. Auf diese Weise wird auch bei Schulteichen etc. jedes Risiko ausgeschlossen.

Am besten richtet man für Kinder einen kleinen Spielteich ein, der so flach ist, daß nichts passieren kann.

Die Technik am Gartenteich

Wie man Filter und Pumpen installiert

Erinnern Sie sich noch daran, wie sich ein wackliges, biologisches Gleichgewicht notfalls stabilisieren läßt?
Eine Filteranlage saugt den mit Nährstoffen beladenen Bodenmulm an und sorgt durch die leichte Wasserbewegung für einen ständigen Zustrom sauerstoffreichen Wassers. Wer seinen Gartenteich mit zu nährstoffreichem Boden füllt oder wer Fische halten will, der kommt um diese Stabilisierung des biologischen Gleichgewichtes in der Regel nicht herum.

Wie funktioniert solch ein Filter?
Es gibt mehrere unterschiedliche Systeme. Am preiswertesten sind luftbetriebene Filter. Sie besitzen an ihrem unteren Ende eine Schaumstoffpatrone, in die von oben zwei unterschiedlich dicke Kunststoffröhrchen münden. Durch das dünnere wird Luft gepumpt, der entsprechende Überdruck wird durch eine Pumpe erzeugt, die außerhalb des Beckens steht. Die Luft gelangt am unteren Ende in das wassergefüllte größere Röhrchen und perlt in diesem empor. Dadurch wird Wasser mitgezogen, das gemeinsam mit der Luft am oberen Rand des Röhrchens wieder austritt. So entsteht ein stetiger Wasserstrom, die Schwebeteilchen bleiben in der Filterpatrone hängen.
Der Filter besitzt dann eine sehr hohe Wirksamkeit, wenn die Schaumstoffpatrone möglichst tief in Bodennähe angebracht ist. Dadurch entsteht allerdings ein technisches Problem: Es gibt bewährte Luftpumpen-Konstruktionen, die zwar eine hohe Luftleistung haben, jedoch nur einen sehr geringen Druck erzeugen. Sie reichen für die geringen Wasserstände in üblichen Zimmeraquarien völlig aus. Den viel höheren Wasserdruck in einem Gartenteich können solche Pumpen dann allerdings nicht mehr überwinden, die Luft kommt erst gar nicht am unteren Ende des Steigrohres an. Wer die Leistungsdiagramme solcher Luftpumpen nicht kennt, der sollte sicherheitshalber eine speziell für den Gartenteich-Betrieb ausgelegte Luftpumpe wählen.
Beim Einsatz dieses Filtersystems zeigen sich dann aber auch sehr schnell die Grenzen: Die Filterpatrone sitzt oft nicht tief genug im Teich und hat dann nur eine begrenzte Wirkung. Mit zunehmender Verschmutzung der Schaumstoff-Patrone nimmt die Fließgeschwindigkeit des Wassers ab, weil die Leistung der aufsteigenden Luftblasen dann doch zu schwach ist.
Berücksichtigen Sie auch: Die Luft transportiert das Wasser nur wenige Zentimeter über die Wasseroberfläche. Ei-

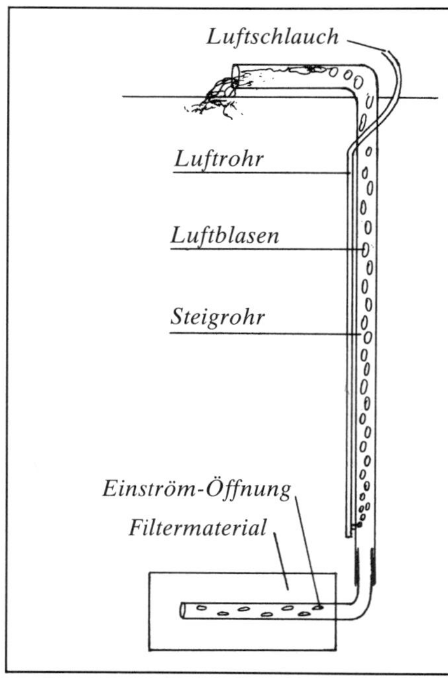

So funktioniert ein luftbetriebener, einfacher Filter: Durch das dünne Röhrchen wird die Luft in die Tiefe gepumpt, durch das dicke Rohr perlt die Luft wieder nach oben und zieht das Wasser nach. Dabei strömt das Wasser durch die Schaumgummi-Patrone, Schmutzstoffe bleiben darin hängen.

nen nennenswerten Effekt hat dieses Verfahren nur in Mini-Teichen von 1-2 m^3 Wasserinhalt.
Wenn die Teiche größer werden, braucht man ein leistungsfähigeres System, das auf einer Kreiselpumpe aufbaut.

Die Unterschiede bei den Pumpen

Wer alle Angebote sorgfältig prüft, wird gewaltige Preisunterschiede feststellen können. Da gibt es Pumpen mit der gleichen Leistungsfähigkeit manchmal schon zum halben Preis. Entscheidend sind aber nicht nur der Preis, sondern auch die Lebensdauer, die Betriebskosten und vor allem: die Sicherheit!

Die Kreiselpumpe
Bei einem früher üblichen Pumpentyp benutzt man sogenannte Simmerringe, um den elektrischen Teil vom Schaufelrad (Förderflügel) für den Wassertransport zu trennen. Durch diesen Simmerring führt die rotierende Achse – und wo sich etwas dreht, da gibt es Verschleiß. Nach durchschnittlich 5.000 Betriebsstunden sitzen die Ringe so locker, daß das Wasser in den Motor eindringt und einen Kurzzschluß verursacht. Andere Dichtungs-Systeme arbeiten mit Ölfüllungen, derzeitiger Stand der Technik sind Spaltrohrmotoren mit Keramiklagern.

Auch solche Pumpen halten nicht ewig, schaffen inzwischen jedoch etwa 30.000 Betriebsstunden. Zum Vergleich: Ein PKW schafft meist nur etwa 1.500 – 2.000 Stunden.

Auch die elektrische Sicherheit ist wesentlich verbessert worden: Der Förderflügel, der das Wasser antreibt, kommt mit den elektrischen Teilen der Pumpe überhaupt nicht mehr in Berührung, sondern wird durch ein rotierendes, elektromagnetisches Feld bewegt. So robust diese Pumpen auch sind: Eines vertragen sie auf keinen Fall: Sie dürfen nicht trockenlaufen. Das Wasser schmiert sie nämlich und das Schaufelrad „frißt sich fest", wenn sich statt Wasser Luft in der Kammer befindet.

Ein sicherer Platz für diese Pumpe liegt daher am besten 50 – 100 cm unter der Wasseroberfläche. Wichtig ist auch, daß sie waagerecht steht. Bei längeren Standzeiten können durch Algen, Faulgase etc. Luftblasen in der Pumpenkammer entstehen, die nur bei waagerechter Lage rasch wieder herausbefördert werden können.
Aus dem gleichen Grunde muß man solche Tauchpumpen auch während der Wintermonate im Wasser lassen. Entweder tief im Teich, weit unter der Eisdecke, oder im Haus in einem wassergefüllten Eimer.

Für die meisten dieser Kreiselpumpen gibt es aber auch spezielle Übergangsstücke für die Trockenaufstellung an Land. Dort ist jedoch besondere Vorsicht geboten: Kreiselpumpen können nur Wasser, nicht jedoch Luft transportieren. Deshalb können sie das Wasser aus dem Teich nicht selbst ansaugen.
Für den Landeinsatz müssen Schlauch und Pumpe daher zunächst einmal ins Wasser gehängt werden und dort so lange laufen, bis Schlauch und Pumpenkammer mit Wasser gefüllt sind. Erst dann läuft das System ohne Probleme. Aber:
Sobald man die Pumpe ausschaltet, läuft der Schlauch wieder leer. Bei einer zufälligen Stromunterbrechung kann die Pumpe daher trockenlaufen
Eine Lösung: Einbau an Land, doch in einem Schacht unterhalb des Teich-Wasserspiegels. Eine hundertprozentige Sicherheit gegen Luftblasenbildung im Schlauch etc. ist aber auch das nicht. Die für die Pumpe beste Lösung ist und bleibt daher der Einbau im Teich.
Alle stromführenden Teile sind so verkapselt, daß kein Wasser hineindringen kann. Auch darin steckt übrigens ein großes Know-how, das gute Pumpen von schlechten unterscheidet – ohne daß man es sehen kann. In der Motorkapsel darf sich nicht die geringste Luftfeuchtigkeit befinden – sie würde sich im kalten Wasser als Kondenswasser niederschlagen, einen Kurzschluß verursachen oder die langfristige Haltbarkeit der Pumpe beeinträchtigen.

Kreiselpumpen sind die preisgünstigste Lösung. Sie transportieren sehr viel Wasser, erzeugen dabei aber nur einen relativ geringen Druck, der zum Beispiel für einen 10 m-hohen Springbrunnen niemals ausreichen würde. Dafür gibt es einen anderen Typ:

Die Kolbenpumpe
Sie fallen zunächst einmal sehr angenehm dadurch auf, daß sie „selbstansaugend" sind, man kann sie also problemlos außerhalb des Teiches montieren. Sie pumpen solange Luft durch den Schlauch, bis das erste Wasser kommt.
Die unangenehmen Eigenschaften dieses Pumpentyps erfährt der Sachkundige mit einem Blick in die technischen Angaben – wer weniger davon versteht, weiß es spätestens nach der nächsten Stromrechnung: Kolbenpumpen sind Energiefresser. Um 50 Liter Wasser pro Minute zu transportieren, schlucken sie 750 Watt (pro Stunde) aus dem Leitungsnetz. Das ist so viel wie 10 – 15 „normale" Glühbirnen. Kreiselpumpen sind mit weniger als 10% dieses Wertes zufrieden. Wo liegt der Unterschied?
Die Kolbenpumpe transportiert relativ wenig Wasser, setzt es jedoch unter einen gewaltigen Druck. Kreiselpumpen schaffen in der Regel nicht mehr als 5 m Höhe, Kolbenpumen das Zehnfache. Wenn Sie also in 50 m Höhe unbedingt Wasser brauchen...

Also: Im Normalfall ist die in den Teich gelegte Kreiselpumpe für Sie die beste, sicherste, billigste und dauerhafteste Lösung.

Die Sicherheit

Da hat man uns jahrelang beigebracht, nicht mit einem Elektrogerät unter dem Arm in die Badwanne zu gehen. Und jetzt soll man Strom in den Teich legen? Da gibt es gewaltige Unterschiede: Bei den Pumpen sind die stromführenden Teile fest verkapselt. Wenn man sie richtig behandelt, kann nichts passieren. Voraussetzung: Die Pumpe muß fachmännisch gebaut sein und das bestätigt die TÜV- oder VDE-Plakette mit dem GS-Zeichen. Vor wenigen Jahren noch gab es Import-Pumpen auf dem Markt, die in dieser Hinsicht eher ein „Elektrischer Stuhl mit Zeitzünder" waren. Seien Sie daher vorsichtig bei irgendwelchen Sonderangeboten. Überprüfen Sie die Geräte auf TÜV- und/oder VDE-Testate. Alles andere kann eine besonders aufwendige Form des Selbstmordes sein.

Wem diese Sicherheit nicht reicht

Dazu ein wenig Theorie: Die beiden Löcher einer Steckdose sehen zwar gleich aus, es gibt zwischen ihnen jedoch einen erheblichen Spannungs-Unterschied, der einem spätestens dann schlagartig klar wird, wenn man die beiden Pole mit den Fingern berührt. Man bekommt dann jenen berüchtigten „elektrischen Schlag", der einen durchaus „ins Jenseits" befördern kann. Das unterscheidet uns von Glühbirnen oder Kreiselpumpen. Die setzen nämlich den Spannungsunterschied zwischen den beiden Polen nicht in ein unkontrolliertes Zukken, sondern in gezielte Arbeit um.
Wenn man die Pole mit den Fingern berührt, fließt der Strom durch den Körper in die Erde. Wenn eine Kreiselpumpe undicht wird und das eindringende Wasser eine direkte Verbindung zwischen den beiden Polen herstellt, dann nimmt der Strom einen anderen Weg: Einer der Pole ist mit einer Erdleitung verbunden, die den plötzlich sinnlos laufenden Kurzschluß-Strom in Ihren Sicherungskasten führt und dort für eine sofortige Unterbrechung sorgt. Das ganze dauert zwar nur Bruchteile einer Sekunde, doch: Wenn man gerade in diesem kurzen Augenblick im Teich die Pumpe anfaßt und wenn dann auch noch gleichzeitig eine bestimmte Phase des Herzschlages abläuft, dann kann man durchaus einen tödlichen Schlag bekommen. Es wurde bei solchen Teichpumpen noch nie berichtet, eine – wenn auch geringe – theoretische Möglichkeit gibt es jedoch.

Aber man kann vorsorgen!

Das Wasser wird ja nie in einem dicken Schwall in den Motorraum einbrechen, es wird zunächst eine höhere Feuchtigkeit geben, harmlose Kriechströme entstehen. Der Sicherungskasten merkt dies nicht, denn er schaltet erst bei einem Fehlerstrom über 0,5 Ampere ab – und das ist etwa das Zehnfache der im ungünstigsten Fall tödlichen Dosis. Wer sicher gehen will, der besorgt sich einen Fehlerstrom-Schutzschalter (FI-Schalter), der die gesamte elektrische Anlage ständig auf winzige, schwache, harmlose Kriechströme überwacht. Mit einem FI-Schalter, der bereits bei 30 mA Stromverlust anspricht, ist man „auf der sicheren Seite". Wer die ca. DM 150,-- für einen solchen Schutzschalter sparen will, der kann auch jeweils die Pumpe abschalten, bevor er in ihrer Nähe im Wasser herumhantiert. Das Wasser verbraucht nämlich einen Teil des im Schadensfall ausfließenden Stromes, in 2 m Entfernung spürt man nur noch ein kurzes Kribbeln in den Fingern. Wenn die Pumpe also tief im Teich liegt, gibt es im Schadensfalle nur einen kleinen Schreck. Wenn man sie grundsätzlich vor der Berührung ausschaltet, kann man sich auch den ersparen.

Grundsätzlich gilt aber: TÜV und VDE sehen die Sicherheit sehr verkniffen, bevor sie ihre Plakette auf die Pumpe kleben. Bei exotischen Importen und Sonderangeboten wäre ich vorsichtig, mit Qualitätspumpen namhafter Hersteller sind Sie immer gut beraten.

Es kann übrigens vorkommen, daß der Fehlerstrom-Schutzschalter ständig den Stromkreis abschaltet – ohne daß die Pumpe irgend einen Schaden hat. Besonders in alten Häusern gibt es nämlich viele „leckende Leitungen", bei denen ständig ein kleiner Teil des Stromes durch undichte Isolierung „im Mauerwerk versickert". Ihre normale Sicherung merkt das nicht, für den FI-Schalter ist dies jedoch bereits ein Alarmsignal. Überprüfen Sie die Pumpe mit dem FI-Schalter dann einmal in einem Neubau. Wenn der Schalter dort nicht reagiert, wissen Sie, daß der Fehler in den Leitungen Ihres Hauses liegt.

Gerade für Altbauten gilt: Die Sicherheit der Pumpe ist nur so gut wie das Leitungsnetz in Ihrem Haus. Überprüfen Sie, ob die Steckdose mit einem dreiadrigen Kabel angeschlossen wurde. Fehlt der gelbgrüne Draht, so sollten Sie den Elektriker rufen – oder Ihr Testament machen.

Mehr Sicherheit bringen Niedrigspannungsanlagen. 24 Volt sind zwar technisch besser zu beherrschen, es bleibt aber auch dann noch ein „Restrisiko". Hundertprozentig sicher sind 12 Volt-Anlagen, die durch die erforderlichen dicken Kabel etc. allerdings recht aufwendig sind.

Wenn schon 12 Volt – dann aber richtig: Es kommt nicht nur auf die Pumpe, sondern auch auf den Transformator an:
Die Standard-Typen können im Störungsfall die komplette Anlage unter hohe Spannung setzen. Deshalb: Ein Sicherheits-Transformator mit vollständig getrennten Wicklungen muß es sein. Das ganze System heißt dann „Schutzkleinspannung", ist zur Zeit noch recht teuer, wird aber irgendwann zum Standard werden.

- Verlangen Sie Marken-Qualität.
- Schalten Sie die Pumpe aus, bevor Sie in der Nähe ins Wasser fassen.
- Achten Sie auf richtige Installation (z.B. Fehlerstrom-Schutzschalter einbauen).
- Fragen Sie ggf. Ihren Elektriker.

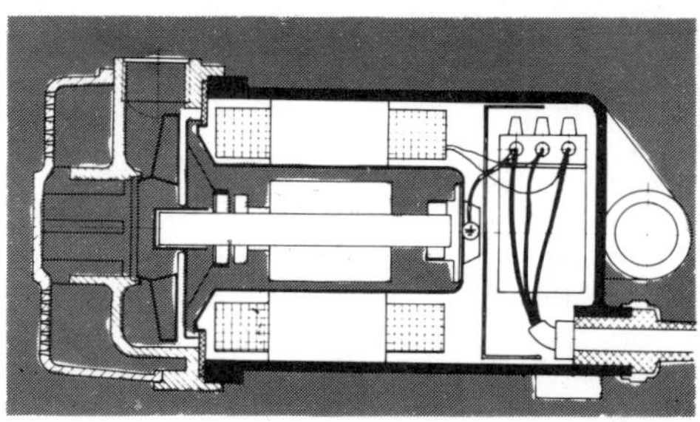

Schnittzeichnung durch eine Kreiselpumpe: Bei diesem »Naßläufer-Motor« können die stromführenden Teile gar nicht in Kontakt kommen, da der Antrieb indirekt durch ein rotierendes Magnetfeld erfolgt.

So entscheiden Sie sich für die richtige Pumpe:

1. Welche Transportentfernung des Wassers muß überbrückt werden?

Dazu muß man wissen: An den Wänden des Schlauches entstehen Reibungskräfte, der Wasserdruck sinkt ab. Je dikker der Schlauch ist, desto geringer sind diese Reibungsverluste. Große Entfernungen sollte man daher immer mit dikken Schläuchen überbrücken – man kann dann eine schwächere (und billigere) Pumpe nehmen, die weniger Energie verbraucht.

Faustregel für Transportentfernungen bis 30 m: Wählen Sie den Druckschlauch, der das Wasser von Ihrer Pumpe zur Quelle transportiert eine „Nummer" größer als den Pumpenausgang. Also: Bei einem 1/2 Zoll-Anschluß sollte der Schlauch 3/4 Zoll dick sein. Die Reihenfolge der „Nummern" (in Zoll = ca. 2,5 cm): 1/2 – 3/4 – 1 – 1,5 – 2

2. Welche Wassermenge?

Die Leistung einer Pumpe wird in Litern pro Minute angegeben. Schätzungen liegen oft daneben, Sie können es jedoch sehr einfach ausprobieren: Nehmen Sie einen Gartenschlauch und normales Leitungswasser und lassen Sie es über Ihre Staustufen oder provisorische Wasserfälle laufen. Durch Variieren des Wasserhahns können Sie die gewünschte Menge festlegen. Lassen Sie die dann in einen 10-Liter-Eimer laufen. Wenn er in 30 Sekunden voll ist, sollte Ihre Pumpe 20 Liter pro Minute transportieren können.

3. Welche Transporthöhe?

Die transportierte Wassermenge hängt von dem zu überwindenden Höhenunterschied ab. Je höher das Wasser gedrückt werden muß, desto weniger kommt oben an.

Für die Leistungsfähigkeit einer Wasserpumpe gibt es ein verläßliches Maß: die Pumpenkennlinie.

4. Welche Anschlüsse?

Man unterscheidet bei den Pumpen einen Saug- und einen Druckschlauch. Im Wasser liegende Kreiselpumpen können natürlich auf den Saugschlauch, durch den das Wasser herantransportiert werden soll, verzichten. An seiner Stelle befindet sich meist ein kleiner Filterkorb, der das Ansaugen von Blättern, Wassertieren etc. verhindert. Der Druckschlauch führt von der Pumpe zur Quelle, zum Springbrunnen, etc.

Je nach Leistungskraft der Pumpe hat dieser Anschluß einen Durchmesser zwischen 0,5 und 1 Zoll. Für den Schlauch braucht man ein entsprechendes Anschlußstück. Wer einen 1/2 Zoll-Ausgang hat, jedoch einen 1-Zoll-Schlauch anschließen will, braucht zusätzlich noch ein sogenanntes Gewinde-Reduzierstück. Spezielle Landanschluß-Stutzen

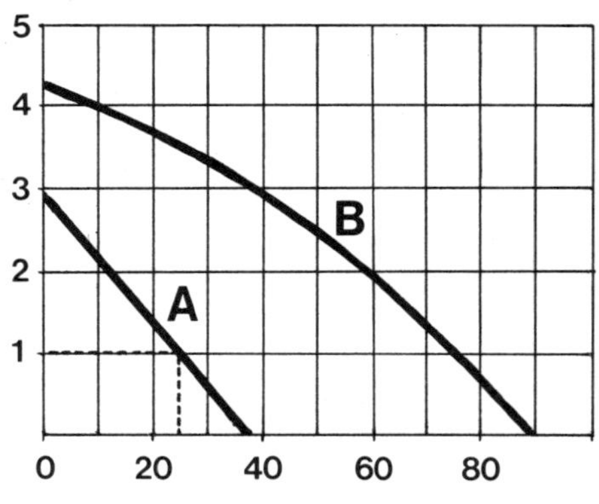

Je größer der Höhenunterschied ist, desto weniger Wasser kann transportiert werden.
Die Pumpe A (untere Linie) schafft beispielsweise knapp 40 Liter, wenn kein Höhenunterschied überwunden zu werden braucht. Theoretisch kann diese Pumpe das Wasser zwar 3 m hoch drücken, doch dann kommen nur noch wenige Tropfen dort an. Bei einem Höhenunterschied von 1 m schafft sie etwa 25 Liter.
Die Kennlinie der Pumpe B ist etwas nach oben gebogen. Sie hat in diesem mittleren Bereich einen relativ höheren Wirkungsgrad. Für die unterschiedlichen Zwecke gibt es also jeweils sehr unterschiedliche Pumpen.

Bei einem Schaumsprudler wird bis zu 70% Luft beigemischt. (Werkfoto: OASE)

gibt es für den Fall, daß die Pumpe nicht im Teich, sondern auf dem Trockenen betrieben werden soll. Damit wird der Saugschlauch angeschlossen.

5. Welche Menge

Durchflußregulierung ist auf verschiedene Weise möglich:
Wenn die Wassermenge zwar stimmt, sie jedoch unter zu starkem Druck aus der Leitung kommt und zu weit spritzt, hilft Ihnen nur ein Schlauch mit einem erweiterten Querschnitt.
Wenn die Wassermenge insgesamt reduziert werden soll, können Sie mechanische und elektrische Durchflußregler verwenden. Im einfachsten Falle kann man eine Klemme verwenden, die den Schlauch zusammenpreßt, darunter leidet jedoch der Schlauch. Sinnvoller sind Durchfluß-Regler mit einer Schraube, die den Querschnitt verringert und die es mit verschiedenen lichten Weiten gibt. Die Pumpe leidet dadurch nicht. Wer den Weg zur Regulierschraube scheut (z.B. weil diese im Wasser liegt und nur schlecht erreichbar ist), der kann auch einen elektrischen Drehzahlsteller wählen, der die Laufgeschwindigkeit der Pumpe steuert.

6. Zeitliche Steuerung

Wer den Bachlauf richtig anlegt und in mehrere Staustufen unterteilt, der braucht die Pumpe nicht ununterbrochen laufen zu lassen. Hilfreich sind Zeitschaltuhren, die man für 20 bis 30 Mark kaufen kann. In der Regel kann man auf eine Viertelstunde genau die Betriebszeit der Pumpe festlegen. Bei sehr warmem Wetter kann es zum Beispiel sinnvoll sein, die Pumpe in den Nachtstunden laufen zu lassen. Nachts ist es kühler und das plätschernde Wasser erwärmt sich nicht so stark.

Der Spring-Brunnen

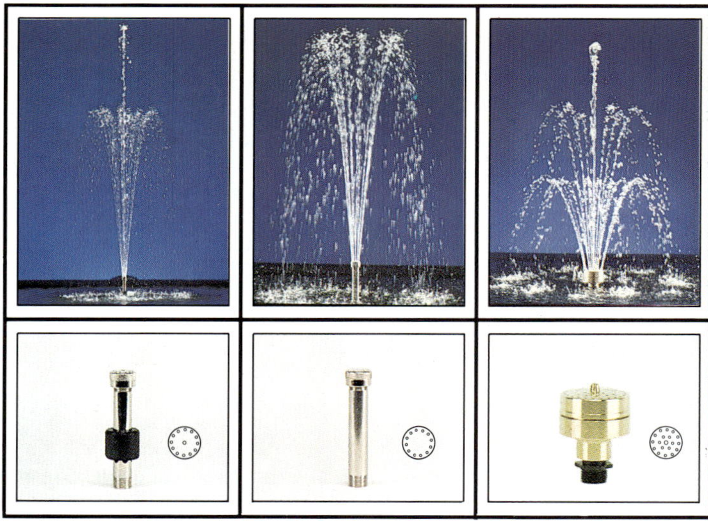

Verschiedene Düsen bilden unterschiedliche Wasserspiele. (siehe auch Seite 106)
(Fotos: OASE)

Wer einen Springbrunnen plant, muß sich an einige Spielregeln halten:
Wenn starke Wasserbewegung direkt im Teich auftritt, haben verschiedene Tiere und Pflanzen Probleme, Seerosen blühen beispielsweise nicht. Darüber hinaus wird der Bodenmulm durch die intensive Wasserbewegung aufgewirbelt, der Teich wird trüb.

Die bessere Lösung:
Legen Sie den Springbrunnen in einem separaten Becken an, führen Sie das Wasser dann über einen Bach mit mehreren Staustufen in den Teich zurück.

In falsch gebauten Springbrunnen kann es zu erheblichen Wasserverlusten kommen, wenn ein zu hoher Strahl durch den Wind über den Rand hinausgeweht wird und das Wasser außerhalb des Beckens versickert. Die Pumpe kann im ungünstigsten Falle sogar trockenlaufen. Die beste Lösung daher: Machen Sie das Springbrunnen-Becken ausreichend groß, der Strahl sollte nicht höher sein als der halbe Beckendurchmesser.

Die Form des sprudelnden Wassers hängt von der Art der Düse ab. Wenn sie sehr kleine Öffnungen hat, sind die Wasserstrahlen sehr fein und relativ hoch. Große Öffnungen bringen kräftige, doch niedrigere Strahlen. Über die Wahl der richtigen Pumpe und Durchflußregler kann man dies nach Belieben steuern. Die erste Entscheidung ist jedoch:

Welche Düse nimmt man?
Der klassische Springbrunnen-Typ ist eine Fontäne, die aus mehreren Dutzend verschiedenen Wasserstrahlen besteht, die das Wasser in unterschiedliche Richtungen abgeben. Zunehmend beliebter werden „Schaumsprudler", die das Wasser mit Luft mischen und eine weiße, sprudelnde Säule bilden. Die Luft-Zumischung kann auf zwei verschiedenen Wegen erfolgen:
Im einfachsten Falle saugt der durch die Düse schießende Wasserstrom die Luft im Bereich der Wasseroberfläche an. Weil diese oft durch Wellen bewegt ist, mal etwas höher oder tiefer liegt, ist die Form dieses Schaumsprudlers sehr unregelmäßig. Wen das stört, der kann eine wasserstands-unabhängige Düse wählen.

Die Kombination

Wer einen kräftigen Bachlauf haben möchte, jedoch nicht das gesamte Was-

ser durch den Springbrunnen schicken will, der kann mit speziellen Abzweigstücken die genaue Wasserverteilung regeln: 30% des Wassers wird dann beispielsweise durch die Fontäne geschickt, der Rest speist direkt den Bach.

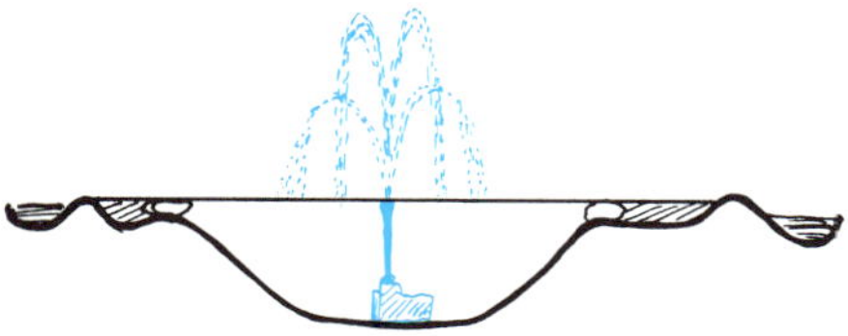

Typische Springbrunnenteiche baut man in der Regel relativ flach. Sichern Sie den Rand der Pflanzeterrasse mit Steinen, damit das Substrat nicht durch den Wellenschlag ausgewaschen wird. Zur Bepflanzung eignet sich besser der umflaufende Ringgraben.

Die Springhöhe sollte den halben Beckendurchmesser nicht übersteigen, das Wasser kann sonst bei Starkwind über den Rand geweht werden.

Der Düsenaufsatz kann meist direkt auf die Pumpe geschraubt werden. Sicherer ist jedoch, die Pumpe etwas tiefer zu stellen und ein Verlängerungs-Zwischenstück einzusetzen.

Der Schlauch

Nehmen Sie nicht „irgendeinen", sondern im Zweifelsfalle einen mit eingezogener Kunststoff-Spirale. Der läßt sich nämlich nicht knicken und zusammenpressen, was bei unterirdischer Verlegung leicht geschehen kann.

Scheinwerfer

Für Naturteiche sind sie sicherlich ungeeignet. Viele Wassertiere orientieren sich nach dem Licht, Fische legen sich beispielsweise auf die Seite, Wasserkäfer finden die Oberfläche nicht mehr. In einem reinen Springbrunnenteich können Unterwasser-Scheinwerfer nett aussehen. Man kann sie mit Farbscheiben oder einem rotierenden Farbwechselspiel kombinieren.

Filtervorsätze

Am Saugschlauch-Anschluß lassen sich bei vielen Pumpen Filtervorsätze befestigen, die das bereits erwähnte Schaumstoff-Gewebe enthalten. Bei manchen Typen lassen sich auch mehrere davon kombinieren, so daß auch größere Teiche sehr wirkungsvoll von Trübstoffen gereinigt werden können.

Hilfe im Winter

Die Natur kommt allein zurecht

Da hat inzwischen fast jeder seine Privatrezepte, wie er Gartenteich und Fische über den Winter bringt. Die einen schwören darauf, daß man die Eisdecke zerschlagen müsse. Die durch das erschütterte Eis auftretenden Schwingungen können aber nicht nur die Folie beschädigen, sie können sogar die Luftblasen der Fische zum Platzen bringen. Also: An der geschlossenen Eisdecke wird nicht herumgehackt! Andere wiederum lassen während der Wintermonate die Luftpumpe arbeiten, leiten die Luft dann allerdings nicht in den Filter, sondern in einen speziellen Ausströmerstein, der viele Luftblasen zur Oberfläche schickt. Das so bewegte Wasser friert dann meist auch in kalten Nächten nicht zu. Aber auch diese Lösung ist ohne Rücksicht auf die Fische und andere Wassertiere erfunden worden. Das kalte Oberflächenwasser gerät dadurch in die Tiefe. Auf diese Weise kann sich sogar Eis am Boden bilden, in einer Schicht also, die normalerweise konstant 4°C warm ist. Daß Fische und Wassertiere das nicht überstehen, wird dann niemanden mehr wundern. Auch der ständige Betrieb des Springbrunnens ist eine völlig unbiologische Lösung, da er die stabile Winterschichtung im Gewässer ebenfalls stört.

Was also soll man während der kalten Jahreszeit tun?

Nichts!

Setzen Sie sich in Ihren Sessel und lesen Sie ein gutes Buch. Die Natur wird bereits seit einigen Milliarden Jahren ohne Sie fertig. Wenn Sie die Spielregeln des biologischen Gleichgewichtes einigermaßen beachtet haben, dann können Sie durch Eingriffe in dieser Jahreszeit eigentlich nur verlieren.

Im Winter ist das Wasser im Gartenteich stabil geschichtet: Unten ist es am wärmsten. Solch ein sprudelnder Springbrunnen bringt diese Schichtung durcheinander, das kann zu schweren Schäden führen. Die beste Lösung: Machen Sie gar nichts!

Sie erinnern sich:
Manche Fische, so z.B. die Kois und Karpfen, können Sie nur in tiefen Gewässern überwintern. Mangelnde Tiefe aber können Sie nicht durch sprudelndes Wasser ausgleichen. In solchen Fällen müssen Sie die Fische dann im Herbst herausfangen und im Keller in einem Aquarium überwintern. Im Teich selbst herrscht um diese Jahreszeit völlige Ruhe. Die Fische atmen nur wenige Male pro Minute, denn sie sind auf genau diese 4°C Wassertemperatur spezialisiert. Wenn Sie diese Lebensbedingungen gravierend ändern, brauchen Sie sich über Schäden nicht zu wundern.
Probleme kann es in dieser Jahreszeit lediglich in sehr nährstoffreichen Gewässern geben.
Durch den herbstlichen Laubfall und absterbende Pflanzenteile ist reichlich verrottungsfähiges Material zum Gewässerboden gelangt. Die Aktivität der Bakterien ist zwar durch die Kälte stark eingeschränkt, dennoch kann es bei Sauerstoffmangel zu Fäulnisbildung kommen. Sumpfgas steigt dann auf und kann wegen der luftdicht schließenden Eisdecke zu Vergiftungen führen. Vielerorts werden zusammengebundene Schilfhalme ins Wasser gesteckt, durch die diese Faulgase abziehen sollen. Ich halte diese Vorsichtsmaßnahmen für übertrieben bzw. wirkungslos. Ein Teich, der während der Wintermonate „umkippt", ist soweit jenseits eines Gleichgewichtes, daß er sicher auch den nächsten Sommer nicht überlebt hätte.
Das alles ist sinnloses Kurieren an Symptomen. Die Probleme eines überdüngten Gewässers und eines übermäßigen Fischbesatzes lassen sich nicht durch einige aus dem Eis ragende Strohhalme beseitigen!

Was tun gegen Schädlinge?

In gesunden Teichen kein Problem

Zunächst einmal: Es ist gar nicht so einfach, die Tierwelt in „nützlich" und „schädlich" zu unterteilen. Nur ein Beispiel dazu: In der Krone eines ungespritzten Apfelbaumes leben etwa 20.000 Tiere. Es sind etwa 1.000 verschiedene Arten, etwa 300 davon leben direkt von dem Apfelbaum, „schädigen" ihn also. 500 weitere indes sind damit beschäftigt, jenen 300 „Schädlingen" nachzustellen, die restlichen 200 nagen an Moosen und Flechten, die auf der Rinde wachsen. Was ist nützlich? Was ist schädlich? Soll man da einfach die Giftspritze hineinhalten und „Freund" und „Feind" gleichermaßen liquidieren?
Nicht ein einzelnes Tierchen, das an einer von uns hochgeschätzten Pflanze knabbert, ist das Problem – sein massenhaftes Auftreten ist es. Die Erfahrung zeigt aber ganz deutlich, daß eine Massenvermehrung nur durch eine sehr starke Störung des biologischen Gleichgewichts möglich wird. Wir haben dies ja bei den Stechmücken bereits kennengelernt.
Im Garten ist es nicht anders. Wo sich Blattläuse reichlich vermehren, da hat man fast immer falsch und zwar zu stickstoffreich gedüngt. Das aufgedunsene, schwammige Gewebe bietet ideale Lebensbedingungen für die Blattläuse. Grundsätzlich gilt: Eine Pflanze ist nicht deshalb krank, weil viele Blattläuse auf ihr sitzen, sondern sie war *zunächst* krank und ist *anschließend* von Blattläusen befallen worden.
Auch für unseren Gartenteich können wir aus diesen Überlegungen die richtigen Konsequenzen ziehen: Wir setzen grundsätzlich nur solche Pflanzen ein, die auf diese Lebensbedingungen spezialisiert sind. Je weiter man sich vom Idealfall entfernt, desto mehr kränkelt die Pflanze, desto anfälliger wird sie gegen Schädlingsbefall. Schilf z.B. wird recht häufig von Blattläusen befallen –

Nicht jeder wird über den Besuch des farbenprächtigen Eisvogels erfreut sein, denn er stellt im Teich den Fischen nach. Dennoch: Dieser „fliegende Edelstein" gehört zu den schönsten Vögeln, die die heimische Natur zu bieten hat. Zudem ist er besonders bedroht. Spendieren Sie dem kleinen Kerl den Fisch, für Ihren Gartenteich ist das eher ein Vorteil...

allerdings nur dann, wenn es auf sehr nährstoffreichem Boden steht. Bei geringem Nährstoffgehalt wächst das Schilf zu gesunden, großen Beständen heran. Werden die Seerosen durch Blattläuse befallen, ist dies oft ein Hinweis auf mangelhaftes, verbrauchtes Substrat. Dort können dann einzelne Nährstoffe fehlen, so daß die Pflanze nicht mehr harmonisch gedüngt ist. Spezielle Wasserpflanzendünger leisten hier rasche Abhilfe. Nach einigen Jahren sollte das Substrat in den Seerosen-Pflanzkörben völlig erneuert werden.

In einigen Büchern werden haarsträubende Vorschläge gemacht, wie man Tieren in Seerosenbeständen mit giftigen Schädlingsbekämpfungsmitteln zu Leibe rücken soll. Tun Sie das nicht! Im Wasser wird die Wirkung dieser Gifte oft erheblich verstärkt. Auch die sogenannten „biologischen Mittel", die aus giftigen Pflanzen gewonnen worden sind (z.B. Pyrethrum, Rotenon etc.), sind außerordentlich fischgiftig, wenn sie in den Teich gelangen. Es kann schon ausreichen, wenn der Wind den Sprühnebel aus einigen Metern Entfernung in den Teich weht. Seien Sie daher sehr vorsichtig bei der Verwendung solcher Mittel! Am besten verzichten Sie ganz darauf, denn es gibt inzwischen so vielfältige Möglichkeiten der biologischen Schädlingsbekämpfung, daß man auf solche massiven Einsätze im Hausgarten gut verzichten kann.

Und wenn dann wirklich einmal die Seerosenblätter angefressen sind - was macht das schon?

Wußten Sie übrigens, daß es oft ein Schmetterling ist, der so etwas tut? Es gibt mehrere Schmetterlingsarten, deren Raupen an der Unterseite der Seerosenblätter leben. Darunter ist sogar ein Schmetterling, dessen Weibchen ständig unter der Wasseroberfläche leben. Sie strecken zur Fortpflanzung lediglich ihren Hinterleib aus dem Wasser und werden dann vom gut flugfähigen Männchen begattet. Seit Tausenden von Jahren haben sich Männchen und Weibchen dieses Schmetterlings nicht mehr gesehen. Dennoch finden sie sich bis auf den heutigen Tag immer wieder - es ist nur eines der zahllosen Wunder der Natur. Gönnen Sie ihnen die paar Seerosenblätter. Jeder Gartenteich hilft, etwas mehr von dieser Wunderwelt der Natur zu erhalten.

Anregungen für Ideen-Sammler

Beispiele für Zier- und Gartenteiche

Sie haben inzwischen, so denke ich, einiges über das teilweise sehr empfindliche biologische Gleichgewicht in einem Gartenteich erfahren. Ich hoffe, daß ich mein Versprechen gehalten habe, und daß Sie nicht den Eindruck hatten, dies alles sei nur blasse Theorie. Sie haben jetzt sicherlich schon aus den vielen Informationen, Fotos und Zeichnungen einige Anregungen für Ihre eigene Gartenteich-Planung entnehmen können. Dennoch möchte ich unseren Spaziergang durch die Welt der Gartenteiche jetzt noch nicht beschließen. Ich möchte Ihnen zeigen, wie verschiedenartig Gestaltungsprobleme gelöst worden sind.
Das Folgende ist nicht nur eine Sammlung von mehr oder weniger aussagekräftigen Fotos, sondern es soll mit weiteren Ratschlägen verknüpft sein. Gerade deshalb möchte ich aber betonen: Wenn ich zu den einzelnen Gartenteichen aus fachlicher Sicht einige Kommentare abgebe, dann hat das überhaupt nichts mit einer Schönheits-Bewertung zu tun. Jeder hat seinen eigenen Geschmack. Jeder hat das Recht, seinen Gartenteich für den schönsten der Welt zu halten.
Als Biologe und Naturwissenschaftler würde ich den einen oder anderen Teich in bestimmten Bereichen manchmal jedoch anders anlegen, weil dies besser für den Teich, einzelne Tiere oder Pflanzen wäre. Das ist dann keine Kritik am Geschmack des jeweiligen Teichbauers, sondern es soll Ihnen helfen, auf bestimmte, immer wieder auftauchende Probleme genauer zu achten. Denn das ist ja Zielsetzung dieses Buches: Ihnen die Möglichkeit zu geben, aus den Erfahrungen anderer zu lernen.
Dieses Buch ist also keine Schiedsstelle für guten oder schlechten Geschmack. Sie können bauen was Sie wollen – nur funktionieren sollte es...

Gartenteich an der Terrasse

Ein wassergefülltes Gefäß

Ist es noch ein Aquarium oder schon ein kleiner Teich? Es gibt unendlich viele Formen wasserdichter Gefäße und eine entsprechend große Zahl an Möglichkeiten, diese auf einer Terrasse aufzustellen. Man kann Tröge aus Natur- oder Kunststein herstellen, man kann ein Holz-, Plastik- oder Eisenfaß verwenden, notfalls tut es auch eine ausrangierte Badewanne.
Grundsätzlich gilt ja für unsere Gartenteiche, daß sie umso mehr Aufmerksamkeit und Pflege benötigen, je kleiner sie sind. Ein sicherlich nicht billiges

Noch ein Aquarium oder schon ein Teich? Eine langfristig sichere Lösung sind solche Gefäße nicht.

Steingefäß wie auf nebenstehendem Foto, muß auf jeden Fall noch vor dem ersten Frost entleert werden, damit es nicht durch das Eis auseinandergebrochen wird. Unbedingt zu empfehlen ist das Einsetzen von Wasserpflanzen und ein bis zwei Goldfischen, damit aus dem Mini-Teich kein Stechmücken-Brutplatz wird. Dann kommt aber gleich schon das nächste Problem. Da die Sonnenstrahlen bei uns nicht senkrecht einfallen, werfen die Wände soviel Schatten, daß die sauerstoffspendenden Unterwasserpflanzen Probleme bekommen werden. Sie brauchen nämlich mehr Sonnenlicht als etwa tropische Unterwasserpflanzen, die in dem oft schwarzbraunen Wasser der Tropen an weniger Licht gewöhnt sind als heimische Pflanzen aus unseren klaren Gewässern. Das Wasser in solchen kleinen Gefäßen kann sich darüber hinaus während des Sommers stärker erwärmen, da ja auch die Seitenwände von der Sonne beschienen werden. Eine relative pflegeintensive Lösung also, weit entfernt von einem natürlichen Gleichgewicht.

Der große Springbrunnen-Teich

Eingebettet in die Terrasse, in unmittelbarer Nähe des Hauses, liegt ein etwa $2m^2$ großer, mit einem Springbrunnen versehener Teich. Der Teich ist streng auf seine Funktion ausgerichtet: Dort soll Wasser plätschern - mehr nicht. Dementsprechend sucht man vergeblich nach Sumpf- und Wasserpflanzen- die meisten würden sich bei diesen „Wechselbädern“ auch gar nicht halten.

Der Kommentar des Biologen: Aus diesem Teich ließe sich mehr machen.
Es muß ja nicht immer eine meterhohe Springbrunnen-Fontäne sein, ein niedrigerer Wasserstrahl bringt den gleichen angenehmen Plätscher-Effekt. Auch ein so kleines Becken kann man dann reichhaltiger bepflanzen.
Die Terrasse selbst wird grüner, lebendiger.

Solch ein Springbrunnen-Teich ist eine letztlich unbefriedigende Lösung. Ein Verzicht auf Pflanzen ist eigentlich nicht erforderlich.

Der kleine Springbrunnen-Teich

Dieses Beispiel zeigt, daß es kein großer Springbrunnen zu sein braucht, daß notfalls auch eine kleine Grundfläche ausreicht. Es muß ja nicht immer ein prasselnder, aus mehreren Metern Höhe herabstürzender Wasserstrahl sein. Solch ein „Sprudelstein" wirkt viel beruhigender und natürlicher. Hier halten sich dann auch bereits verschiedene Sumpfpflanzen.

Dieses Beispiel zeigt, wie es auch geht: Die Fontäne ist nicht so hoch, aus der kleineren Grundfläche wurde „mehr gemacht".

Terrassenteiche

Deutlich mehr Gestaltungsspielraum gewinnt man, wenn die Teichfläche größer wird. Dieser kleine Teich hat bereits eine Grundfläche von etwa 15 m^2. Auch er liegt im Hof eines Reihen-Einfamilienhauses. Im vorderen Teil schließt er an die Terrasse an, im hinteren Bereich liegt die Grundstücksgrenze, die reichlich mit Büschen und Stauden bepflanzt ist. Auch ein halbierter Baumstamm als zusätzliche Sitzecke findet sich dort. An der Terrassenseite wird der Teich durch Waschbeton-Platten begrenzt. Oft entsteht dabei ein „Schwimmbad-Effekt", also eine kahle, schnurgerade ausgerichtete Plattenreihe. Solche ge-

Dieser Terrassen-Teich ist sehr vielfältig bepflanzt. Durch das Verschachteln der Waschbeton-Platten wurde die unnatürlich wirkende, schnurgerade Ausrichtung des Ufers verhindert.

Auch diese Terrasse wird durch den Teich entscheidend bestimmt: Hier hat man sich auf der Terrassen-Seite für eine gerade Begrenzung mit Waschbeton-Platten entschieden. Vorsicht ist bei einer solchen Konstruktion in all den Fällen geboten, in denen die Kinder zu Besuch kommen oder gar im Hause wohnen. Das steile Ufer ist dann ein echtes Risiko – und wer weiß schon, welche Besucher in den nächsten Jahren auftauchen werden.
Ein flacher abfallendes Ufer ist aus Sicherheitsgründen eher zu empfehlen.

raden Linien sind der Natur indes fremd. Der Erbauer dieses Teiches hat dem auf recht geschickte Weise Rechnung getragen. Die Platten sind nicht gerade ausgerichtet, sondern gegeneinander versetzt. Zusätzlich wird zwischen den Fugen aufkommender Pflanzenwuchs geduldet, der den Plattenrand weiter auflockert. Beachten Sie bitte auch die dekorative Farnpflanze. Man kann damit gerade im ersten Jahr leicht einige noch spärlich bepflanzten Stellen auffüllen. Wurm- und Frauenfarn ist in feuchten Wäldern überall zu finden.
Beste Pflanzzeit ist Mitte März.

Hier sieht man, welchen zusätzlichen Spielraum man gewinnt, wenn der Teich etwas größer wird. Der Springbrunnen liegt zweckmäßigerweise in einer Ecke des Beckens, dort stört er nicht so sehr.

Dies ist ein Beispiel, wie es selbst auf der kleinsten Reihenhaus-Terrasse realisierbar ist. Der gesamte Teich ist gerade 2 m^2 groß – eine überall gut entbehrliche Fläche. Auch in diesem kleinen Teich befindet sich ein Springbrunnen. Hier hat man jedoch eine sehr niedrige, höchstens kniehoch sprudelnde Version gewählt, um in den Teich nicht zu gravierend einzugreifen. Problematisch ist ja bei vielen Wasserspielen die dadurch auftretende, intensive Strömung. In dieser Hinsicht ist der kleine Terrassenteich eine vorbildliche Lösung. Wenn man auf das Wasserspiel nicht verzichten will, sollte man es zumindest in eine Ecke des Teiches bringen, damit es an der gegenüberliegenden Ecke relativ ruhiges Wasser gibt. Ein in der Mitte liegender Springbrunnen „stört" überall gleichermaßen.

In Terrassennähe legt man am besten nur eine einzige, relativ schmale Pflanzterrasse an, an die sich der Hang zur Teichmitte anschließt. Dort hält sich dann nur ein schmaler Vegetationsrand – der Blick auf den Teich bleibt frei.

Bei der Bepflanzung hat man der Natur weitgehend „ihren" Willen gelassen. Hier sind es in erster Linie einheimische Pflanzen, die die reizvolle Kulisse bilden. Gerade die Pflanzenvielfalt macht diese kleine Sitzecke am Teich so reizvoll.
Eine solche Lösung bietet sich besonders für die hausnahe Grundstücksbegrenzung von Reihenhäusern an. Achten Sie darauf, daß zwischen Teich, Grundstücksgrenze und Haus jeweils ein ausreichend großer Pflanzraum von mindestens einem halben Meter erhalten bleibt.
Einige dort ausgelegte größere Steinplatten ermöglichen Ihnen den Zutritt für Pflegemaßnahmen.

Der Balkenteich am Hang

Auf ebenen Grundstücken wird es in der Regel nicht erforderlich sein, Hänge durch Holzbalken etc. abzufangen. Wer sehr mineralischen Boden hat (Sand), der kann einen Ring aus Pfählen bauen, der mit diesem Sand angefüllt wird. Der Teichrand liegt dann nicht mehr zu ebenere Erde sondern 1m hoch über dem Boden. Wichtig ist, daß solch ein Boden gut verdichtet wird. Er besteht ja zu etwa 50% aus Luft, die durch den Wasserdruck im Laufe der Zeit herausgepreßt wird. Enthält er zusätzlich noch viele organische Bestandteile, so kann der Boden um etliche weitere Zentimeter zusammensacken. Wirkungsvoller als eine mechanische Verdichtung ist das Einschlämmen.

Das für einen solchen Teich benutzte Holz muß gut konserviert sein. Es wird faulen, wenn es direkt mit dem Boden in Kontakt kommt. Sinnvoll ist daher, den direkten Bodenkontakt durch ein zwischengelegtes Stück Teichfolie zu vermeiden. Querleisten oder spezielle Noppen-Folie sorgen für Belüftungsmöglichkeit des Holzes. Wichtig ist bei solchen Lösungen, daß die Balken gut im Boden sitzen. Zusätzlich kann man sie von innen noch mit Flacheisen verschrauben, damit sich nicht ein einzelner aus der Verankerung lösen kann. Wichtig ist auch, daß die eigentliche Teichfolie keinen direkten Kontakt mit den imprägnierten Hölzern bekommt. Es ist möglich, sogar wahrscheinlich, daß sich die Folie nicht mit dem Holzschutzmittel verträgt.

Geeignet sind – je nach Teichgröße – Rundhölzer, alte Eisenbahnschwellen etc. Ein auf diese Weise etwas erhöht liegender Teich hat den Vorteil, daß der Beobachter fast auf der Höhe des Wasserspiegels steht, den Frosch also aus der Froschperspektive sieht – und das ist nicht immer die Schlechteste!

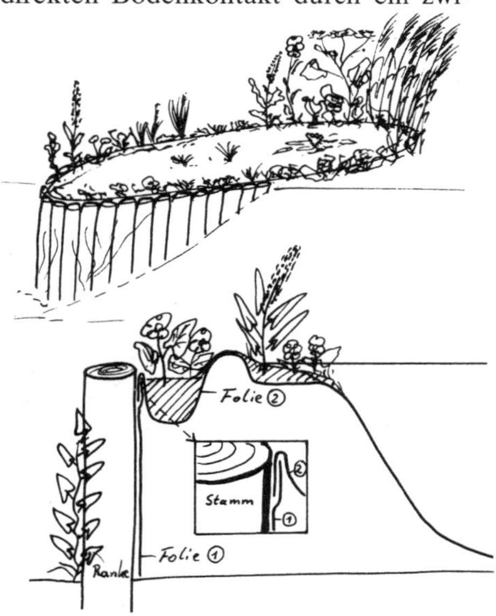

Eine platz- und arbeitssparende Lösung: Der Teich wird aus einem Hang herausgebaut, der Boden wird durch Rundhölzer abgefangen. Auf diese Weise kann auch der Erdaushub Verwendung finden.
So kann man auch Teiche auf sehr steinigen Böden bauen: Die benötigte Wassertiefe erreicht man durch Erhöhung des Ufers.

Hier liegt der Teich am Fuß eines Hanges, der mit Rundhölzern abgefangen wurde. Wichtig ist dabei eine gute Verankerung im Boden. Sickerwasser darf nicht in den Teich laufen.

Der Teich an der Mauer

Dieses Problem taucht häufiger auf, wenn ein Teich direkten Anschluß an eine Terrasse, Hauswand etc. hat. In dem Zusammenhang stellt sich dann immer die Frage, wie die Folie an den Steinwänden befestigt werden kann. Es gibt dafür im Handel diverse Kleber. Bei manchen hält die Klebung sicherlich jahrelang, bei anderen wird man oft enttäuscht sein. Ich persönlich ziehe eine mechanische Verbindung vor: Die Folie wird mehrfach um eine Aluminiumschiene gewickelt, und dann mit Schraube, Unterlegscheibe und Dübel an der Wand befestigt. Mit einer solchen Befestigung ist man immer „auf der sicheren Seite".

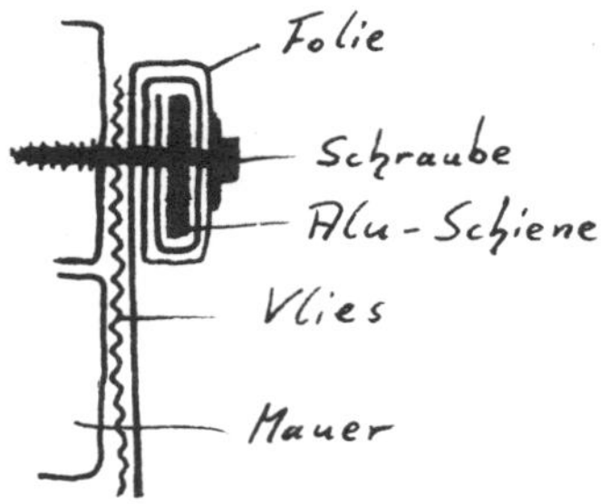

Besonders wirkungsvoll ist der Teich, wenn er direkt unterhalb eines steiler ansteigenden Grundstückes angelegt wird. Das kann auch auf flachen Grundstücken bei größeren Teichen vorkommen. Dort fällt dann soviel Erdaushub an, daß künstliche Hügel im Garten entstehen. Solchen Erdaushub kann man natürlich als geraden Wall anlegen. Ein abwechslungsreiches Bild erhält man jedoch, wenn man kleine Buchten und Halbinseln schafft, so daß sich der Teich mehr an den Hang anschmiegt. Steile Stellen braucht man nicht immer mit Mauern abzusichern, Holzpfähle, ein sehr natürlicher Baustoff, können diese Aufgabe ebenfalls für viele Jahre übernehmen.

Oft bietet die Hanglage geradezu an, mehrere Gartenteiche in unterschiedlichen Höhen zu bauen. Mit einer Umwälzpumpe kann man auch eine kleine Quelle anlegen. Das Plätschern eines kleinen Bächleins wirkt auf die Dauer beruhigender, als das prasselnde Wasser eines höheren Wasserfalles. Die Erosionskräfte des Wassers bleiben dadurch auch besser beherrschbar.

Eine naturnahe Lösung mit unterschiedlich großen Steinen wirkt meist gefälliger als eine Mauer, die in einer intensiv begrünten Natur eher als Fremdkörper erscheint. Falls es aus statischen

Muß ein Hang mit Hilfe einer Mauer aufgefangen werden, so läßt sich davor durchaus ein attraktiver Teich anlegen.

Sehr viel natürlicher wirkt es indes, wenn der Hang mit Hilfe größerer Steine abgefangen wird. Auch in diesem Falle kann man das mit einem kleinen Wasserfall verbinden.

Gründen erforderlich ist, kann man durchaus eine stabile Betonmauer ziehen, diese aber hinter einer Natursteinmauer verbergen. Oft wird das allerdings zu einem Platzproblem. Man kann Teiche aber auch sehr nahe an feste Mauern heranführen. Man kann diese dann z.B. mit Efeu beranken lassen.

Ein integrierter kleiner Springbrunnen kann das Bild der starren Mauer ebenfalls erheblich auflockern.

Mit Beton und Natursteinen kann man einen natürlich wirkenden Quellbach bauen.

Teiche am Rand des Grundstücks

Wer seinen Teich nicht irgendwo am Rand, sondern mitten auf dem Grundstück anlegen will, der sollte dies sorgfältig überdenken. Ein zentralgelegener Teich kann zwar außerordentlich dekorativ sein, für die weitere Gartenplanung setzt er aber möglicherweise einen unerwünschten Schwerpunkt. Vielleicht will man irgendwann einmal neue oder andere Obstbäume pflanzen, und dann gibt es Probleme, weil dadurch der Teich zu stark beschattet wird oder das Laub hineinfällt. Wer daher im Garten solche doch recht unverrückbaren Tatsachen schafft, der sollte sich zunächst einige Gedanken über die gesamte Gartenplanung machen. Dem Teich bekommt es z.B. wesentlich besser, wenn er etwas abseits hinter einer Wiese liegt. Dann werden auch nicht ständig soviel nährstoffreiche Bodenteilchen eingeweht. Die Gemüsebeete sind ja im Gegensatz zur Wiese nur zum geringen Teil durch Vegetation bedeckt.
In der Regel wird man den Gartenteich also am Grundstücksrand anlegen. Klären Sie am besten vorher mit Ihrem Nachbarn, ob diesem das recht ist. Wenn er beispielsweise plant, dort in Kürze einen laub- und schattenwerfenden Baum zu pflanzen, dann stellt das den Erfolg der ganzen Teichanlage in Frage.

Mehr oder weniger gut geeignete Stellen für den Gartenteich

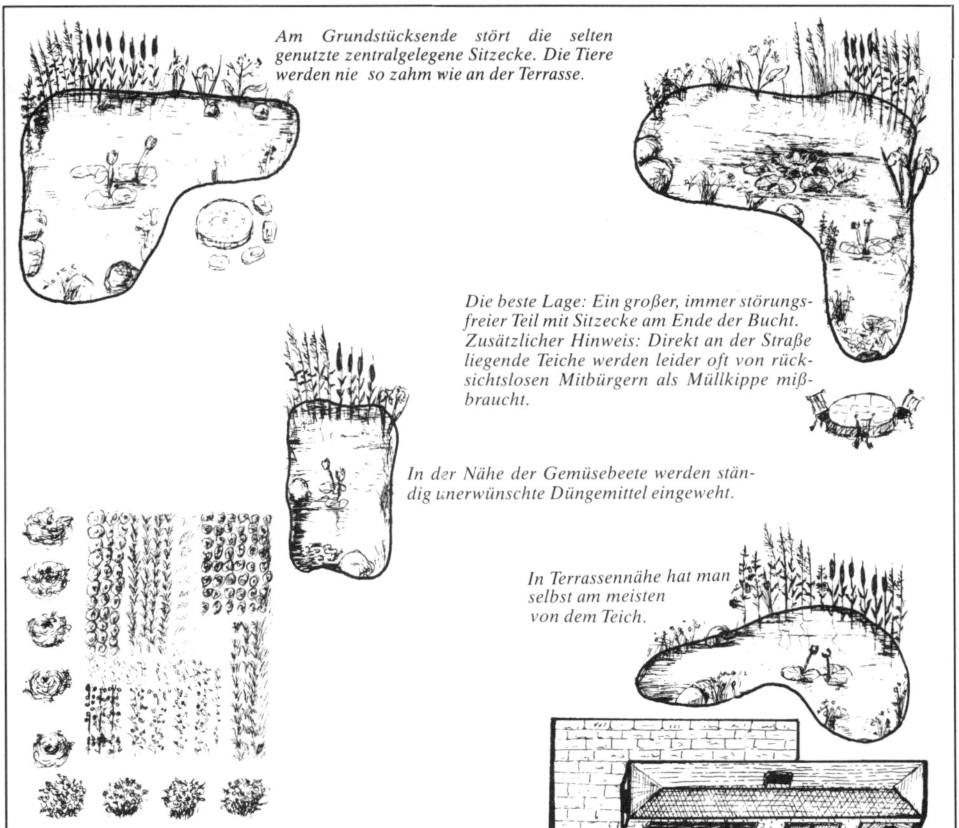

Bei diesem Teich ist der Platz für die Natur auf einen knappen Quadratmeter beschränkt. Ein interessantes Experiment ist der Baum, dessen herabrieselnde Nadeln jedoch das Wasser ansäuern können. Er selbst kämpft auch ums Überleben, wie die kranken Zweigspitzen zeigen.

Die Planung der Wege

Viele Teiche sind mit Steinplatten umgeben, manche liegen sogar in einer mit Stein und Beton versiegelten Umgebung.

Warum eigentlich? Niemand rennt ständig so hektisch um seinen Teich, daß er einen gepflasterten Boden braucht. Der Preis dafür ist hoch: Eine natürliche Ufervegetation hat praktisch keine Chance.

Muß man eigentlich vorbeugend jeden Quadratmeter pflastern, den man irgendwann einmal betreten möchte? Man kann auch um den Teich gehen ohne vorher den Zivilisations-Teppich aus Asphalt und Beton auszurollen. Möchten Sie dort Frosch sein? Die Natur ist nett zu Ihnen. Geben Sie ihr zumindest ein paar Meter Uferlänge zurück. Es tut Ihnen nicht weh!

1

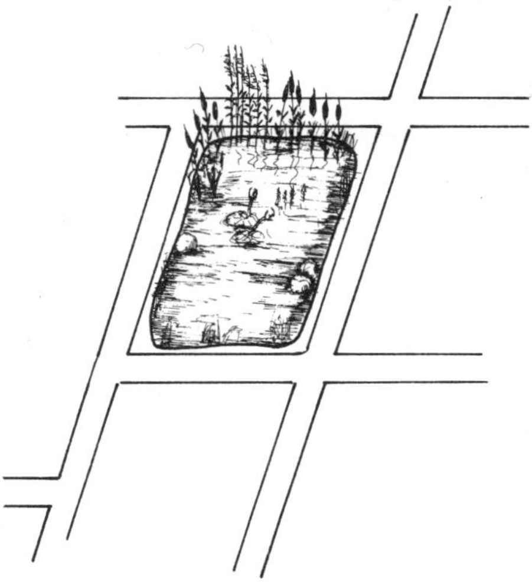

Die schlechteste Lösung:
Der Teich wird überall durch Wege begrenzt.

2

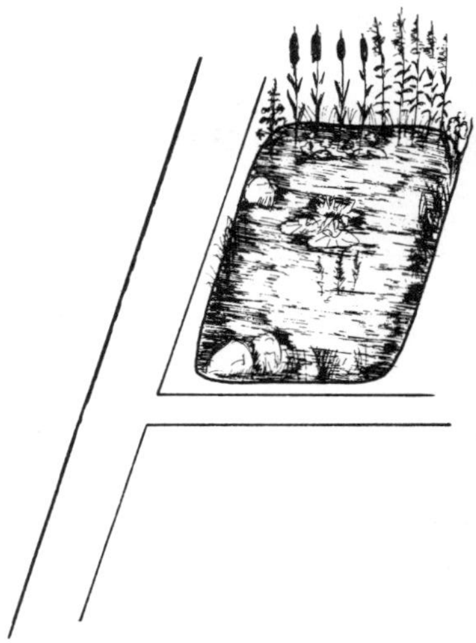

Die bessere Lösung:
Zwei Seiten des Teiches bleiben störungsfrei.

3

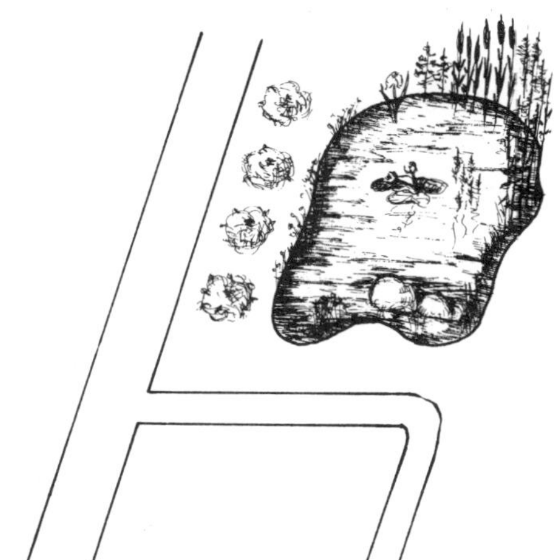

Noch besser:
Ein Gebüschstreifen schützt auch die dritte Seite.

4

Am besten:
Nur ein Stichweg führt zum Teich.

Dieser Teich ist von einem unterschiedlich breiten Vegetationsgürtel umgeben. Am Grundstücksrand kann man solch große Teiche besser anlegen als in der Mitte des Gartens.

Der Teich am Grundstücksrand

In vielen Fällen richten sich die Hausbesitzer an einer entfernten Ecke des Grundstückes eine zusätzliche Sitzecke ein. Man nimmt die Unbequemlichkeit in Kauf, bis dorthin Kaffee und Kuchen zu schleppen - Hauptsache man sitzt im Grünen. Häufig wird der Gartenteich ebenfalls in diesem entlegenen Winkel des Grundstückes angelegt. Mehrere Modelle solcher Teiche möchte ich Ihnen auf den folgenden Seiten vorstellen:
Da ist zunächst einmal die übliche runde oder annähernd quadratische Grundform des Teiches. Sie hat durchaus Vorteile. Die in der Mitte sitzenden Frösche sind dann immer weit vom Ufer entfernt und „außer Reichweite". Das gibt ihnen ein Gefühl der Sicherheit, und so hören wir ihre Konzerte auch regelmäßig während der Tagesstunden. Der hier abgebildete Gartenteich ist vorbildlich gestaltet. Er besitzt einen fast vollständig geschlossenen Gürtel hoher Vegetation, der praktisch überall einen halben Meter breit ist.
Eine Ausnahme bildet nur die Lücke vor der kleinen Laube im Hintergrund. Von dort aus kann man den gesamten Teich überblicken, ohne zu stören.

Der langgestreckte Teich

Häufig wird von der runden oder ovalen Grundform eines Teiches abgewichen, um eine langgestreckte Anlage zu bauen. Dies bietet sich vor allem in solchen Gärten an, die bereits zu einem erheblichen Teil verplant sind. Man hat gar nicht mehr soviel Platz, um eine große Wasserfläche unterzubringen. Ein langgestreckter Teich kann dann eine durchaus attraktive Lösung sein.

Man kann damit z. B. auch den Schattenwurf von Bäumen umgehen - ohne damit gleich einen schmalen, vielfach gewundenen Bach zu bauen, das wäre kein Ersatz für einen Gartenteich. Eine Breite von 1,5 m sollte nur im Ausnahmefall unterschritten werden.
Wenn das Gewässer relativ schmal, also nur etwa 2 m breit ist, dann ist aus der Sicht der Natur der beste Platz für eine Sitzecke an einem Ende des Teiches. Man braucht sich übrigens nicht für eine efeuumrankte Laube zu entscheiden. Der Tierwelt am Teich ist es ziemlich gleichgültig, ob Sie ein tarnfarbig grünes oder knallrotes Sonnensegel aufspannen. Nett von Ihnen wäre jedoch, wenn Sie es nicht ständig auf- und abbauen würden. Der ständige Wechsel stört - nicht eine Situation, die als gefahrlos erkannt wurde.

Links: 1-2 Jahre lang sind die Ufer noch nicht optimal bewachsen, die Anlage sieht noch sehr nach Baustelle aus. Ohne Bepflanzung würde die Begrünung auf sandigem Boden 3 - 5 Jahre dauern. Unter Wasser haben sich bereits große Pflanzenbestände gebildet, der Teich ist klar.
Oben: Die Vegetation ist geschlossen. Diesen Stand hält der Teich jetzt über viele Jahre.

Die Teichfolien werden meist in einer Breite von 2 m geliefert. Die Hersteller sind durchaus bereit, sie oft ohne nennenswerte Mehrkosten auf Maß zuzuschweißen. Bei langgestreckten Teichen ist es empfehlenswert, die Breite so festzulegen, daß sie ein Mehrfaches der Rollenbreite beträgt, also 4, 6 oder 8 Meter. Damit vermeidet man unliebsamen Verschnitt. Die Folien können andererseits aber auch versetzt aneinandergeschweißt werden. So kann man ohne Probleme L-, T- oder Z-förmige Folien herstellen. Damit lassen sich dann sehr interessante Folienteiche realisieren. Achten Sie jedoch darauf, daß die geringe Breite nicht dazu führt, daß an der Ausdehnung der Tiefenzone gespart wird. So können Sie beispielsweise auch eine größere Teichfläche

Wer sehr große Teiche anlegen will, der ist auf Quellschweißmittel angewiesen. Mehr als 500 m² sind meist nicht in einem Stück zu fertigen und zu transportieren. Die Segmente müssen dann vor Ort zusammengeschweißt werden.

mit einer tiefen Bucht verbinden. Unsere Zeichnungen zeigen, wie es gemacht wird, und welche Formen man auf diese Weise herstellen kann.
Damit das Zusammenschweißen der Folie aber nicht zum Lotteriespiel wird, sollten Sie in all den Fällen, in denen die Folie von der rechteckigen oder quadratischen Grundform abweicht, eine genaue Zeichnung mitliefern. Dort sollte dann genau vermerkt sein, wie lang die einzelnen Seiten werden müssen.
Beachten Sie aber, daß Ihnen die Händler in der Regel nur rechtwinklige Kanten anbieten können. Falls Sie z.B. an einer Ecke beschneiden wollen, können Sie die Abschnitte ja für eventuelle Reparaturen zur Seite legen.

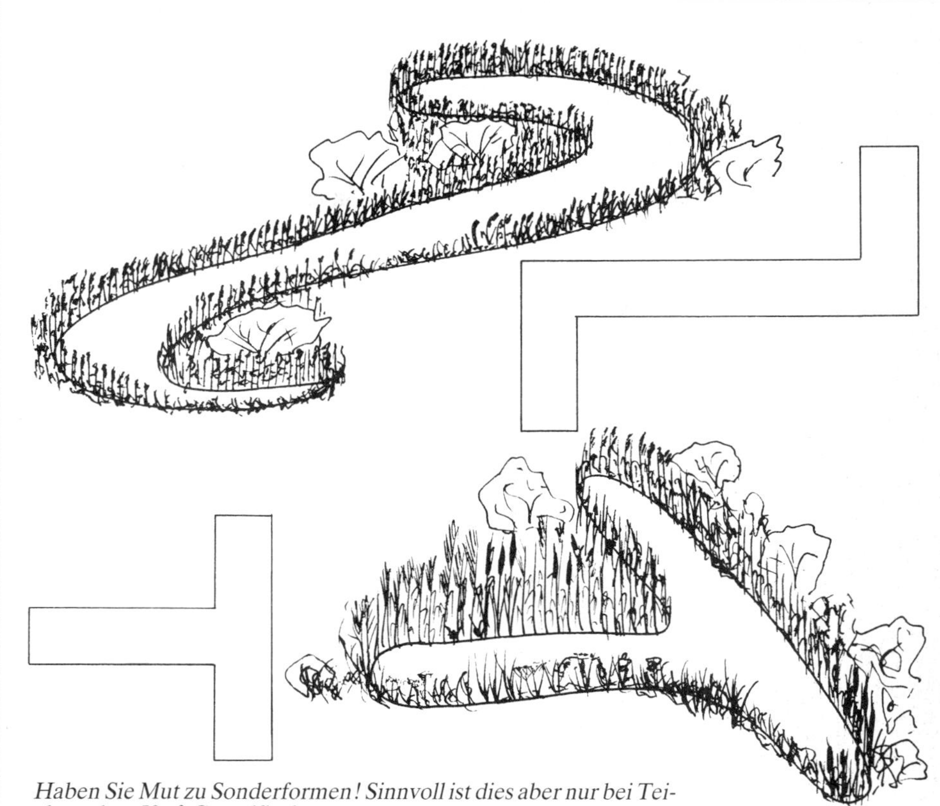

Haben Sie Mut zu Sonderformen! Sinnvoll ist dies aber nur bei Teichen über 50m² Grundfläche.

Etwas komplizierter ist das Ausmessen des Folienbedarfes für eine solche Sonderform. Da kann man zwar stundenlang irgendwelche Diagonalen, Längs- und Querschnitte messen – ein befriedigendes Ergebnis wird man damit aber nicht erzielen.

- Messen Sie den Teich so aus wie auf Seite 63 vorgeschlagen.
- Legen Sie eine Leine durch den Teich.
- Ziehen Sie sie an einer Seite etwa einen Meter heraus.
- Messen Sie alle 2 Meter (an der Leine!) sowohl nach rechts als auch nach links.
- Bei schmaleren Folienbahnen entsprechend kürzere Abstände nehmen.
- Die Meßstrecken liegen dort, wo später die Folien-Nähte liegen.
- Randüberstand von 70 cm zugeben, bei größeren Teichen auch mehr

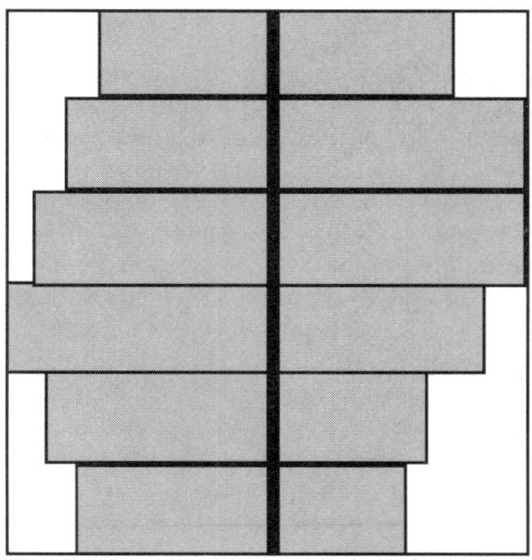

Durch genaues Ausmessen läßt sich u.U. so mancher Quadratmeter einsparen.

Im ersten Frühjahr sieht der Teich noch sehr kahl aus. Bei der Bepflanzung sollte man mindestens zwei Pflanzen pro Meter Uferlänge vorsehen. Spezialisierte Saatgut-Mischungen helfen weiter.

Der große Teich

Die bislang vorgestellten Gartenteiche hatten meist nur eine Fläche von etwa 50m². Wesentlich bessere Gestaltungsmöglichkeiten ergeben sich dann, wenn man diese Grundfläche deutlich überschreitet. Teiche von mehr als 100 m² kosten eigentlich immer noch kein Vermögen. Wenn Sie einmal ausrechnen, was Sie für Ihren Rasenmäher, für den Rasendünger… und… und… investieren. Der Teich erfordert zwar eine durchaus spürbare Startinvestition, die laufenden Unterhaltungskosten sind dann aber sehr gering. Ein Beispiel:
Wenn ein 100 m²-Teich mit Pflanzen und Folie insgesamt höchstens 2.000 Mark kostet, dann sind das bei 20jähriger Haltbarkeit ganze 100 Mark pro Jahr. Dafür haben Sie dann keine Arbeit mehr damit. Oder – anders gerechnet: Wieviel Geld geben Sie pro Jahr aus, um sich an einem Gewässer ungestört erholen zu können. Für das, was eine Woche Urlaub kostet, können Sie sich einen kleinen See auf Ihrem Grundstück bauen – das bringt Urlaubsstimmung für das ganze Jahr.
Das obige Foto zeigt einen unserer Versuchsteiche im erste Frühjahr, die Ufer sind noch relativ kahl.
Im vorderen Bereich gibt es nur niedrige Vegetation, weiter hinten, im Naturgarten-Teil, kann die Natur wachsen, wie sie will.

Teichanlage mit Bach

Wer ohnehin eine Umwälzpumpe einbauen will, der sollte die Anlage eines kleinen Baches von Anfang an vorsehen. Damit besteht auf sehr einfache Weise die Möglichkeit, die Attraktivität des Wassers ohne großen Flächenbedarf auch in weiteren Teilen des Gartens zu erleben. Das große Foto zeigt eine solche insgesamt nur 40 m^2 große Anlage in direktem Anschluß an das Wohnhaus. Die zum Zeitpunkt des Fotos noch vorhandenen Algen werden bald verschwinden. Der Bach selbst hat in diesem Beispiel nur eine Länge von wenigen Metern. Er ist sehr breit angelegt und wird zudem durch eine starke Pumpe gespeist (40 l pro Minute). Zusätzlich versorgt die Pumpe nämlich zwei weitere Hobbies des Teichbauers: ein Terrarium mit Sumpfschildkröten und ein Zuchtbecken für Krebse.
Insgesamt 60 verschiedene Sumpf- und Wasserpflanzen wachsen in dieser Teichanlage. Bald werden sie auch das heute noch sehr steinige Bett des Baches begrünen und mehr in die Natur einbinden.

Das ist der Bach. Man könnte ihn noch flacher anlegen und in mehrere Staustufen unterteilen.

Blick auf einen Teil der Anlage. Praktisch das gesamte Grundstück wird durch die Gewässer umschlossen.

Das ist die Ausgangssituation. Eine eher langweilige Rasenfläche (oben).
Und das hat der Hobby-Gärtner daraus gemacht. Eine Gartenlandschaft, deren Charakter durch das Wasser entscheidend bestimmt wird.

Das ist die kleine Quelle, deren Wasserlauf einzelne Teiche miteinander verbindet.

Die durch den Erdaushub entstandenen Hangflächen werden durch Holzpfähle abgefangen.

Teichanlage mit Springbrunnen und Bach

Zum Abschluß nun ein Beispiel, das noch einmal die ganze Breite der Gestaltungsmöglichkeiten aufzeigt: Auf dem kleinen Foto sehen Sie die Ausgangssituation: Ein vergleichsweise steriler grüner Rasen. Auf dem großen Foto sehen Sie, was der Teichbauer mit viel Einfallsreichtum daraus gemacht hat: Eine Wasserlandschaft mit Springbrunnen, Bach, Sumpf- und Feuchtzonen, Schwimmpflanzen und einem kleinen Moorbeet. Der Aushub des Teiches wurde zu einem dekorativen Steingarten.

Ein kleines Problem ist immer die Integration des Springbrunnens. Im Gartenteich wird das Wasserspiel aus den bereits genannten Gründen ja zu einem unerwünschten Störfaktor. Am besten ist es daher, wenn der Springbrunnen vom Teich völlig getrennt ist.

Ein solcher getrennt angelegter Springbrunnen bildet natürlich ideale Voraussetzungen für die Anlage eines Baches. Man braucht ja ohnehin eine Umwälzpumpe, also kann man sie auch gleich etwas stärker wählen und das Wasser von einem erhöhten Standort aus langsam zu Tal plätschern lassen. In diesem Falle allerdings sollte der Bach dem Steingarten, einem sogenannten Alpinum, entspringen. Dort oben hätte ein Springbrunnen merkwürdig ausgesehen, weshalb für den Bach eine separate Wasserzufuhr angelegt worden ist. Die ganze Anlage ist übrigens gar nicht so unerreichbar groß. Es ist die Vielfalt, die Einbeziehung aller Gestaltungselemente, die sie für den Betrachter so attraktiv macht.

Blick auf diesen Wassergarten zu unterschiedlichen Jahreszeiten. Der Springbrunnen ist vom eigentlichen Gewässer getrennt.

Bach mit Teichen

Ein Planungs-Beispiel für eine solche Teichanlage: Mit einer Pumpe wird das Wasser aus dem großen Teich in einen künstlichen Bach gepumpt, der durch zwei weitere kleine Teiche fließt und schließlich wieder im großen Teich mündet. Beim Aushub des Teiches fällt viel Erdmaterial an, das man leicht an einer Seite zu einem kleinen Wall aufschütten kann. Im oberen Bereich dieses Hügels befindet sich die Quelle des Bachlaufes. Sie wird durch eine ufernahe Pumpe gespeist, die das Wasser durch einen im Boden verlegten Schlauch in den höhergelegenen Bach drückt.

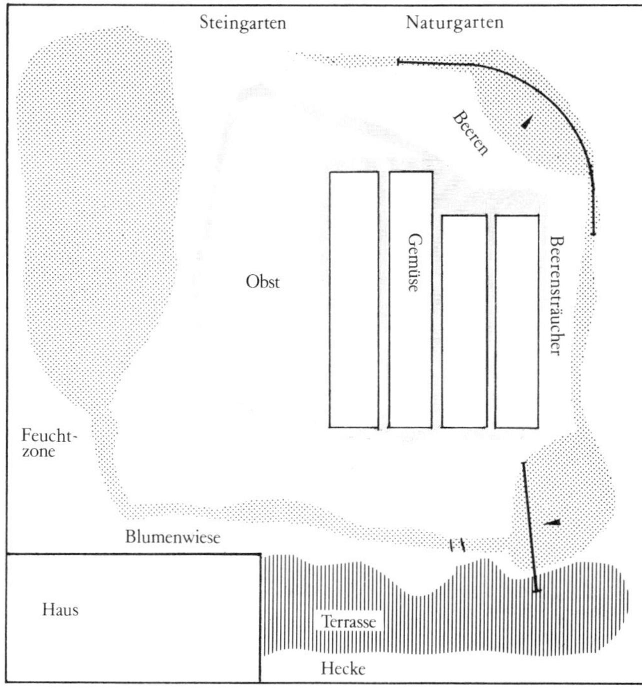

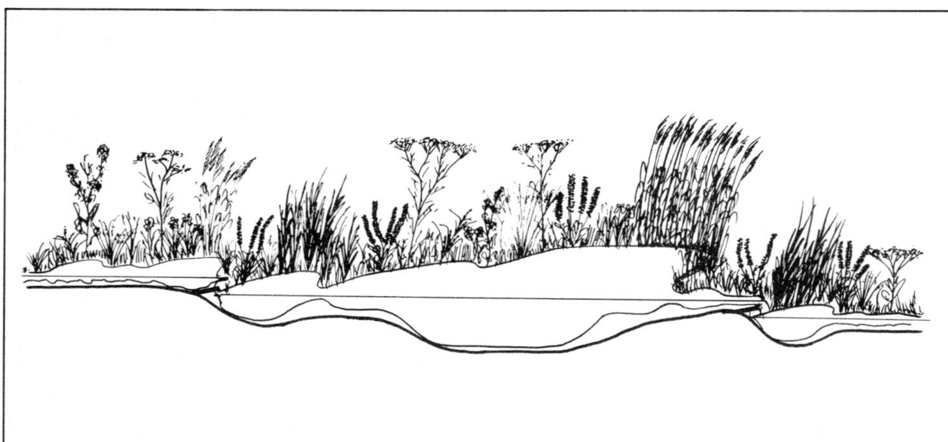

Querschnitt durch den Bachlauf:
Das Gefälle sollte sehr gering sein. Legen Sie den Bach terrassenförmig an und machen Sie ihn unterschiedlich tief und breit. Dann bleibt immer Wasser im Bach stehen – auch dann, wenn die Pumpe nicht läuft. Ein Bach mit gleichmäßigem Gefälle würde sonst leerlaufen, austrocknen und insgesamt ein instabiles biologisches Gleichgewicht besitzen. Bei geringem Gefälle und terrassenförmiger Anlage reicht dann auch eine sehr geringe Pumpenleistung aus. Die Folie muß ebenfalls terrassenförmig verlegt werden, um ein Versickern des Wassers zur tiefsten Stelle zu verhindern. So läßt sich der Bach über große Entfernungen führen.

Dabei ergeben sich viele zusätzliche Gestaltungsmöglichkeiten, der Garten wird zu einer reizvollen, abwechslungsreichen Landschaft. Stege, Brücken, Schilfzonen und Gebüsch geben auch gerade kleinen Gärten eine ganz andere Dimension. Sie wirken dann allein schon deshalb größer, weil sie abwechslungsreicher sind.

Der Bachlauf ist streckenweise sehr breit und so tief, daß dort viele hintereinander geschaltete Teiche entstehen.

So kann man sich die künstliche Quelle des Baches vorstellen.

An anderen Stellen entstehen sumpfige Zonen mit spezieller Vegetation.

Sonder-Konstruktionen
Das Freiland-Aquarium

Unterhalb des künftigen Wasserspiegels befindet sich jedoch ein Gang-System.

Durch große Scheiben kann die Lebewelt unter Wasser beobachtet werden.

Die Haltung von Fischen in einem Zimmeraquarium ist sicherlich eine gute Idee. Wer größere einheimische Fische halten will, der braucht dafür allerdings ein Wasserbecken, das weit über die Maße üblicher Aquarien hinausgeht. Warum soll man nicht versuchen, die Aquarien-Idee mit dem Gartenteich zu verbinden?

Machbar ist das! Ein rheinischer Architekt hat sich ein entsprechendes Bekken gebaut, das durch einen tiefliegenden Gang auch unter der Wasseroberfläche beobachtet werden kann.

Es muß ja nicht gleich so eine riesige Anlage sein. Ein einfaches Beobachtungsloch oder ein kleineres Gewässer tun es auch. Man wird dann überraschende Dinge zu Gesicht bekommen.

Oft wird unterschätzt, was im Laufe der Zeit in den Teich fällt: Blütenstaub, Blütenblätter, Laub, tote Insekten..., all das bringt Nährstoffe in den Teich. Weil besonders den Schwimmteichen eine ausreichend üppige Vegetation fehlt, werden die eingewehten Nährstoffe nicht optimal verarbeitet und treiben im Extremfall in "Fladen" an der Wasseroberfläche. Das Wasser selbst ist durch einzellige Algen grünlich-trüb.

Der Teich als Swimming-pool

Jedem Besitzer eines größeren Gartenteiches stellt sich spätestens an heißen Sommertagen die Frage: Kann man nicht auch selbst reinspringen?
Aus hygienischer Sicht ist nichts dagegen einzuwenden, zwischen Gelbrandkäfern, Wasserasseln, Goldfischen und Posthornschnecken auch ein paar eigene Schwimmzüge zu machen. Wer so etwas jedoch regelmäßiger machen will, der sollte den Gartenteich von Anfang an entsprechend konstruieren.
Ein normaler Gartenteich, wie wir ihn bislang beschrieben haben, ist zum Baden für Menschen weniger geeignet. Das größte Problem ist der Wellenschlag im Uferbereich. Dadurch wird das Substrat ausgewaschen, das Wasser wird zum Teil für viele Tage undurchsichtig trübe. Andererseits ist das normale gekachelte Schwimmbecken für die Natur wenig attraktiv. Wie läßt sich beides verbinden?

Die folgende Zeichnung zeigt einen möglichen Lösungsansatz:

Der Bade-Teil des Teiches befindet sich in der Mitte, abgetrennt durch Mauern. Die Folie wird daran hoch und über die Mauer gezogen. Außerhalb der Mauer ist dann der Biotop-Teil, in dem sich dann bevorzugt die Tiere und Pflanzen aufhalten.

Ich kenne mehrere Anlagen, die nach dieser Empfehlung entstanden sind - mit unterschiedlichem Erfolg. Häufig bleiben solche Konstruktionen hinter den Erwartungen zurück. Der wichtigste Grund: Der Umfang der Wasserbewegung wird unterschätzt. An der Wasseroberfläche entstehen zum Teil beträchtliche Wellen, die die Mauerkrone "überlaufen" und an den Ufern "nagen". Im Teich selbst wird der Bodenmulm aufgewirbelt und setzt sich zum Teil erst nach Tagen wieder ab.

Wir haben für Filter-Tests einen 50 m^3 großen Teich gebaut, bis zu 2,5 m tief. Aufgrund der dort vorgenommenen Messungen und Erfahrungen würde ich für solche "gemischt-genutzten" Gewässer eher folgende Konstruktion vorschlagen: Der Natur-Teil des Teiches sollte sich nicht um die gesamte Anlage ziehen, weil dadurch sinnlos große Uferflächen entstehen, die optimal gegen Wellenschlag gesichert werden müssen. Dies ist in der Regel nur durch Steinschüttungen möglich, die wiederum nur eine begrenzte Gestaltungsfreiheit zulassen. Besser erscheint mir eine funktionale Trennung. Das Ufer des Schwimmteiches wird durch Wellenbrecher gesichert, die Naturteich-Ufer werden vielfältig gestaltet. Das Verbindungs-Stück wird ebenfalls durch Wellenbrecher gesichert. Einige Gestaltungs-Möglichkeiten ergeben sich aus folgenden Skizzen:

Schwimm- und Naturteich liegen nebeneinander

Beide Teiche liegen hintereinander

Mehr Vielfalt ergibt sich durch etwas ausgefallenere Teichformen.

Der Uferbereich des Schwimmteiches sollte, wie bei sinnvoll gestalteten Kanalufern - durch eine Röhrichtzone zusätzlich gesichert werden. Dadurch werden auch die Steinschüttungen fixiert.

Die Pflanzen-Kläranlage

Pflanzen-Kläranlagen gewinnen im Aussenbereich zunehmend an Bedeutung. Ihre Effektivität unterliegt jahreszeitlichen Schwankungen - bedingt durch das unterschiedliche Pflanzen-Wachstum im Sommer und Winter. Ein erheblicher Teil der Bakterien ist jedoch auch im Winter aktiv, so daß ein gewisser Reinigungs-Effekt auch unter ungünstigsten Bedingungen bleibt. Was im einzelnen in einer solchen Anlage geschieht, ist nach meinem Wissensstand bis heute nicht endgültig befriedigend geklärt. Sicher ist, daß das kleinräumige Nebeneinander von sauerstoffarmen und sauerstoffreichen Stellen wichtig ist, um einen optimalen Abbau zu gewährleisten. Dies setzt den Einsatz bestimmter Boden-Qualitäten voraus und - zumindest derzeit noch - eine häufigere Kontrolle der Wasserqualität. Aus diesem Grunde werden solche Pflanzen-Kläranlagen, wenn sie im Selbstbau erstellt werden sollen, nur sehr zögerlich genehmigt - die Anlage ist immer nur so gut wie derjenige, der sie baut. Spezialisierte Ingenieur-Büros planen solche Anlagen - dann wird es allerdings auch gleich wieder deutlich teurer.

Unbestritten ist, daß solche Pflanzen-Kläranlagen einen wichtigen Beitrag zur Verbesserung der Wasserqualität im ländlichen Raum leisten können. Wahrscheinlich werden sich mittelfristig mehrere durchgetestete Bau-Typen durchsetzen, die dann den optimalen Wirkungsgrad erreichen. Andererseits ist die etwas zurückhaltende Genehmigungs-Praxis unverständlich, denn: Solche Anlagen funktionieren immer noch besser und störungsfreier als die unterirdische Verrieselung oder Faulteiche, die dem Stand der Technik entsprechen und problemlos genehmigt werden, obwohl beide Verfahren wegen ihrer geringen Effizienz ebenfalls "unter Beschuß liegen".

Hier entsteht eine Pflanzen-Kläranlage für ein Institut mit vielen hundert Besuchern.

Die Vogeltränke

Auch wer nur einen kleinen Gartenteich baut, der wird damit gleichzeitig immer eine Tränke für die im Sommer oft sehr durstigen Vögel schaffen. Wer für die Vögel eine spezielle Trink- und Badestelle anlegen will, der sollte auf folgende Punkte achten:
Grundsätzlich gilt, daß Vögel an der Tränke relativ stark gefährdet sind. Das liegt daran, daß sie dort oft auch baden und mit dem durchnäßten Gefieder nur sehr schlecht fliegen können. Katzen lernen das sehr schnell, und Vogeltränken sind für sie daher ein beliebter Warteplatz in ihrem Jagdrevier. Wo Katzen eine solche Möglichkeit erkannt haben, sollte man dafür sorgen, daß die Vögel ihre Umgebung gut überschauen können, um den Gegner frühzeitig zu erkennen. Ein guter Badeplatz an einem Gartenteich befindet sich daher an einer vegetationsfreien, sandigen Halbinsel, deren Ufer besonders flach sind. Der Vogel kann sich dann die richtige Badetiefe selbst aussuchen.
Im Winter darf man den Vögeln übrigens kein angewärmtes Wasser zum Trinken anbieten. Weil sie kein warmes Wasser kennen, baden sie auch bei knackigem Frost - müssen wegen des durchnäßten Gefieders dann allerdings erfrieren.

Die meisten Kleinvögel wiegen, wie dieses Rotkehlchen, nur wenige Gramm. Wenn sie stark durchnäßt sind, haben sie so viel Zusatzgewicht, daß sie nur noch schlecht fliegen können. Ein hochgelegenes Badebecken ist oft die beste Lösung.

Neubaugebiete werden sehr rasch von den außen an den Häusern brütenden Mehlschwalben besiedelt, weil sie an den zahlreichen, lehmigen Pfützen das Baumaterial finden. Wenn alles eingesät und kultiviert ist, verschwinden die Schwalben wieder. Hier hilft man den nahe verwandten Rauchschwalben (die in den Ställen brüten) mit einem lehmgefüllten, provisorischen Teich, zusätzlich werden auch noch Hundehaare etc. hineingemengt, damit das daraus gebaute Schwalbennest besser hält.

Pflanzen für Ihren Gartenteich

Tauchblatt-Pflanzen

Diese Pflanzen gedeihen unter der Wasseroberfläche, also in einer relativ lichtarmen Zone. Sie reagieren sehr empfindlich auf eine zusätzliche Beschattung z.B. durch Seerosenblätter. Erst zur Teichmitte hin, wo Schwimmblatt-Pflanzen nicht mehr gedeihen können, trifft man sie in großer Zahl an.
Auf diesen Lichthunger muß man bei der Bepflanzung Rücksicht nehmen. Dann kann man folgende Arten einsetzen:

Rauhes Hornkraut
Die Pflanze verankert sich lediglich mit ihrem Stiel im Boden. Einmal herausgerissen wächst sie auch frei im Wasser treibend weiter. Beim Einpflanzen achte man auf eine Wassertiefe von 50 – 100 cm, die Stengel müssen ausreichend tief im Boden stecken, um ein Herausrutschen zu vermeiden. Die Bestäubung der Blüten erfolgt unterhalb der Wasseroberfläche, zusätzlich vermehrt sich das Rauhe Hornkraut aber auch durch Winterknospen, die sich an den Triebspitzen bilden, im Herbst zu Boden fallen und im nächsten Frühjahr neue Pflanzen bilden.

Ähriges Tausendblatt
Die Pflanze benötigt für ihr Wachstum etwas mehr Licht als das Rauhe Hornkraut, gedeiht in klaren Gewässern allerdings auch in größeren Tiefen. Wichtig ist ein ausreichend hoher Kalkgehalt, also relativ hartes Wasser. Auch das Tausenblatt bildet Winterknospen, seine Blüten ragen im Gegensatz zum Hornkraut aber über die Wasseroberfläche empor.

Wasserpest
Eine manchmal wildwuchernde Unterwasser-Pflanze, die Mitte des letzten Jahrhunderts aus Nordamerika eingeschleppt wurde. In reinen Fischteichen ist sie während der Wintermonate recht gern gesehen, da sie auch dann aktiv bleibt und Sauerstoff bildet. Man sollte sie, wenn überhaupt, aber erst ab einer Tiefe von deutlich mehr als 1 m pflanzen, da sie sich andernfalls zu stark ausbreitet. In den üblichen kleineren Gartenteichen sollte man sie nicht verwenden.

Laichkräuter
Es gibt sie in zahlreichen verschiedenen Arten, die sehr unterschiedlich aussehen können. Einige sind durchaus für den Gartenteich geeignet. Achten Sie aber darauf, wenn Sie sie aus der freien Natur holen, daß sie von vergleichbaren Standorten stammen.

Schwimmblatt-Pflanzen

Unter diesen Pflanzen gibt es welche, die völlig frei auf dem Wasser schwimmen und andere, die mit ihren Wurzeln immer noch im Boden verankert sind und von dort einen großen Teil ihrer Nährstoffe beziehen. Betrachten wir zunächst die reinen Schwimmpflanzen:

Wasserlinsen
Einige vereinzelte, kleine Blättchen sind ja ganz nett, oft aber treten sie in riesigen Mengen auf und können das gesamte Gewässer zudecken. Der Grund dafür ist ein zu hoher Nährstoffgehalt. Im Laufe der Jahre verschwinden sie von selbst. Es gibt zahlreiche, verschiedene Arten, auf die wir hier aus Platzgründen nicht näher eingehen können.

Krebsschere
Das ist die wohl merkwürdigste Schwimmpflanze unserer Heimat. Sie wächst am Gewässerboden heran und treibt dann früher oder später zur Wasseroberfläche. Dort bildet sie eine hübsche weiße Blüte und sinkt anschließend wieder auf den Gewässergrund hinab.

Wasserschlauch
Diese sehr interessante Unterwasserpflanze besitzt sehr schmale, feingefiederte Blätter, die kaum in der Lage sind, in größerer Tiefe Sonnenlicht in wertvolle Energie umzuwandeln. Daß die Pflanze dennoch nicht stirbt, verdankt sie knotenähnlich verdickten Fanggefäßen, die Wasserflöhe und andere Kleintiere einschließen können. Dort werden sie verdaut, und auf diese Weise kommt der Wasserschlauch zu seiner Energie. Die Pflanze schwimmt frei, die Wurzeln hängen im Wasser.

Die Mehrzahl der Schwimmblatt-Pflanzen bleibt allerdings ständig am Gewässerboden verankert. Auch hier können nur die wichtigsten kurz vorgestellt werden:

Seerosen
Es gibt inzwischen Züchtungen mit einer unglaublichen Vielzahl von Farben. Die bei uns ursprünglich vorkommende Wildform ist weiß, wobei die Blütenblätter zur Mitte hin gelblicher werden. Eingekreuzt hat man auch eine nordische rote Varietät, die einheimische Zwergseerose sowie verschiedene südliche Arten. Daraus ist eine Vielfalt entstanden, deren Herkunft niemand mehr analysieren kann.
So schön diese Pflanzen auch sind: Ihre Blätter sollten den Teich möglichst nur zur Hälfte überdecken. Nur dann bleibt ausreichendes Licht für das Pflanzenwachstum in tieferen Zonen des Gewässers – und dort wird ja lebenswichtiger Sauerstoff produziert.
Seerosen werden am besten in einen speziellen Korb gepflanzt und in eine Wassertiefe von 50 bis 100 cm abgesenkt. Eine reichliche Blütenbildung kann man nur dann erwarten, wenn der Teich während der meisten Tagesstunden von der Sonne beschienen wird. Intensive Strömung oder gar Sprühregen von einem Springbrunnen können Seerosen nur sehr schlecht vertragen, Kümmerwuchs und der Verzicht auf Blütenbildung sind die Folge.

Teichrose
Die Blätter sind leicht mit denen der Seerose zu verwechseln, doch spätestens die Blüte beseitigt alle Zweifel:

Sehen Sie sich eine Seerosenblüte doch einmal genauer an: Sie verläuft von außen nach innen wie eine Spirale und ändert dabei zunehmend Form und Färbung, bis aus dem ursprünglichen Blütenblatt das viel schmalere, mittlere Staubblatt entstanden ist.
Die Gelbe Teichrose (oben rechts) ist für Gartenteiche weniger geeignet.

Die Seekanne, sie gehört zu den gefährdeten Pflanzenarten, ist für kleinere Gartenteiche besonders zu empfehlen.

Sie besteht im wesentlichen aus einem einfachen Kranz gelber Blütenblätter. Die Teichrose ist in ihren Ansprüchen an den Lebensraum flexibler als die Seerose, verträgt strömendes, schlammiges Wasser und gedeiht auch an einem schattigen Standort. Dennoch wird man häufig feststellen, daß zwar die Blätter wachsen, eine Blüte aber nicht gebildet wird. Dieses Lotteriespiel ist für den Gartenteich wenig befriedigend. Die Teichrose ist daher nicht gut geeignet.

Seekanne
Diese Schwimmblatt-Pflanze ist besonders für kleinere Teiche zu empfehlen. Ihre Blätter nehmen den Unterwasserpflanzen nicht soviel Licht weg wie diejenigen der Seerose. Die Seekanne ist mit den Enzianen verwandt und bildet viele leuchtendgelbe Blüten. Sie wurzelt in größerer Tiefe unter 50 cm.

Wasserknöterich
Auch diese Pflanze ist für kleine Gartenteiche besser geeignet als See- und Teichrosen. Die schmalen, lanzettförmigen Blätter lassen ebenfalls viel Licht durch, außerdem ist die Pflanze sehr anpassungsfähig – sie wächst sogar auf dem Trockenen. Die blaßroten, kölbchenförmigen Blütenstände ragen mehrere Zentimeter aus dem Wasser.

Die stacheligen Früchte des Igelkolbens (links) haben dieser Pflanze ihren Namen gegeben. Die Bestände der Drachenwurz (oben) wandern im Laufe der Zeit. Die alten Pflanzen sterben ab, die vorgeschobenen Wurzelausläufer bilden neue Bestände.

Die Sumpfpflanzen

Unter dieser Bezeichnung werden all die Arten zusammengefaßt, die sich deutlich über die Wasseroberfläche erheben, deren Wurzelbereich andererseits aber immer von Wasser überflutet sein sollte. Die Auswahl unter den Sumpfpflanzen ist sehr groß. Die sehr großwüchsigen Arten, besonders Schilf und Rohrkolben, werden bei kleinen Gewässern am besten an den Nordrand gepflanzt, damit sie die ohnehin kleine Wasserfläche nicht noch zusätzlich beschatten.

Schilfrohr

Diese Pflanze wird in nährstoffarmen Gewässern wesentlich größer und kräftiger. Sie kann dort leicht eine Höhe von mehr als 3 m erreichen und auch in tiefere Wasserschichten vordringen. Einsetzen sollte man sie aber lediglich dort, wo die Pflanzterrasse in die Tiefenzone relativ steil übergeht. Nur dann läßt sich das rasche Wachstum des unterirdischen Wurzelstockes unter Kontrolle halten.

Die Sibirische Schwertlilie ist eher eine Pflanze der feuchten Wiesen. In der überstauten Sumpfzone steht sie am völlig falschen Standort.

Die blaßroten Doldenblüten des Wasserdost sind besonders bei Schmetterlingen beliebt.

Die Blütenstände des Froschlöffels sind zwar groß, die einzelnen Blüten jedoch recht unscheinbar.

Rohrkolben

Diese besonders dekorative Sumpfpflanze ist, anders als Schilf, auf nährstoffreiche Gewässer spezialisiert. Es gibt mehrere ähnliche Arten: Am stattlichsten ist der Breitblättrige Rohrkolben, der sich in der Natur auf Flachwasserzonen kleinerer Gewässer spezialisiert hat. An größeren Gewässern würden die breiten Blätter durch Wellenschlag beschädigt, entsprechend gibt es dort eine schmalblättrige Art. Weitere kleinere Arten sind im Handel erhältlich. Auch Rohrkolben neigt dazu, sich übermäßig stark auszubreiten. Das kann jedoch genauso wie beim Schilf wirksam unterbunden werden. Notfalls helfen Pflanzkörbe.

Kalmus

Diese aus Asien stammende Art wurde ursprünglich als Heilpflanze kultiviert, kommt inzwischen aber auch verwildert vor. Man findet gelegentlich blühende Exemplare, sie pflanzen sich bei uns allerdings ausschließlich ungeschlechtlich fort.

Igelkolben

Es gibt mehrere ähnliche Arten, am häufigsten ist jedoch der Ästige Igelkolben. Ein sehr hoher Wasserstand ist für ihn nicht günstig – er wächst an der landwärtigen Seite des Röhricht. Pflanzt man ihn mitten in die Sumpfzone, wird er sehr rasch überwuchert und verschwindet.

Pfeilkraut

Schon die Blätter sind bei dieser Pflanzenart außerordentlich dekorativ. Sie gehört zu den wenigen Wasserpflanzen, die auch gut in Bächen gedeihen – sie sieht dort allerdings völlig anders aus. Am besten wirkt sie, wenn sie an den Rand der Pflanzterrasse gesetzt wird, die Konkurrenz von starkwüchsigem Schilf oder Rohrkolben sollte man ihr dann aber etwas vom Leibe halten.

Froschlöffel

Diese Pflanze siedelt sich gern spontan auf schlammigen Flächen an, die den größten Teil des Jahres unter Wasser stehen. Gibt es im Gartenteich solche relativ flach unter Wasser stehenden Verlandungszonen, so kann sie sich auch dort recht rasch ausbreiten.

Schwertlilien
Für den Gartenteich werden in erster Linie zwei verschiedene Arten angeboten:
Die Gelbe Schwertlilie lebt in der Natur an der landwärtigen Seite des Röhricht, der Wurzelstock sollte also etwas über den Wasserspiegel ragen. Die blaue Sibirische Schwertlilie kommt in der Natur noch weiter landeinwärts vor, auf den nur gelegentlich durch Hochwasser überfluteten Wiesen. Für die überstaute Sumpfzone des Teiches ist diese dekorative blaue Art also nicht geeignet. Die Gelbe Schwertlilie ist sehr starkwüchsig und sollte wegen ihrer dekorativen Blüten an keinem Gartenteich fehlen. Sie erträgt übrigens auch Schatten recht gut, was bei manchen hausnahen Terrassenstandorten wichtig sein kann.

Tannenwedel
Auch wenn die schachtelhalmähnlichen Triebspitzen mitten im Teich aus dem Wasser kommen - der Wurzelstock sollte sich in der Sumpfzone befinden. Die Triebe werden bis zu 2 Meter lang und brauchen manchmal einen kräftigen Rückschnitt, wenn sie sich zu stark ausbreiten.

Schwanenblume
Die auf einem ca. 1 m langen Stiel sitzende, blaßrote Dolde gehört zu den außerordentlich dekorativen einheimischen Teichpflanzen. Man sollte sie an eine Stelle pflanzen, an der sie nicht allzu sehr von Konkurrenz bedrängt wird. Dann kann sie im Laufe der Jahre einen größeren Bestand bilden.

Sumpfcalla
Die auch unter der Bezeichung „Drachenwurz" bekannte Pflanze ist wegen der ständig schrumpfenden Wildbestände sehr bedroht und steht unter strengem Naturschutz! Die Pflanzen leben in der gerade noch von Wasser

Der Fieberklee ist eine alte Heilpflanze. Die letzten freilebenden Bestände stehen unter Naturschutz.

Der Große Hahnenfuß (auch Zungen-Hahnenfuß) ist eine typische, fast 1 m hohe Röhricht-Pflanze. Während der Sommermonate findet man fast immer blühende Pflanzen.

Das Pfeilkraut gehört zu den besonders dekorativen Pflanzen des Gartenteiches, es siedelt in der schlammigen Flachwasserzone.

Sumpfdotterblumen können auch einen teilweise schattigen Standort ertragen. Die großen gelben Blüten gehören zu den ersten, die sich im Frühjahr öffnen. Schon aus diesem Grunde sollte die Sumpfdotterblume an keinem Gartenteich fehlen.

Die blaßroten Blüten der Wasserminze findet man in der Feuchtzone.

überfluteten Uferregion, dürfen also nicht in den tieferen Teil der Sumpfzone gepflanzt werden.

Simsen
Die starkwüchsige einheimische Teichsimse ist für den Gartenteich nur bedingt zu empfehlen. Am besten setzt man sie in ein Pflanzgefäß, um ihre Ausbreitung zu kontrollieren. Ähnliches gilt auch für die Zebra-Simse mit ihren grünweißgeringelten Blättern. Es handelt sich dabei um eine bei uns nicht heimische Zuchtform.

Sumpfdotterblume
Diese dekorative Pflanze eignet sich hervorragend zur Randbepflanzung des Gartenteiches. Am wohlsten fühlt sie sich, wenn ihre Wurzeln etwa auf Höhe des Wasserspiegels stehen. Auch an schattigen Standorten, sogar zwischen dichten Röhrichtbeständen, kann sie überleben.

Pflanzen der Feuchtzone

An einem natürlichen Flachland-Gewässer ist der Übergang zwischen der Sumpf- und Landzone nie so scharf begrenzt wie an einem Gartenteich. Die Lebensbedingungen ändern sich also erst allmählich, und entsprechend haben sich auch die Pflanzen sehr unterschiedlich spezialisiert. Es würde den Rahmen dieses Büchleins sprengen, wenn man alle in Betracht kommenden Arten auch nur erwähnen würde. Für eine solche sumpfige Übergangszone eignen sich besonders folgende Arten: Das Pfeifengras ist eigentlich eine Moorpflanze, die ausgeprägte Horste bildet. Auch das Wollgras kann an solchen gut durchfeuchteten Standorten lange Zeit überleben. Es gibt mehrere verschiedene Arten. Besonders dekorativ sind der rote Blut- und gelbe Gilbweiderich. Die Pflanzen halten sich an geeigneten Standorten jahrelang. Die Sumpfwiese ist auch der natürliche Standort der Trollblumen, die ebenfalls problemlos zu halten sind. Übrigens: Eine Sumpfwiese beherbergt auch viele Orchideenarten. Gerade aber für die gilt: Plündern Sie nie die Wildbestände, denn die Lebensansprüche dieser Pflanzen sind ungeheuer kompliziert. Der Samen z.B. kann ohne die Mitwirkung bestimmter Pilze gar nicht keimen. Auch die geschützten Schachblumen müssen, so dekorativ sie auch sein mögen, an ihrem natürlichen Standort bleiben. Es ist sehr unwahrscheinlich, daß sie sich auf dem Gartenboden lange halten.

Es würde zu weit führen, wenn wir hier auch auf die ganze Vielzahl ausländischer Pflanzen eingehen würden, die für Gartenteiche angeboten werden. Sehr dekorative Pflanzen sind darunter, etliche sind leider auch sehr anfällig und müssen intensiv gepflegt werden. Wer mit seinem Gartenteich möglichst wenig Arbeit haben will, für den sind die einheimischen Arten in der Regel am vorteilhaftesten.

Die Bestände des Blutweiderich bilden meist horstartige Bestände von 30 oder 50 cm Durchmesser. Die Blüten öffnen sich nacheinander von unten nach oben, so daß man lange etwas von dieser Farbenpracht hat.

Die hübschen weißen Doldenblüten der Mädesüß gehören ebenfalls in die Feuchtzone des Teiches. Sie werden über 1 m hoch. Aus diesen Pflanzen haben sich die alten Germanen Met gebraut – ihr damaliges Bier.

Die Tierwelt des Gartenteiches

Es gibt unendlich viele verschiedene Arten, die hier noch nicht einmal alle genannt werden könnten. Mehr steckbriefartig gibt es daher zu den wichtigsten Kurzinformationen:

Amphibien

Das ist die wohl wichtigste Tiergruppe im Zusammenhang mit unserem Gartenteich. Sie ist nicht nur besonders stark bedroht, ihr kann man auch am wirksamsten helfen. Problematisch ist allerdings ein hoher Fischbesatz. Die meisten Kaulquappen werden dadurch sehr schnell dezimiert. Die Kaulquappen attackieren sich auch gegenseitig: Besonders rabiat ist der Nachwuchs der Grasfrösche. Diese Amphibien laichen ja bereits sehr früh, Anfang März. Ihre aufgequollenen Eipakete befinden sich in den ufernahen Zonen, die wenig später leichenden Erdkröten wickeln ihre Schnüre in etwas tieferen Bereichen um die Stengel der Wasserpflanzen. Diese etwa gleichaltrigen Bestände dezimieren sich gegenseitig nicht. Auch der Teich- oder Wasserfrosch hat noch Glück, denn er laicht ebenfalls in tieferem Wasser, der am Ufer schwimmende Grasfrosch-Nachwuchs findet daher die Eier nicht. Kreuz- und Wechselkröten indes, die auch am Ufer laichen, haben wegen des gefräßigen Grasfrosch-Nachwuchses kaum eine Chance. Man wird schon aus diesen einfachen Gründen niemals alle Arten in einem Gartenteich antreffen.
Unter den Amphibien gibt es zum Teil außerordentlich komplizierte Verwandtschaftsverhältnisse. Früher dachte man, daß jene überwiegend grün gefärbten Frösche aus drei verschiedenen Arten stammen. So unterschied man Wasser-, Teich- und die großen Seefrösche. Inzwischen weiß man es besser: Die Wasserfrösche sind in Wirklichkeit Mischlinge aus Teich- und Seefröschen. Daraus erklärt sich auch die sehr unterschiedliche Körperfärbung. Und weil man ohnehin genug Schwierigkeiten hat, die drei auseinanderzuhalten, spricht man heute oft vereinfachend nur noch von „Grünfröschen“. Jene werden übrigens erstaunlich zahm. Die oft empfohlene Fütterung mit Mehlwürmern sollte man allerdings nicht übertreiben. Man darf nicht vergessen, daß es sich bei jenem Lebendfutter um widerstandsfähige Käferlarven handelt, die zählebig sind und über ein gutes Gebiß verfügen. Einzelne weichhäutige Mehlwürmer werden sicherlich verdaut, bevor sie Unheil anrichten. Es sind aber schon Fälle bekannt geworden, in denen sich die Würmer durch den Magen und den Körper eines Frosches wieder bis an die Außenwelt durchgefressen haben. Auch hier gilt also: Alles mit Maßen. Ein Froschmagen ist normalerweise auf Fliegen eingerichtet – nicht auf bissige Mehlwürmer.

Realistischerweise können wir an unserem Gartenteich nur folgende Arten erwarten:

Der **Grasfrosch** stellt sich oft spontan ein und laicht auch willig ab. Sein Nachwuchs kommt nach etwa drei Jahren erstmals wieder an dieses Gewässer zurück, um selbst zu laichen.
Deutlich komplizierter ist dies mit den **Erdkröten,** die stark auf das Gewässer fixiert sind, in dem sie als Jungtier aufgewachsen sind. Es hat überhaupt keinen Zweck, eine alte Kröte an einem Gartenteich auszusetzen – selbst wenn man ihr Laichgewässer zuschüttet, legt sie ihre Eier eher auf einer nassen Wiese ab als in einem neugeschaffenen Tümpel einige hundert Meter weiter.

Laubfrösche suchen das Wasser nur während der Paarungszeit auf – später trifft man sie oft in größerer Entfernung zum Wasser in niedrigen Büschen, in denen sie geschickt von einem Zweig zum anderen springen können.

Die **Teich- und Wasserfrösche** laichen, wie bereits erwähnt, vor allem in uferfernen Bereichen. Um auch sie langfristig an das Gewässer zu binden, bedarf es einer Mindestgröße, die meist nicht unter 50 m^2 liegt. Man hat geradezu den Eindruck, daß sich diese kleinen Kerle nur in größeren Gruppen wohlfühlen – und dafür ist ein Mini-Gartenteich nun mal zu klein.

Mit winzigsten Gewässern gibt sich indes die **Geburtshelferkröte** zufrieden. Ich selbst habe ihre Larven schon in einer kleinen Badewanne von etwa 50 l Inhalt gefunden. Im Gegensatz zu den meisten anderen Amphibienlarven überwintert ihr Nachwuchs und kriecht erst im nächsten Frühjahr an Land.

Unter den vier verschiedenen Molcharten kann man am ehesten den **Teichmolch** erwarten, in größeren Höhen vertritt ihn der **Fadenmolch.** Sie verlassen das Gewässer nach dem Ablaichen, entfernen sich aber nie weit davon. Gerade für sie ist eine vielfältig gestaltete Umgebung mit ausreichenden Versteckmöglichkeiten wichtig. In Höhenlagen findet man häufig auch den **Bergmolch,** der bis zu 18 cm große **Kammmolch** ist inzwischen leider fast überall sehr selten geworden.

Kamm-Molch

Grasfrosch

Moorfrosch

Bergmolch

Seefrosch

Erdkröte

Teichmolche

Geburtshelferkröte

Kreuzkröte

Wechselkröte

Krebse

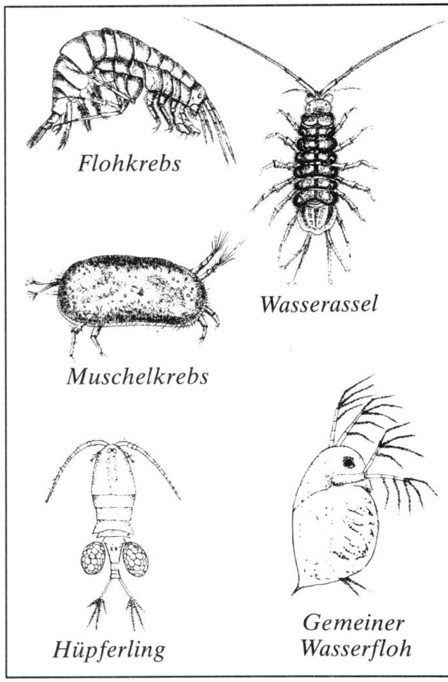

Flohkrebs

Wasserassel

Muschelkrebs

Hüpferling

Gemeiner Wasserfloh

Man kann zwar auch die großen **Flußkrebse** im Teich halten, sie sind allerdings nachtaktiv, so daß man ihre Anwesenheit eigentlich nur an herausgerissenen Wasserpflanzen und ausgeprägter Wühlarbeit erkennen kann. Sie sind daher für den üblichen Gartenteich ungeeignet. Wichtig sind indes die kleinen Krebse, zu denen auch die bekannten **Wasserflöhe** gehören. Sie ernähren sich von pflanzlichem Plankton, einzelligen Algen also, die das Wasser trüben. Wer viele Fische hält, wird allerdings nur mit wenigen Wasserflöhen rechnen können, denn die sind ein geschätztes Futter.

Sehr nahe verwandt sind die **Hüpferlinge,** die im Gegensatz zu den Wasserflöhen besonders häufig in den Winter- und Frühjahrsmonaten auftreten. Mehr in Bodennähe leben die kleinen **Muschelkrebse.**

Dort findet man auch die etwa ein bis zwei Zentimeter großen **Flohkrebse,** die, meist auf der Seite liegend, am Boden herumkriechen. Bis zu 400 Stück hat man schon auf einem einzigen Quadratmeter gezählt. Häufig sieht man, wie das größere Männchen das kleinere Weibchen umklammert. Diese Paarung dauert oft eine ganze Woche lang.

Ein wichtiger Helfer am Boden ist auch die **Wasserassel,** die wir in sehr nährstoffreichen Gewässern in großer Zahl finden. Auch sie dient im Gartenteich als Gesundheitspolizei und ist keinesfalls unerwünschtes Ungeziefer.

Fliegen

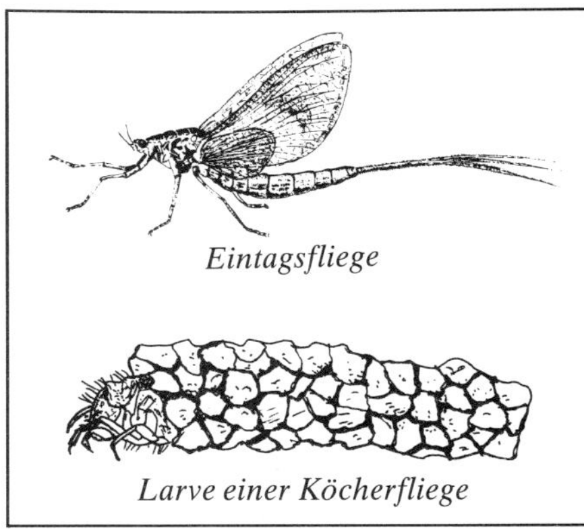

Eintagsfliege

Larve einer Köcherfliege

Zu den merkwürdigsten Bewohnern des Gartenteiches gehören die Larven der **Köcherfliegen.** Sie bauen sich aus Pflanzenteilen, oft auch kleinen Schneckenhäusern und Steinen ein Gehäuse, das sie monatelang mit sich herumschleppen. Die Tiere sind dadurch so gut getarnt, daß man oft Dutzende dicht nebeneinander findet – wenn man erst einmal gelernt hat, ihre Tarnung zu durchschauen.

Eine wichtige Gruppe sind noch die Eintagsfliegen. Die oft so bezeichneten kleinen Fruchtfliegen, die sich in alten Obstresten entwickeln, haben damit übrigens gar nichts zu tun. Die **Eintagsfliegen** an den Gewässern machen eine oft zweijährige Entwicklung durch, bis sie schlüpfen und in kleinen Schwärmen über dem Gewässer tanzen. Mit Paarung und Eiablage endet dann schon ihr Leben, oft noch am gleichen Tag.

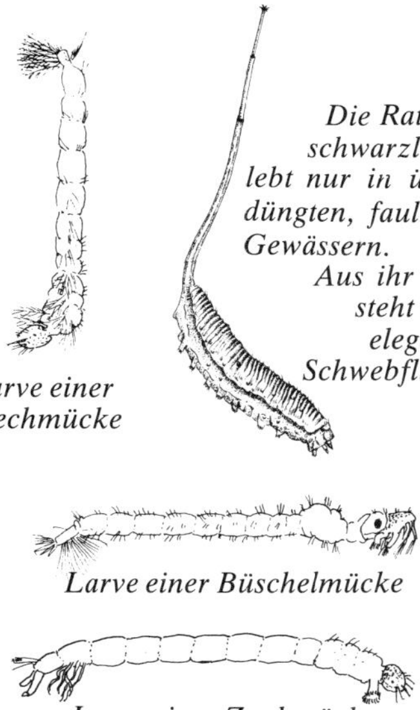

Larve einer Stechmücke

Larve einer Büschelmücke

Larve einer Zuckmücke

Mücken

Über dieses ständige Reizthema haben wir ja bereits auf Seite 37 einiges erfahren. Die normalen **Stechmücken** spielen in einem Gartenteich keine nennenswerte Rolle. Wenn man trotzdem besonders im Frühjahr größere Mückenschwärme über der Wasseroberfläche sieht, dann sind das fast ausschließlich **Zuckmücken,** die den Menschen nicht belästigen. Sie können nämlich nur als Larven Nahrung zu sich nehmen, die fertigen Insekten stechen nicht! Im Gartenteich begegnen uns ihre Larven in der Bodenschicht als 10-20 mm lange, rote „Würmchen". Sie können besonders in nährstoffreichen Gewässern in ungeheuer großer Zahl auftreten.

Unproblematisch sind auch die **Büschelmücken,** deren Larven Sie lange suchen müssen. Bis auf die Verdauungsorgane und das Herz sind sie nämlich völlig durchsichtig und schweben waagerecht im Wasser. Zwei Luftblasen am Vorder- und Hinterende regeln ihr Gleichgewicht.

Die Fische

Dieses Thema haben wir an verschiedenen Stellen in diesem Buch bereits ausführlich erörtert, so daß wir hier nur kurz zusammenfassen wollen: Die wild bei uns vorkommenden Arten sind für Gartenteiche ungeeignet. Man sieht sie so gut wie gar nicht - andererseits können sie aber die Lebensgemeinschaft in einem solch kleinen Gewässer erheblich beeinträchtigen. Den inzwischen selten gewordenen Kleinfischen kann man meist in Gartenteichen nicht helfen. Die Bitterlinge z.B. sind zwar stark bedroht, sie brauchen für ihre Fortpflanzung jedoch Teichmuscheln, in die sie ihre Eier ablegen. Diese halten sich in kleineren Gartenteichen aber meist nur schlecht.

Wenn man daher Fische halten will, dann in der Regel doch wohl deshalb, weil man sie sehen will. Man sollte daher auf die tarnfarbigen Wildformen verzichten und stattdessen zu Goldfischen, Goldorfen, Kois, Spiegelkarpfen, hellen Zuchtformen der Schleien, orangefarbenen Rotfedern oder dergleichen greifen. Nicht alles jedoch verträgt sich mit jedem Teich. Entscheidend sind die richtigen Wassertiefen. Was Sie zum Thema „Fische" beim Teichbau beachten müssen, können Sie auf den Seiten 41 und 80 nachlesen.

Wird der Fischbestand zunehmend größer, wird oft auch für eine regelmäßige Fütterung gesorgt. Früher war das ein echtes Problem, denn viele Futtersorten deckten nicht den gesamten Nährstoffbedarf der Fische. Sie sollten daher nicht den billigsten Ramsch kaufen, sondern nur hochwertiges Futter, von dem allein die Fische schon leben könnten. Entscheidend ist z.B. auch die Sinkgeschwindigkeit des Futters. Manche Sorten sind schon am Boden angelangt und darin verschwunden, bevor es die Fische überhaupt aufnehmen konnten. Das führt dann zu Fäulnis und Nährstoffanreicherung im Teich.

Falsches Futter ist daher ein echter Risikofaktor.

Hier sieht man das Paarungsrad der Prachtlibelle: Das Männchen erfaßt mit einer Hinterleibszange den Hals des Weibchens, welches mit nach vorn gekrümmtem Hinterleib den Samen übernimmt.

Die Furchenschwimmer gehören zu den häufigsten Wasserkäfern. Sie sind mit etwa 10-15 mm Länge deutlich kleiner als die Gelbrandkäfer.

Goldorfen wühlen nicht so stark wie Goldfische und halten sich meist in Nähe der Wasseroberfläche auf.

Gehäuseschnecken wie diese Posthornschnecken gibt es nur in kalkhaltigen Gewässern. In sehr weichem Wasser können sie ihre Schale nicht bauen.

Ein Gartenteich als tödliche Falle für alle Tiere, die versehentlich in den Teich fallen. Warum so viele künstliche, harte Grenzen?
Die Wildform der Schleie (unten links) und die Zuchtform der Goldschleie (unten rechts).

Die Bitterlinge gehören zu den bedrohten Kleinfischen unserer Heimat. Sie legen ihre Eier in der Atemhöhle der Teichmuscheln ab, wo die Jungen noch lange Zeit bleiben. Die Muschel heftet ihrerseits ihren Nachwuchs an den Bitterling und sichert so die Verbreitung ihrer Art. (Foto: ausl. Rasse).

Sonnenbarsche sehen zwar dekorativ aus, im Gartenteich sind es jedoch arge Beutegreifer. Sie jagen nicht nur Kaulquappen und Wasserinsekten, sondern dezimieren auch den Nachwuchs anderer Fischarten. Das biologische Gleichgewicht wird dadurch eher gestört.

Bei den Goldplötzen handelt es sich ebenfalls um die farbige Variante einer einheimischen Fischart.

Hochgradige Zuchtformen wie dieses Teleskopauge sind für den Gartenteich völlig ungeeignet!

Wasserskorpione gehören zu den Wanzen. Mit den großen Vorderbeinen halten sie ihre Opfer fest, die sie mit einem Stechrüssel aussaugen. Für den Menschen sind sie ungefährlich.

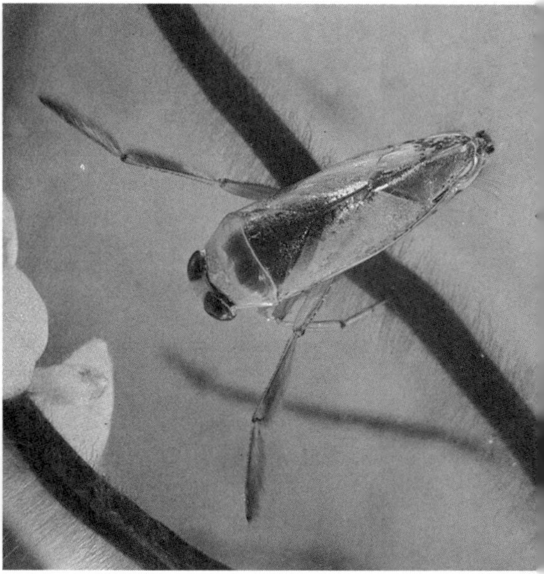

Diese hochspezialisierten Rückenschwimmer warten unter der Wasseroberfläche. Wenn man sie in die Hand nimmt, können sie schmerzhaft stechen.

Schnecken

So unbeliebt die Schnecken im Gemüsegarten sind - ihre Verwandtschaft im Teich ist eine wertvolle Hilfe. In erster Linie sind es **Spitzschlamm- und Posthornschnecken,** die mit ihrer Raspel-Zunge die Algenbestände abweiden. Diese beiden Arten teilen sich übrigens den Lebensraum. Die Spitzschlammschnecke sitzt mehr an der Oberfläche, die sie zum Atmen stets aufsuchen muß. Die Posthornschnecke ist davon etwas unabhängiger und kann daher auch in tiefere Wasserschichten vorstoßen.

Käfer

Es gibt zwar viele verschiedene Arten, aber auch hier sind es nur drei, die praktisch in jedem Gartenteich sofort auffallen: Der eindrucksvollste Vertreter dieser Kerbtiere ist der **Gelbrandkäfer.** Er wird etwa 3 - 4 cm lang, die Männchen besitzen glatte, die Weibchen auffallend gefurchte Flügeldecken. Sie sind ausgesprochen erfolgreiche Beutegreifer, die sich nicht nur an Libellenlarven und Kaulquappen sondern auch sogar an kleine Fische heranwagen. Noch übertroffen werden sie von ihren Larven, die einen erstaunlichen Nahrungsbedarf haben und auch vor dem Verzehr ihrer Geschwister nicht zurückschrecken. Wenn diese ihre endgültige Größe von etwa 6 cm erreicht haben, kriechen sie ans Land und verpuppen sich dort, bis dann nach etwa 14 Tagen der neue Käfer schlüpft. Haben mehrere Gelbrandkäfer gleichzeitig ihre Eier im Teich abgelegt, dann kann ihr Nachwuchs erheblich in das bisherige Gleichgewicht eingreifen. Bevor man selbst eingreift, sollte man lieber einmal überlegen, ob nicht vielleicht der Lebensraum falsch konstruiert ist. Vielleicht gibt es zu wenig Unterwasservegetation, die den beliebteren Froschlarven eine Versteckmöglichkeit bietet.

Nur etwa halb so groß wie der Gelbrandkäfer ist der sehr ähnlich aussehende **Furchenschwimmer,** auffällig sind auch die **Taumelkäfer,** die ziellos in ständiger Hektik über der Wasserober fläche kreisen. Weil ihnen Gefahr von oben und unten droht, haben sie vorsichtshalber vier Augen. Zwei sind an das Sehen im Wasser angepaßt, die zwei anderen beobachten den darüberliegenden Luftraum.

Wasserwanzen

Das ausgeprochen schlechte Image der Bettwanzen hat dieser farben- und formenreichen Tiergruppe zu Unrecht geschadet. Zu ihnen gehören z.B. die flinken **Wasserläufer,** die davon leben, kleine tote Insekten von der Wasseroberfläche aufzusammeln. Im Wasser selbst sind es die **Rückenschwimmer,** die mit ihren ruckartigen Schwimmbewegungen auffallen. Passen Sie auf, wenn Sie einen solchen Rückenschwimmer in die Hand nehmen - er kann schmerzhaft stechen.
Nicht umsonst haben diese Tiere den Namen Wasserbiene bekommen - der allerdings stark übertrieben ist.
Häufig findet man auch die kleinere **Ruderwanze** im Wasser, die im Frühjahr wie eine Grille zirpen kann. Sehr eindrucksvolle Teichbewohner sind die **Wasserskorpione** und **Stabwanzen.** Sie leben in den oberflächennahen Schichten der Unterwasservegetation. An ihrem Hinterleib besitzen sie einen Schnorchel, mit dem sie Sauerstoff aus der Luft beziehen können.

Libellen

Besonders gern gesehene Gäste sind die Libellen. Es gibt über 70 verschiedene Arten, auch der Laie kann sie jedoch in Groß- und Kleinlibellen leicht unterteilen. Ein Vorurteil möchte ich als erstes aus dem Weg räumen: Libellen stechen nicht! Es mag zwar wie ein Angriff aussehen, wenn eine große, blaugrüne Mosaikjungfer in kurzer Entfernung an Ihnen vorbeischießt - sie brauchen jedoch keine Angst zu haben. Die Libelle hat eher Angst vor Ihnen. Sie weiß aber, daß Sie viel, viel zu langsam reagieren, um ihr gefährlich zu werden. Aus diesem Grunde wagt sie sich so nah heran. Eine Gefahr ist das für Sie nicht.
Die Larven dieser Großlibellen können jahrelang im Gewässer leben, bei den kleineren Libellen dauert es manchmal nur einige Wochen.
Häufig werden Sie die Libellen auch bei der merkwürdigen Paarung beobachten können. Sie fliegen dann „doppelstökkig“, wobei das Männchen mit einem speziellen Greiforgan am Hinterleib das Weibchen umklammert. Wenn, oft Stunden später, der Samen übergeben wird, bilden die Tiere das typische „Paarungsrad“.
Man könnte noch viel über die Tier- und Pflanzenwelt an den Gewässern berichten. Der kleine Streifzug auf den letzten Seiten sollte eigentlich nur dazu dienen, Sie ein wenig mit der Vielfalt vertraut zu machen. Für die Einrichtung und Pflege des Gartenteiches haben Sie jetzt sicher reichlich Anregungen bekommen.
Ich wünsche Ihnen, daß Ihr Gartenteich die Vielfalt bekommt, die Sie mit einfachen Mitteln erreichen können. Viel Spaß dabei.

Viele Gartenteich-Bauer gehören zu den „Tüftlern“, die gern etwas ausprobieren und dabei natürlich auch wertvolle Erfahrungen machen. Autor und Verlag sind für künftige Auflagen dieses Buches an solchen Erfahrungen interessiert.
Wer also Verbesserungsvorschläge oder Anregungen hat – der möge es uns bitte kurz mitteilen. Wir bitten allerdings jetzt schon um Verständnis dafür, daß wir aus Zeitgründen nicht jede Anfrage gesondert beantworten können.

Bitte schreiben Sie Ihre Erfahrungen an den
Verlag **Natur und Garten,**
Postfach 2, 4401 Saerbeck

Teiche sind pflegeleicht

Der beste Termin ist der Herbst

Die meisten Pflanzen des Gartenteiches sind mehrjährig, besitzen also einen überwinternden Wurzelstock. Solche Pflanzen bereiten sich bereits ab Mitte des Jahres auf die kommende Überwinterung vor. Sie sammeln dann Reservestoffe, spätes Umpflanzen kann sie so stark schwächen, daß sie den nächsten Winter nicht überstehen.

Wenn die Tage dann kürzer und die Nächte kälter werden, gewinnt die Pflanze aus ihren oberirdischen grünen Organen alle irgendwie brauchbaren Nährstoffe zurück. Die Blätter werden dadurch gelb und sterben ab. Auch dann enthalten sie jedoch noch viele Nährstoffe, die die Pflanze ja ursprünglich dem Boden oder dem Wasser entzogen hat und die durch die Arbeit der Bakterien im Laufe der nächsten Monate auch wieder dorthin gelangen werden.

Entfernt man diese abgestorbenen Pflanzenteile, dann wird gleichzeitig auch eine entsprechende Nährstoffmenge aus diesem Kreislauf „ausgekoppelt". Da ständig durch den Wind, oft auch durch Fischfutter, neue Nährstoffe in den Teich gelangen, ist die Entfernung solch alten Pflanzenmaterials eine sehr wirksame Maßnahme, um den wünschenswerten, relativ nährstoffarmen Zustand des Gewässers zu erhalten.

Aus dem gleichen Grunde sollte man verhindern, daß herabfallendes Herbstlaub in den Gartenteich gelangt.

Verschiedene Baumarten können mit ihrem Laub das Wasser sehr sauer machen. Ist die Einwehung von Laub zu befürchten, so hilft ein während dieser Zeit aufgestelltes Netz, wie es z.B. bei Kirschbäumen gegen den Einflug hungriger Stare Verwendung findet. Es kostet nur ein paar Mark und ist mit wenigen Handgriffen aufgestellt.

Zusätzlich kann man mit einem Netz im Spätherbst den Gewässerboden abfischen und auch auf diese Weise den Nährstoffeintrag verringern.

Mit einem solchen Netz können sie verhindern, daß allzu viel Laub in den Teich fällt.

Pflegeplan

Winter
Tun Sie nichts. Es würde dem Teich nur schaden.

Vorfrühling (Februar/März)
Teilwasserwechsel, besonders bei kleinen Teichen.

Sommer
An der Oberfläche treibende Wurzelstöcke beschneiden, im Hochsommer regelmäßig nachfüllen, gelegentlich die Feuchtzone überstauen.

Herbst
Gegebenenfalls Maßnahmen gegen Laubfall treffen.
Welkende Blätter in der Sumpfzone entfernen.
Bei kleineren Teichen Teilwasserwechsel durchführen, dabei fauligen Bodenschlamm absaugen.
Keine Fischfütterung mehr unter 10°C Wassertemperatur.
Im Spätherbst bei kleineren Teichen Fische und Seerosen ins Winterlager bringen.

In kleineren Gartenteichen sollte man alle ein bis zwei Jahre im Herbst oder Frühjahr einen Teil des Wassers absaugen, damit gleichzeitig auch einen Teil des am Boden vorhandenen Faulschlammes. Trotz seiner Größe bleibt der Gartenteich doch ein abgeschlossenes System. Es kommen ständig Abfallstoffe in den Teich hinein, nicht alle können im Boden gespeichert werden. Ein Wasseraustausch dient daher auch der Entfernung der Nitrate, die in höheren Konzentrationen schädlich sind, auch dann, wenn sie sich nicht in das hochgiftige Nitrit umwandeln.
Teilwasserwechsel im oben genannten Abstand reichen in einigermaßen nährstoffarmen Gewässern völlig aus.
Ist der Gartenteich zu flach, so sollte man noch vor dem Einsetzen der ersten Fröste eventuell vorhandene Fische herausfangen. Die von den einzelnen Arten benötigte Teichtiefe kann stark variieren! Karpfen und Kois können sicher nur in 2 m tiefen Teichen überwintert werden. Die Hautoberfläche der Fische wird nicht durch die Schuppen, sondern durch eine Schleimschicht gebildet. Diese schützt den Fisch vor Infektionskrankheiten. Beim Herausfangen wird die Schleimschicht oft beschädigt, schon wenige Tage später kann man dort oft starken Pilzbefall feststellen. Solche Tiere müssen isoliert werden. Oft stecken sie alle anderen auch noch an. Halten Sie Ihre Fische während der Wintermonate in einem ausreichend großen Becken im frostfreien Keller. Eine Heizung ist nicht erforderlich, nicht einmal wünschenswert. Die meisten Fische brauchen eine Winterruhe, wenn sie im nächsten Jahr gesund weiterwachsen oder sich gar vermehren sollen. Vor Beginn der ersten Fröste verringern die Fische, die ja wechselwarme Tiere sind, die Nahrungsaufnahme erheblich. Auch im Gartenteich wird dann nicht mehr gefüttert. Wenn die Fische erst im Keller an einem halbdunklen, möglichst nur etwa 5°C warmen Platz stehen, erfolgt ebenfalls keine Fütterung mehr. Lediglich zur Sauerstoffversorgung und Reinigung wird das Wasser langsam gefiltert. Es muß so langsam in das Becken laufen, daß die Fische nicht gezwungen sind, ständig gegen eine Strömung anzuschwimmen.
Manche der im Handel angebotenen Seerosen stammen aus südlichen Ländern, in denen es während der Wintermonate längst nicht so kalt wird wie bei uns. Wenn im Herbst die Blätter welk geworden sind, wird der Wurzelstock derart empfindlicher Arten ebenfalls im Keller überwintert. Er braucht dort nicht im Wasser zu stehen, es reicht aus, wenn der Boden genügend feucht gehalten wird. Überprüfen Sie das während des Winters mehrfach! Einheimische Seerosen brauchen eine solche Überwinterungshilfe nur dann, wenn der Teich so flach ist, daß er bis zum Boden durchfriert.
Im Laufe des April können die Wurzelstöcke dann wieder ausgepflanzt werden.

Und noch mehr über Bachläufe

Beispiele, Baufehler - und was man daraus lernen kann

Wenn man, wie ich, täglich etliche Teich- und Bachlaufplanungen auf den Tisch bekommt, so befinden sich darunter oft auch sehr kuriose Konstruktionen, die zum Teil gar nicht funktionieren können. Damit Rechenwege und Funktionsweise etwas verständlicher werden, hier noch einige Beispiele, die Gründe, warum es so nicht geht - und was man stattdessen beachten muß.

Bach mit großem Quell-Teich

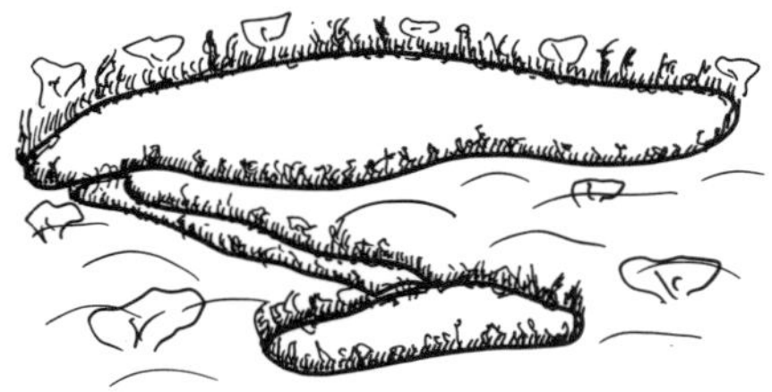

Die Idee: Die Pumpe soll in der unteren Staustufe liegen, von dort soll das Wasser in den Quellteich gepumpt werden. Wenn dieser überläuft, gelangt das Wasser über die Staustufen wieder bis zur Pumpe und wird erneut in den Kreislauf geschickt.
Kann gar nicht funktionieren. Nehmen wir an, daß sich in der unteren Staustufe etwa 1 m^3 Wasser befindet. Eine Pumpe wird etwa 30 Minuten brauchen, um die untere Staustufe komplett leerzupumpen. Sie kann das Wasser aber nicht bis zum letzten Tropfen herausholen, sondern sie wird bereits vorher anfangen, "Luft zu ziehen", wahrscheinlich bereits nach etwa 15 Minuten.
Zu diesem Zeitpunkt sind etwa 500 Liter Wasser in den Quellteich gelangt. Nehmen wir an, daß er eine Wasseroberfläche von 20 m^2 hat. Dann wird der Wasserspiegel um etwa 2,5 cm ansteigen. Da der Teich bei dem letzten Anschalten der Pumpe etwas Wasser verloren hat, liegt der Wasserstand 1-2 cm unter der Überlauf-Kante des Wasserfalles. Erst kurz bevor die Pumpe in der unteren Staustufe Luft ansaugt (und damit arbeitsunfähig wird), fließen die ersten Wassertropfen vom Quellteich in eine darunterliegende Staustufe. Auch die hat in der Zwischenzeit etwas Wasser verloren, muß also erst etwas aufgefüllt werden. Ergebnis: 3 Stunden nach Anschalten des Systems ist die Pumpe kaputt, denn sie läuft trocken, bevor das erste Wasser wieder in der unteren Staustufe angekommen ist. Grundregel daher: Versuchen Sie immer von einem großen System in ein kleines zu pumpen (also von einem großen Teich in einen kleinen Quellteich). Jede andere Version führt bereits rechnerisch zu erheblichen Problemen.

Dies ist auch dann der Fall, wenn größere Teiche in einen längeren Bachlauf integriert werden. Bis der Wasserspiegel des großen Teiches soweit angestiegen ist, daß der Bach auch im tieferliegenden Bereich wieder läuft, ist die untere Staustufe oft schon leergepumpt. Natürlich kann man auch solche Konstruktionen realisieren. Man kann in solchen Fällen dann besser 2 (schwächere) Pumpen installieren und den Bach in 2 funktionale Bereiche untergliedern:

Die eine Pumpe liegt im mittleren Teich und transportiert das Wasser zur Quelle. Eine zweite Pumpe liegt in der unteren Staustufe des Baches und transportiert das Wasser zu der Stelle, an der der Bach den mittleren Teich wieder verläßt. Das kann man so bauen, daß niemand "den Betrug" merkt. Der Bach besteht also in Wirklichkeit aus zwei getrennten Stükken. Solche Lösungen bieten sich auch bei zu großen Höhen-Unterschieden an.

Wasserversorgung aus einem Schacht

Nicht immer besteht die Möglichkeit, die untere Staustufe beliebig groß zu machen. Viele kommen dann auf die Idee, sie dafür etwas tiefer zu machen.
Ein Extrem-Beispiel:

Ein etwa 1 m^2 großer Schacht wird mehrere Meter tief in den Boden getrieben, mit Folie ausgekleidet und mit Wasser gefüllt. Am Boden liegt eine Pumpe, die das Wasser dann in den Bachlauf transportieren soll. Weiterer beachtenswerter Vorteil: Die Pumpe liegt so tief im Wasser, daß sie praktisch nie trockenlaufen kann.

So schlüssig sich dies zunächst anhören mag - die Sache enthält einen gewaltigen Rechenfehler:
Die Leistung der Pumpe berechnet sich aus dem Höhenunterschied zwischen der Quelle und der Oberfläche des Reservoirs, in dem die Pumpe liegt. Die für solche Zwecke gebauten Pumpen bringen relativ viel Wasser, jedoch relativ wenig Druck. So liefert beispielsweise ein sehr weit verbreitetes Modell bei 1 m Höhenunterschied 37 Liter, bei 2 m Höhenunterschied 21, bei 3 m Höhenunterschied nur noch 2 Liter. Und das zeigt auch schon das Problem: Wenn der Wasserstand in dem Reservoir sehr stark schwankt, weil die Oberfläche zu klein ist, dann wird die Pumpe sehr unterschiedliche Wassermengen transportieren. Wenn der Schacht gefüllt ist, können problemlos 40 Liter Wasser pro Minute laufen - die oft allerdings erst nach einer halben Stunde wieder aus der unteren Staustufe in den Schacht zurückfließen. Bis dahin ist der Wasserstand soweit abgesackt, ist der Höhenunterschied so groß geworden, daß die Leistung der Pumpe nicht mehr der Rede wert ist.

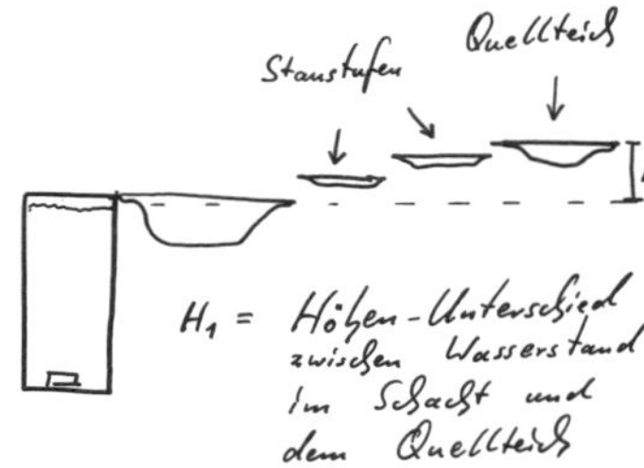

Besonders deutlich wird so etwas, wenn man im Quellbereich des Teiches noch eine Fontäne, einen Schaumsprudler oder dergleichen anschließt. Ein einigermaßen gleichbleibendes Wasserbild kann man nur dann erreichen, wenn die Leistungsanforderungen an die Pumpe in etwa gleich bleiben. Dies ist nicht der Fall, wenn die Transporthöhe schwankt.
Die Lösung: **Es funktioniert nie gut mit kleinen Oberflächen und großen Tiefen.**
Das Wasser-Reservoir sollte eine möglichst große **Oberfläche** haben, dann kann die Pumpe größere Wassermengen entnehmen, ohne daß starke Wasserstands-Schwankungen auftreten.
Ggf. kann man über die Wasserleitung die Verdunstungsverluste automatisch ausgleichen.

Wenn ein Bach - wie in diesem Falle sehr breite Uferzonen hat, nimmt die Verdunstung stark zu. Da nach Anstellen der Pumpe zunächst einmal die Ufersäume mit Wasser gesättigt werden müssen, wird beim Anlaufen des Baches sehr viel Wasser verbraucht. Im Normalfall sind schmalere Uferstreifen sinnvoller.

Kleiner Teich mit sehr langem Bachlauf

Bei der Dimensionierung von Bachläufen muß man berücksichtigen, daß das Verhältnis zwischen Wasservolumen und Uferlänge durch die langgestreckte Form des Baches sehr viel ungünstiger ist als bei einem Teich. Bäche sind auch in der Regel nicht so tief wie Teiche, das Wasser erwärmt sich stärker, neben der Wasserbewegung tragen auch die Pflanzen zur Verdunstung bei. Ergebnis: Ob das Wasser in einem Bach steht oder läuft - in jedem Falle wird Wasser verdunsten, abhängig von den Außentemperaturen, der Windgeschwindigkeit etc.

Wenn man also nach einem warmen Sommertag abends die Bachlauf-Pumpe anschaltet, dann wird ein Teil des aus dem unteren Wasserreservoir (Teich, untere Staustufe) zu entnehmenden Wassers erst einmal dafür benötigt, die einzelnen Staubecken des Bachlaufes wieder aufzufüllen. Wenn man die Pumpe ein paar Stunden später wieder abschaltet, wird also nicht die exakt gleiche Literzahl wieder im unteren Teich vorhanden sein wie einige Stunden vorher - dafür sind die einzelnen Becken der Staustufen wieder randvoll.

Bei kurzen Bächen und großen Teichen sind ein paar Liter Wasser mehr oder weniger kaum zu spüren. Anders ist es, wenn die Wasseroberfläche des Teiches relativ klein und die Länge des Baches relativ groß ist. Also: Ein 5 m^2-Teich mit 50 m Bachlauf wird am Ende eines warmen Sommertages fast leergepumpt, bis das erste Wasser wieder im Teich ankommt. Es gibt also Konstruktionen, die aufgrund ihrer Proportionen einfach nicht zusammenpassen.

Dafür sollte man dann überschläglich ausrechnen, wieviel Wasser sich in welcher Staustufe befindet und wieviel Wasser man insgesamt für den Betrieb des Bachlaufes braucht. Der Teich sollte dann mindestens so dimensioniert werden, daß die zu erwartenden Verdunstungsverluste ohne erheblichliche Wasserstandsschwankungen des Teiches kompensiert werden können. Rechnen Sie unter ungünstigsten Bedingungen (für warme windige Tage etwa 3 Liter pro Meter und Tag).

Wenn der Bach längere Zeit gestanden hat, der Wasserspiegel abgesunken ist und höherliegende Ufer-Bereiche nicht mehr wassergesättigt sind, kann der Wasserbedarf eines solchen Baches erheblich sein. Eine Nachfüll-Automatik ist dann hilfreich.

Nochmals unterstreichen möchte ich an dieser Stelle die Bedeutung, die die Saugsperre bei Bachläufen hat. Durch die große Uferlänge werden gewaltige Wassermengen aus dem Bachlauf herausgesaugt, wenn die Saugsperre nicht mit ausreichender Sicherheitsreserve gebaut wird (Folie also lieber 5-10 mm herausschauen lassen - das fällt hinterher überhaupt nicht auf).

Bachlauf mit unterschiedlichen Breiten

Wieviel Wasser Sie für Ihren Bachlauf brauchen, hängt letztlich von der Breite der Wasserfälle ab. Kalkulieren Sie pro 10 cm Fallkantenbreite einen Wasserbedarf von etwa 15 Litern pro Minute. Wenn das Wasser also über einen etwa 20 cm breiten Wasserfall in die nächste Staustufe plätschern soll, dann benötigen Sie etwa 30 Liter Wasser. Machen Sie diesen Wasserfall 50 cm breit, so brauchen Sie etwa 75 Liter Wasser. Bei sehr rauhen Natursteinen wird der Bedarf höher, bei geschliffenen Steinen niedriger liegen.

Ein "sparsam" gebauter Bach hat schmale Wasserfälle und breite Staustufen.

Je mehr Wasser ein Bachlauf transportiert, desto sorgfältiger muß er geplant und gebaut werden: Die Durchflußmenge muß an allen Stellen gleich gut "vertragen" werden. Was nicht geht: In dem einem Bereich hat der Bach einen flachen Querschnitt von nur 10 bis 20 cm, kurz drauf kommt ein 60 cm breiter Wasserfall. Wenn an der einen Stelle 100 Liter gebraucht werden, darf der Bach nicht an einer anderen Stelle bereits mit 50 Litern überfordert sein. Dann stimmen die Relationen innerhalb des Baches nicht.

Faustregeln:

Die Beispiele haben wahrscheinlich deutlich gemacht, worauf es bei einem Bachlauf ankommt: Je schneller und je mehr Wasser fließt, desto mehr Erosion wird es geben, desto sorgfältiger muß man den Bach planen und bauen. Wassermengen bis etwa 50 Liter pro Minute sind auch von Amateuren noch gut zu beherrschen - solche Bäche kann jeder bauen. Das ist etwa das Doppelte der Menge, die normalerweise aus der Wasserleitung herauszuholen ist.

Größere Wassermengen sind sicherlich ebenfalls sehr reizvoll, müssen jedoch mit viel Sicherheitsreserve am Ufer gebaut werden. Die Wasserfälle müssen dann sehr breit werden - so etwas bietet sich für größere Garten-Anlagen an. In direkter Terrassennähe sind solche 200-Liter-Anlagen für meinen Geschmack zu laut - aus einer Unterhaltung wird früher oder später eine unangenehme Schreierei.

Wer nicht gerade zwei linke Hände hat und mit einer Schlauchwaage umgehen kann, der kann sich selbstverständlich auch an solche Mammut-Anlage wagen - eine sachkundige Beratung spart in solchen Fällen dann aber viel Zeit und Ärger.

Unterteilen Sie den Bach in mehrere Staustufen, also in eine Kette kleiner Teiche. Sie können diese Staustufen unterschiedlich breit machen, wenn Sie z.B. eine 6 m breite Teichfolie asymmetrisch zerschneiden. Auf diese Weise können Sie (ohne selbst kleben zu müssen) die Wasserspiegelbreite zwischen 0,5 und 2,5 m schwanken lassen.

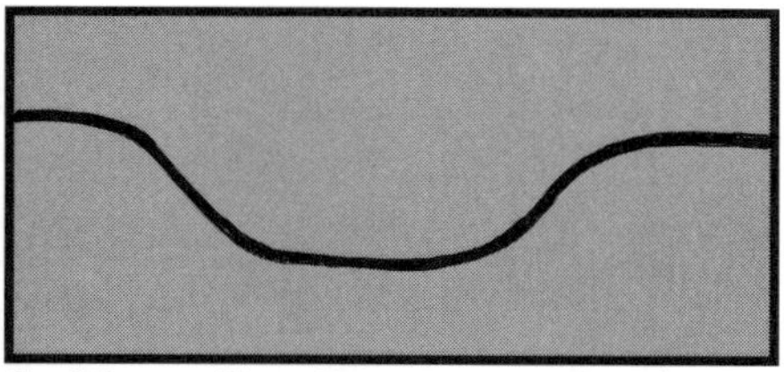

So können Sie z.B. aus einer 6 m breiten Folie unterschiedlich breite Staustufen schneiden.

Das Bach-Profil ist ebenfalls mit oberer Pflanzterrasse, Uferwall und (kleinerem) Saugsperregraben zu bauen.

Im Regelfall können Sie etwa 2 m breite Rollenware verwenden, daraus ergibt sich eine effektive Bachlauf-Breite von knapp 1 m.
Die Pumpenleistung sollten Sie sorgfältig auswählen. Lassen Sie sich dabei durch einen Fachmann beraten. Sinnlose Folgekosten sind oft teurer als die Pumpe!

Ein Quellstein aus Lava. Das Material ist sehr weich, läßt sich daher auch gut bohren und läßt die Wassertropfen vor dem dunklen Hintergrund sehr deutlich hervortreten.

Der Quellstein

Wenn Wasser über blankpolierten, weißen Marmor läuft, ist es kaum zu sehen. Fließbewegungen des Wassers sieht man immer nur dann, wenn es mit Luft durchmischt vor möglichst dunklem Untergrund verwirbelt wird. Wenn Sie das Wasser also sehen wollen, sollten Sie einen möglichst dunklen Quellstein wählen.

Zwei weitere Quellen. Der Wasserfall wird lauter, wenn das Wasser direkt wieder ins Wasser fällt. Ein gleichmäßiger "Wasservorhang" ist leiser als mehrere "Wassersfäden".

Für steile Ufer und schnelles Wasser

Nicht immer ist es möglich, die optimale Hangneigung von 35 - 40° einzuhalten. Wenn ein Hang steiler wird, rutscht das Substrat ab. Auch größere Fische bringen durch den Flossenschlag Bewegung ins Wasser und spülen den Mulm, der sich im Laufe der Zeit auf den Hangflächen sammelt, in die Tiefe.

Ein ähnliches Problem kann bei Bächen bereits an flacheren Hängen entstehen, wenn das strömende Wasser die Folie freispült. Dies tritt besonders in Kurven oder kurz vor einem Wasserfall auf. Je größer der Wassertransport, des größer auch das Erosions-Risiko.
Eine Abhilfe schaffen Vegetations- oder Böschungsmatten, in deren Schling-Gewebe sich Substrat und Mulm fangen und die auch sehr gut durchwurzelt werden.

Viele Typen bestehen aus Nylon-Geflecht. Die Substrat-Körnung sollte 3-4mm große Steinchen enthalten - feinkörniger Sand rutscht durch. Auf der Uferkuppe wird die Matte mit Substrat bedeckt und damit befestigt.

Ein Teich für Enten

Wer Enten und/oder andere Wasservögel halten möchte , der sollte folgendes beachten:

- Meist leben relativ viele Tiere auf recht engem Raum - das erhöht das Krankheits-Risiko.
- Oft wird unterschätzt, was an Exkrementen in den Teich gelangt - das Wasser muß häufiger gewechselt werden, auch eine Entschlammung ist notwendig.
- Manche Entenarten holen sich am Ufer Erde, transportieren sie zum Wasser, um sie dort durchzuseihen - auch dadurch gelangen große Schlamm-Mengen in den Teich.
- Manche Arten haben gewaltige Krallen und erreichen ein hohes Gewicht - eine Folie kann damit überlastet sein.

So sollten Sie einen Ententeich bauen:
Der Teich braucht nicht tief zu sein, für die meisten Schwimm-Enten reichen 30 - 40 cm völlig aus. Optimal ist der Bau an einer Hangfläche. Im Flachland sollte man den Teich eher "hochbauen" - Das erleichtert die Reinigung. Vermeiden Sie steile Ufer.

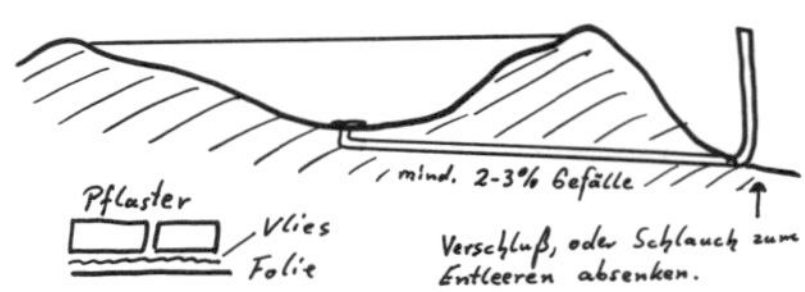

An der tiefsten Stelle wird ein Klemm-Gully eingebaut. Sinnvoll ist das Eingießen in einen kleinen Beton-Sockel, damit später keine Positionsänderungen stattfinden können.
Das 50 mm-Abflußrohr paßt gut in einen 2"-Kunststoff-Spiralschlauch.
Der Spiralschlauch kann dann außerhalb des Teiches über den Wasserspiegel angehoben werden. Zum Entleeren des Teiches braucht man ihn dann nur zu senken und kann das Wasser ablaufen lassen (sehr wirksamer Dünger!).
Mit der Schlauch-Entleerung vermeidet man einen Stopfen-Verschluß innerhalb des Teiches. Ein "Waschbecken-Abfluß" hat ein zu enges Sieb, das beim Ablauf rasch verstopft und die Reinigung unnötig verzögert.

Check-Liste

Wenn Sie die Arbeiten in dieser Reihenfolge durchführen, sparen Sie Zeit - und der Teich funktioniert:

Platz festlegen
Sonnen- oder Schattenlagen, Himmelsrichtungen etc. spielen eine geringere Rolle als oft behauptet. Vermeiden Sie - wenn möglich - die direkte Nachbarschaft von Bäumen (Laubfall). Wenn Sie Wasser an der Terrasse haben wollen, dort jedoch nur wenig Platz vorhanden ist: Bauen Sie den Hauptteich im Garten, einen Quellteich an der Terrasse und verbinden Sie beide mit einem Bach.

Form festlegen
Der Teich muß nicht rund oder viereckig sein. Lassen Sie Ihrer Kreativität freien Lauf. Legen Sie die Teichform mit einer Schnur, einem Wasserschlauch oder dergl. aus. Stellen Sie die Rückenlehnen einiger Stühle an den Rand - durch höhere Vegetation wirkt der Teich optisch kleiner. Abwechslungsreiche Formen durch die unterschiedliche Breite der Pflanzterrassen festlegen.

Gewässertiefe festlegen
Unter 50 - 60 cm Tiefe gibt es in den Wintern oft Probleme. Im Normalfall: 1 m, bei größeren Teichen bis 1,3 m.

Folienbedarf abschätzen
Bei Sonderformen erst die Grube ausheben und detailliert ausmessen. Im Normalfall reicht folgende Faustregel bei 1 m Wassertiefe und 35 - 40° Hangneigung: Die Folie muß ca. 2,5, bei größeren Teichen ca. 3 m länger sein als der Wasserspiegel.

Folienqualität prüfen
Es gibt Tausende verschiedener Rezepturen. Beachten Sie die Empfehlungen: Besonders wichtig sind Giftfreiheit, hohe Kältebeständigkeit, Regeneratfreiheit, UV-Stabilität, Dehnungs-Belastbarkeit.

Folie bestellen
Besonders wichtig bei Sondermaßen, oft gibt es Engpässe in der Hochsaison (März bis Juni).

Grube ausheben
Machen Sie die Hänge möglichst nicht steiler als 35 - 40°. Obere Pflanzterrasse nur etwa 10 cm unter dem späteren Wasserspiegel und mindestens 15, besser 20 cm breit. Alles fertigmachen bis ca. 20 cm unter dem späteren Wasserspiegel.

Folie einlegen
Mehrere kleine Falten jeweils zu einer grösseren zusammenlegen, bei ansteigendem Wasserstand mehrfach kontrollieren.

Substrat auffüllen
Zunächst nur auf den Boden des Teiches in einer ca 2-4 cm dicken Schicht.

Wasser einlaufen lassen
Das dauert meist länger als man denkt. Bei kalten Wasser- und Luft-Temperaturen: Folie muß Zeit haben, sich zu setzen.

Ufer modellieren
Wenn das Wasser hochsteigt, hat man genug Zeit - und man braucht kaum eine Wasserwaage. Immer das bauen, was gerade auf Höhe des Wasserspiegels liegt:
Obere Pflanzterrasse ca. 10 cm unter dem späteren Wasserspiegel, Uferwall ca. 5 cm über dem Wasserspiegel, Saugsperregraben ca. 20 cm tief und breit, Saugsperre ca. 2 cm über dem Wasserspiegel.

Substrat für obere Pflanzterrasse
Auffüllen, wenn der Wasserstand diese Höhe erreicht und die Folie sich gesetzt hat. Etwa 10 cm hoch anschütten, sackt später noch etwas zusammen, ein Teil rutscht über die Kante auf die Hangflächen und bedeckt diese mit einer dünnen Schicht.

Saugsperre-Graben füllen
Erst wenn die Folie sich ausreichend gesetzt hat. Dafür nährstoffreicheren Mutterboden nehmen.

Pflanzen einsetzen
Besonders wichtig: Unterwasser-Pflanzen.

Tiere einsetzen
Nicht erforderlich, bei Fröschen z.B. verboten. Fische am besten erst wenn der Teich etwas stabiler geworden ist, frühestens nach einigen Wochen.

Fehler-Diagnose

Ufer und Wasserstand

Man kann die Folie über Wasser sehen
Baufehler! Die obere Pflanzterrasse liegt zu tief. Neu bauen, um die UV-Belastung der Folie zu verringern.

Das Ufer ist auf einer Seite zu niedrig
Bau-, Meß- oder Schätzfehler! Angeschütteter Boden wurde vielleicht nicht richtig verdichtet. Korrigieren Sie das lieber gleich - wenn der Teich erst einmal bepflanzt ist, werden solche Eingriffe immer unerfreulicher.

Es bilden sich Beulen an den Hängen
Baufehler! Sie haben wahrscheinlich unterschätzt, wie der Wasserdruck die Folie in jede Bodenunebenheit hinpreßt. Die Folie steht jetzt unter Spannung - Sie verschenken einen Teil der Sicherheitsreserve, den die Folie für solche Belastungsfälle hat. Leerpumpen, Boden besser ausgleichen, ggf. polstern.

Der Wasserspiegel sinkt nach dem Einfüllen innerhalb weniger Tage um 10 - 20 cm ab
Völlig normal: Der Saugsperregraben ist ja noch trocken und zieht Wasser aus dem Teich - dadurch muß der Wasserstand im Teich absinken. Füllen Sie noch mehrfach nach, bis der Wasserstand gleich bleibt.

Ich verliere 2 cm Wasser pro Tag. Ist das normal?
Das kann an heißen und etwas windigen Tagen durchaus sein. Überprüfen Sie auch Ihre Saugsperre. Wenn sie irgendwo zu tief liegt, können die Verluste noch höher sein.

Ich verliere im Februar/März plötzlich viel Wasser - obwohl es nicht so warm ist wie im Sommer.
Geht trotzdem - ganz typisch. Die Eisdecke verhindert Verdunstungsverluste, Uferwall und Saugsperregraben sind jedoch schon aufgetaut. Um die Zeit ist die Luft oft sehr trocken, zusammen mit dem Wind führt das zu erheblichen Verdunstungsverlusten im Saugsperre-Graben. Wenn dann das Eis taut, zieht plötzlich aus dem Teich viel Wasser in den Graben oder (ohne Saugsperre) in den umliegenden Boden. Dadurch kann der Wasserstand im Teich oft in wenigen Stunden um mehr als 10 cm absinken.

Mein Wasserstand sinkt stärker ab
Dann kann ein Loch in der Folie sein. Funktionsfähigkeit der Saugsperre überprüfen. Am besten nochmals auffüllen und dann absinken lassen. Der Wasserstand müßte sich dann auf Höhe des Loches stabilisieren. Etwas Lehm in Wasser auflösen und dünn in Ufernähe ins Wasser gießen. Die Lehmpartikel müßten dann Richtung Loch wandern.

Die Folie kommt hoch - treibt im Wasser
Passiert gelegentlich in Hanglagen, wenn sich unterhalb der Folie eine wasserstauende Schicht befindet. Das aus dem Hang kommende Wasser steht dann unter erheblichem Druck.
Das Problem ist oft beim Bau schon zu erkennen. Legen Sie in dem Fall Drainrohre in entsprechender Tiefe, so daß das Wasser abfließen kann.
Im Flachland kann man bei hohem winterlichem Wasserstand die Ufer etwas höher bauen, so daß mehr Wasserdruck auf die Folie kommt.

Die Folie zerbröckelt
An der falschen Stelle gespart. Vielleicht auch Kontakt mit unverträglichen Materialien (z.B. Bitumen, Teer).

Die Folie bricht
Wahrscheinlich nicht ausreichend kältefest. Die Flexibilität läßt im Laufe der Jahre nach. Nehmen Sie beim nächsten Mal eine bessere Folie.

Tiere am Teich

Meine Fische sind tot
Entweder Sauerstoffmangel - besonders nach einer längeren Vereisungsphase - oder Giftstoffe in der Folie. Fragen Sie Ihren Folienhersteller. Machen Sie einen Wasserwechsel.

Meine Fische torkeln
Falsche Folie? Machen Sie einen Teilwasserwechsel, ca. 50 - 70% wird meist noch

gut vertragen. Haben alle Fische das Problem? Fragen Sie Ihren Händler.

Meine Fische schnappen nach Luft
Kann bei warmem Wetter vorkommen. Wenn nicht genug Sauerstoff im Wasser ist, "schlukken" Goldfische gern etwas Luft. Kann ein Warnhinweis für Sauerstoff-Knappheit sein.

Meine Frösche sind weg
Bei Grasfröschen (braun) völlig normal - die kommen nur zum Laichen im Februar/März. Die restliche Zeit leben sie auf dem Land. Die grünen Frösche bleiben im Prinzip den ganzen Sommer - verlangen jedoch etwas größere Teiche.

Ich habe zu viele Rückenschwimmer
Kommt oft in den ersten Jahren vor. Wenn der Teich nährstoffärmer wird, nimmt ihre Zahl nach 4 - 5 Jahren wieder ab. Sie sind relativ leicht abzufischen - am besten vor der Eiablage (im zeitigen Frühjahr).
Die Schäden an Kaulquappen-Beständen können erheblich sein.

Ich habe zu viele Gelbrandkäfer-Larven
Ebenfalls oft ein Problem in neu angelegten Teichen. Eine Larve pro Quadratmeter Wasseroberfläche erscheint noch gut vertretbar - mehr ruininiert die Kaulquappen-Bestände. Fangen - aussetzen.

Meine Fische haben sich zu stark vermehrt
In kleinen Teichen: rausfangen und verschenken. Zoohandlungen wollen sie oft noch nicht einmal geschenkt, um die eigenen Bestände krankheitsfrei zu halten. Fütterung reduzieren, um - auch wenn dies brutal klingt - die Jungfisch-Sterblichkeit zu erhöhen. Leihen Sie sich ggf. einen jungen Hecht von einem Angelverein.

Pflanzen, Algen

Mein Teich ist voller Faden-Algen
Auf diese Weise wird ein Nährstoff-Überschuß verbraucht. Die Algen sammeln mehr Nährstoffe (besonders Phosphat) als sie zum Leben brauchen. Rausholen - so wird der Teich nährstoff-ärmer, das Algenwachstum geht im Laufe der Zeit zurück. Auch bei nährstoffarm angelegten Teichen kann dies jedoch 2 - 3 Jahre dauern, die Wachstumsschübe werden jedoch immer schwächer. Viel Unterwasserpflanzen verbessern die Situation.

Mein Wasser ist grün
Völlig normal nach dem Einfüllen des Wassers. Verschwindet (abhängig von der Außentemperatur) nach 2 - 3 Wochen. Es handelt sich um winzige grüne Algen, die als Einzel-Organismen nur mit dem Mikroskop zu erkennen sind. Die hohe Konzentration läßt diese diffuse grünliche Färbung entstehen. Wird in den meisten Fällen nach kurzer Zeit durch Fadenalgen abgelöst, die konkurrenzkräftiger sind (Ausnahme in manchen Fischteichen, wenn die Fadenalgen gefressen werden). Entstehung durch einen Nährstoff-Überschuß, der von den Unterwasserpflanzen nicht verwertet werden kann, oft sind auch zu wenig Pflanzen vorhanden. Typisches Problem für Fischteiche. Lösung: Filteranlage mit geeigneten Filtermedien, die auch diese geringe Algengröße noch ausfiltern können. Zusätzlich stärkere Wasserbewegung, z.B. Springbrunnen, Schaumsprudler oder dergl. Die Algen werden dadurch mechanisch geschädigt und gehen ein.

Mein Wasser ist milchig
Trübung durch Mikro-Organismen, z.B. durch Bakterien. Kann in allen Teichen im März/April auftreten, wenn die im Herbst und Winter eingewehten Nährstoffe (Blätter etc.) abgebaut werden. Die hohe Bakterienzahl erzeugt dann diesen milchigen Schleier, der besonders gut bei schräg einfallendem Sonnenlicht zu sehen ist.
Bei zu nährstoffreichen Teichen kann die milchige Trübung sehr stark zunehmen und die Sicht-Tiefe auf wenige Zentimeter beschränken. Solche 'Extremfälle führen früher oder später zu Sauerstoff-Mangel und einem Umkippen des Teiches.

Ich habe schleimige Algen im Teich
Kann besonders im zeitigen Frühjahr vorkommen, in manchen Jahren auch länger. Kaum abfischbar. Verschwinden wieder.

Meine Seerose kommt nicht hoch
Nicht so tief setzen, kann besonders im ersten Jahr ein Problem sein, weil noch nicht

viele Sedimente auf den Teichboden gesunken sind. Bei Seerosen-Problemen gilt immer: Flacher stellen, dann verbrauchen sie nicht so viel Energie, um zur Oberfläche zu kommen.

Meine Pflanzen wachsen nicht richtig
Überprüfen Sie Wasserhärte und pH-Wert. Beachten Sie, daß viele Pflanzen sehr spezielle Ansprüche haben, manche ziehen sich auch sehr früh zurück, kommen dann aber wieder.

Meine Pflanzen wachsen zu stark
Zu nährstoffreiche gebaut. Auslichten, um die etwas empfindlicheren Arten zu fördern. Unterwasserpflanzen können auch zurückgeschnitten werden, wenn sich die Algen in Grenzen halten.

Mein Teich ist mit Wasserlinsen bedeckt
Viel zu nährstoffreich angelegt. Entweder kontinuierlich abfischen und aushungern oder ausräumen und neu anfangen.

Meine Pflanzen haben krustige Überzüge und fühlen sich völlig hart an.
Entsteht durch Kohlendioxid-Mangel, die Pflanzen schalten dann auf biogene Entkalkung um. Der Teich ist insgesamt noch etwas zu produktiv -> Wasserchemie.

Wasser-Chemie

Aus meinem Teich steigen Gasblasen auf
Winzige Bläschen können als kontinuierliche Kette aus den Unterwasserpflanzen aufsteigen - das ist die Sauerstoff-Produktion.
Größere Blasen können im Bodenschlamm entstehen, wenn die Abbau-Vorgänge z.T. ohne Sauerstoff ablaufen. Das aufsteigende Gas ist Methan. Alarmzeichen! Zu hoher Sediment-Anfall am Grund des Teiches aufgrund zu hoher Produktion. Teich ist zu nährstoffreich. Teil des Bodenschlammes absaugen.

Ich habe extrem hartes Wasser
Wird im Laufe der Zeit weicher, sinkt meist um ca. 5 Härtegrade pro Jahr. Wird am Anfang indirekt etwas stärkeres Algenwachstum verursachen, das dafür dann aber nicht so lange dauert. Kein Problem.

Ich habe extrem weiches Wasser
Das ist eher ein Problem. Der pH-Wert (Maß für den "Säuregrad" des Wassers) kann dann während des Tages um 5 pH-Einheiten schwanken (z.B. von 5-10), weil das System nicht ausreichend gepuffert ist. (Warn-Hinweis: in solchen "ungepufferten Lösungen" läßt sich i.d.R. kein richtiger pH-Wert messen!)
Das im Wasser vorhandene Kohlendioxid wird besonders bei zu nährstoffreich angelegten Teichen durch die Pflanzen verbraucht, die zusätzlich oft noch durch "biogene Entkalkung" zusätzliches Kohldendioxid aus Kalk abspalten. Es entsteht wasserunlösliches Kalziumkarbonat, das sich auf den Pflanzen ablagert. Dadurch sinkt die Wasserhärte, die dann nur durch Kohlendioxid-Zufuhr wieder gesteigert werden kann, um den Prozeß umzukehren.
Eine präzise Steuerung dieses Ablaufes ist für den "normalen Teichbesitzer" kaum möglich. Folgende Rahmenbedingungen lassen sich jedoch steuern:
Aufpassen mit Regenwasser! Oft zu sauer und in jedem Fall sehr weich. Führt in vielen Fällen zu Problemen.
Weiche Kalksteine ins Wasser legen, in kritischen Fällen (ungebrannten!) Kalk (in geringer Menge) einbringen. 1 Grad Härte entspricht einem Anteil von 10 mg Kalziumoxid im Wasser. Damit wird sichergestellt, daß ein etwaiger Kohlendioxid-Überschuß sich sofort auf die Erhöhung der Wasserhärte auswirken kann.
Fadenalgen abfischen. Wasserpest gelegentlich zurückschneiden, wenn keine Algen mehr auftreten. Das Gleichgewicht stellt sich dann früher oder später ein.
Fragen Sie Ihren Händler!

Mein pH-Wert stimmt nicht
Uhrzeit ist bei weichem Wasser wichtig! Messen Sie frühmorgens und mittags (s.o.)! Wasserhärte überprüfen, kann bei weichem Wasser ein Meßfehler sein! Wenn das Risiko besteht, daß zu wenig Kalk im Teich ist (der den pH-Wert stabil hält) zunächst den Kalk-Haushalt stabilisieren (s.o.).
Vorsicht bei Regenwasser! Chemikalien, Dünger, Torffilterungen etc. können den pH-Wert ebenfalls stark absenken. Optimaler Wert für den hier beschriebenen Teich-Typ: zwischen 6 und 7.

Register

Abbildungshinweise sind mit * gekennzeichnet

Fotonachweise

Bosch 137 o.
Braun 129
Brunsbach 9
Buchhorn 39
Bückle 95 o.
Claßen 90 l.
Dannegger 19 u.
Ecke 22 u., 23, 41
Geisler 68 r., 52 u. l.
Goy 90 r.
Gröger 57
Hessbrüggen 64
Heyden 55
Hohnsträter 11 u.
Horlebein 149
Jahn 92
Kafka 63 l., 65
Kahl 16, 33 u., 34, 52 u. r., 69 u., 105 u., 106, 140, 141, 142, 143, 146 l., 147, 150 l., 151 r., 154, 155
Klinkewitz 59 l.
Krämer 95 u.
Krause 51 o.
Krauter 37, 42, 139
Krug 89, 139 u.
Kusenberg 2, 130, 131, 132, 133
Kutscher 120
Landesanstalt für Ökologie NW 17 l.
Lenk 68 u., 70, 99 u.
Marggraf 122
Metasch 103
Metzger 61 u.
Meyer 109
Mutzscher 120
Probst 20
Rebmann 36
Riepe 22 o., 27, 30 u., 58, 63 r., 78 r., 79, 82 l., 83 l., 84 l., 86, 119, 121, 137 u., 152, 153
Sailer 136
Sammer Titel, 10 u., 13, 14, 46, 47, 85, 105, 112, 113, 114, 115, 120, 124, 125, 128, 135 u. l.
Schrör 8
Scheffer 50
Schockherr 107
Seibert 69 o., 91 r.
Sievers 51 u.
Suchy 19 o., 35, 38
Volk 78 l.
Walther 66
Willuhn 52 o., 67
Wothe 59 u., 74 u.

Restliche Fotos und Zeichnungen: Bildarchiv BIO-INFO